U0581419

中国特色社会主义理论最新成果研究

ZHONGGUO TESE SHEHUI ZHUYI LILUN
ZUIXIN CHENGGUO YANJIU

史守中　孙钦军 等著

人民出版社

序　言

王　哲　荣

　　党的十七大报告鲜明地指出："中国特色社会主义伟大旗帜，是当代中国发展进步的旗帜，是全党全国各族人民团结奋斗的旗帜。""改革开放以来我们取得一切成绩和进步的根本原因，归结起来就是：开辟了中国特色社会主义道路，形成了中国特色社会主义理论体系。高举中国特色社会主义伟大旗帜，最根本的就是要坚持这条道路和这个理论体系。"众所周知，党的十六大以来，以胡锦涛为总书记的中央领导集体基于国内外新形势和改革开放新实践所提出的科学发展观等重大战略思想，正是党的十七大报告所概括的中国特色社会主义理论体系的最新成果。高举中国特色社会主义伟大旗帜，推进中国特色社会主义伟大事业，必须牢固树立科学发展观的指导地位，用现实的科学理论指导现实的伟大实践。

　　在纪念改革开放30周年之际，我们必须清醒地认识到改革开放伟大成就与中国特色社会主义理论的内在联系。可以说，正是得益于中国特色社会主义理论的正确指引，我国30年的改革开放才取得了举世瞩目的伟大成就,生产力、综合国力和人民生活水平上了很大的台阶,国际影响力显著增强。正是依靠邓小平理论的指引,我们才实现了工作中心向经济建设的转移,作出了改革开放的历史性决策,吹响了建设中国特色社会主义的时代号角,开创了改革开放的伟大事业;正是依靠"三个代表"重要思想的指引,我们才能在国内外政治、经济风险等严峻考验面前捍卫中国特色社会主义,创建社会主义市场经济体制,开创全面开放新局面,推进党的建设新的伟大工程,继续引领改革开放航船沿着正确方向破浪前行;正是依靠科学发展观等重大战略思想的指引,我们才能顺应时代发展新要求和人民生活新期待,推动科学发展,促进社会和谐,完善社会主义市场经济体制,在全面建设小康社会实践中把改革开放伟大事业继续推向前进。

"雄关漫道真如铁,而今迈步从头越。"今天,伟大的祖国即将迎来 60 周年华诞,我国已经站在了新的历史起点上。经济体制深刻变革、社会结构深刻变动、利益格局深刻调整、思想观念深刻变化,机遇前所未有,挑战也前所未有,既是"战略机遇期"和"黄金发展期",又是"矛盾凸显期"和"风险高发期",经济社会发展面临诸多新困难、新问题、新矛盾和新挑战。在此情势下,继续推进中国特色社会主义伟大事业,顺利实现全面建设小康社会和社会主义现代化的战略目标,头等重要的事情就是要认真学习和贯彻落实科学发展观等重大战略思想,用中国特色社会主义理论最新成果武装头脑和指导工作。

军队思想政治理论工作者的工作和人生舞台不单单在军营。他们当然要肩负向广大官兵传播马列主义、毛泽东思想和中国特色社会主义理论体系的神圣职责,但以自己的正确理论研究成果和宣传教育广泛影响和引导社会公众更是他们不应回避和放弃的社会责任。从某种意义上说，整个国家和民族才是他们最大的人生舞台。史守中、孙钦军等撰写的《中国特色社会主义理论最新成果研究》一书，正是他们以自己的劳动和汗水向社会奉献自身价值的有力证明，同时也是他们向祖国60周年华诞献上的一份厚礼。作为第一读者，通读之后总体感觉良好，受益颇多。一是系统地阐释了中国特色社会主义理论的最新成果即党的十六大以来以胡锦涛为总书记的中央领导集体提出的科学发展观等重大战略思想；二是对中国特色社会主义理论最新成果的科学内涵进行了比较精致透彻的分析；三是对中国特色社会主义理论最新成果的相关理论难点和社会热点作出了较有说服力的解答。四是对如何贯彻落实中国特色社会主义理论最新成果进行了比较深入的思考。当然，仁者见仁，智者见智，既是"研究"，就难免有偏颇和不足之处，想必读者朋友不会对他们有苛刻的要求。我坚信，书籍的出版发行会对中国特色社会主义理论最新成果的研究、学习、宣传和实践起到应有的促进作用。希望读者朋友以自己敏锐的眼光和智慧的头脑作出客观的评判！

目　录

第一专题

中国特色社会主义理论最新成果是我国社会主义现代化建设的科学指南

　　党的十七大报告首次概括了中国特色社会主义理论体系,即包括邓小平理论、"三个代表"重要思想以及科学发展观等重大战略思想在内的科学理论体系。而本书所阐述和论说的中国特色社会主义理论最新成果是指以胡锦涛为总书记的中央领导集体在十六大以来所提出的以科学发展观为主线和核心内容的一系列重大战略思想。中国特色社会主义理论最新成果是马克思主义基本原理与当代时代特征、当代中国实际相结合的产物,是马克思主义中国化的最新理论成果,是党和国家指导思想的最新内容,是确保我国经济社会又好又快发展和实现新世纪新阶段我国发展战略目标的光辉指针和科学指南。只有正确认识和系统把握中国特色社会主义理论最新成果产生的时代背景、主要内容、科学体系、精神实质、历史地位和指导意义,才能深刻理解党的基本理论、基本路线、基本纲领和基本经验,坚定马克思主义信仰和社会主义信念,掌握观察社会、思考人生、指导成才的锐利思想武器,更好地把中国特色社会主义伟大事业推向前进,为实现全面小康社会、社会主义现代化和中华民族的伟大复兴作出自己应有的贡献。

一、中国特色社会主义理论
最新成果的主要内容

　　党的十六大以来,以胡锦涛为总书记的中央领导集体秉承马克思主义与时俱进的理论品质,紧跟时代前进的步伐,积极因应实践需要的呼唤,不断进行理论创新,从而实现了新世纪新阶段马克思主义中国化的新突破,提出了中国特色社会主义理论的一系列最新成果。根据胡锦涛总书记在学习《江泽民文选》报告会上作出的以人为本、实现科学发展、构建社会主义和谐社会、建设社会主义新农村、建设创新型国家、树立社会主义荣辱观、推动建设和谐世界、加强党的先进性建设等的概括性表述和理论界已有研究所达成的初步共识,中国特色社会主义理论最新成果的主要内容应该包括以下八个方面:

(一)关于科学发展观的重大战略思想

　　科学发展观是我国经济社会发展的思想统领,是指导发展的世界观和方法论的集中体现。"科学发展观,第一要义是发展,核心是以人为本,基本要求是全面协调可持续,根本方法是统筹兼顾。"[①]科学发展观的精神实质是实现经济社会又好又快发展。"坚持以人

---

　　① 胡锦涛:《高举中国特色社会主义伟大旗帜,为夺取全面建设小康社会新胜利而奋斗》,人民出版社2007年10月第1版,第15页。

为本,就是要以实现人的全面发展为目标,从人民群众的根本利益
出发谋发展、促发展,不断满足人民群众日益增长的物质文化需要,
切实保障人民群众的经济、政治和文化权益,让发展的成果惠及全
体人民。全面发展,就是要以经济建设为中心,全面推进经济建设、
政治建设、文化建设和社会建设,实现经济发展和社会全面进步。
协调发展,就是要统筹城乡发展、统筹区域发展、统筹经济社会发
展、统筹人与自然的和谐发展、统筹国内发展和对外开放,推进生产
力和生产关系、经济基础和上层建筑相协调,推进经济建设、政治建
设、文化建设、社会建设的各个环节、各个方面相协调。可持续发展,
就是要促进人与自然的和谐,实现经济发展和人口、资源、环境相协
调,坚持走生产发展、生活富裕、生态良好的文明发展道路,保证一代
接一代地永续发展。”①这一新型发展观,既积极吸收了当今世界各国
科学的发展理念,顺应了时代发展潮流,又做到了一切从中国实际出
发,对我国现阶段的发展规律作出了科学揭示,创造性地回答了什么
是科学意义上的发展,“为什么发展”、“靠谁发展”和“怎样发展”等重
大问题,反映了我们党最新的发展理念,丰富了马克思主义关于社会
主义发展的理论;既继承了毛泽东思想、邓小平理论、“三个代表”重要
思想中关于发展的基本思想,又结合新的时代特点和实践要求,进一
步揭示了我国现代化发展的本质、状态、目标和基本要求,生动体现了
马克思主义中国化与时俱进的宝贵品质。牢固树立和认真落实科学
发展观,要求我们把聚精会神搞建设、一心一意谋发展落实到坚持以
人为本,实现全面发展、协调发展、可持续发展上来;落实到统筹城乡
发展,统筹区域发展,统筹经济社会发展,统筹人与自然的和谐发展,

---

①　胡锦涛:《在中央人口资源环境工作座谈会上的讲话》,《人民日报》2004
年4月5日。

统筹国内发展和对外开放上来;落实到实现速度和结构、质量、效益相统一,经济发展和人口、资源、环境相协调,加强对自然资源的合理开发利用,保持生态环境、促进人与自然的和谐发展上来;落实到着力推动科技进步,创新人才工作机制,增强开发创新能力,为实现全面、协调、可持续发展提供人才保证和智力支持上来;落实到把满足人民群众日益增长的物质文化需要作为发展的出发点和落脚点,重视调整国民收入分配格局,逐步理顺分配关系,努力解决城乡困难群众的基本生活问题,使广大人民群众从改革发展中获得更多的实惠上来。

(二)关于构建社会主义和谐社会的重大战略思想

构建社会主义和谐社会,是以胡锦涛为总书记的中央领导集体治国理政思想的重要组成部分,其基本特征就是民主法治、公平正义、诚信友爱、充满活力、安定有序、人与自然和谐相处。"民主法治,就是社会主义民主得到充分发扬,依法治国基本方略得到切实落实,各方面积极因素得到广泛调动;公平正义,就是社会各方面的利益关系得到妥善协调,人民内部矛盾和其他社会矛盾得到正确处理,社会公平和正义得到切实维护和实现;诚信友爱,就是全社会互帮互助、诚实守信,全体人民平等友爱、融洽相处;充满活力,就是能够使一切有利于社会进步的创造愿望得到尊重,创造活动得到支持,创造才能得到发挥,创造成果得到肯定;安定有序,就是社会组织机制健全,社会管理完善,社会秩序良好,人民群众安居乐业,社会保持安定团结;人与自然和谐相处,就是生产发展,生活富裕,生态良好。"①这些基本特征紧密联系、相互贯通,需要在

---

① 胡锦涛:《在省部级主要领导干部提高构建社会主义和谐社会能力专题研讨班开班式上的讲话》(2005 年 2 月 19 日),《人民日报》2005 年 2 月 20 日。

全面建设小康社会和实现社会主义现代化的进程中全面把握和体现。构建社会主义和谐社会的思想，把社会和谐提到中国特色社会主义本质属性的高度，提到中国特色社会主义总体布局和全面建设小康社会发展全局的高度，提到社会主义现代化宏伟目标的高度，从而赋予和谐社会以特殊的科学内涵和战略意义。这一重大战略思想进一步明确了建设富强、民主、文明、和谐的社会主义现代化国家的奋斗目标，深化了对中国特色社会主义总体布局的认识，开辟了中国特色社会主义理论的新境界，丰富了马克思主义关于社会主义社会建设的理论。构建社会主义和谐社会是贯穿中国特色社会主义事业全过程的长期历史任务，是在发展的基础上正确处理各种社会矛盾的历史过程和社会结果。"要按照民主法治、公平正义、诚信友爱、充满活力、安定有序、人与自然和谐相处的总要求和共同建设、共同享有的原则，着力解决人民最关心、最直接、最现实的利益问题。努力形成全体人民各尽其能、各得其所而又和谐相处的局面，为发展提供良好社会环境。"①

（三）关于建设社会主义新农村的重大战略思想

"解决好农业、农村、农民问题，事关全面建设小康社会大局，必须始终作为全党工作的重中之重。"②2005 年 10 月党的十六届五中全会通过的《中共中央关于制定国民经济和社会发展第十一个五年规划的建议》，在十六届三中、四中全会提出统筹城乡发展基本方略与"多予、少取、放活"和"工业反哺农业、城市支持农村"

---

① 胡锦涛：《高举中国特色社会主义伟大旗帜，为夺取全面建设小康社会新胜利而奋斗》，人民出版社 2007 年 10 月第 1 版，第 17 页。

② 胡锦涛：《高举中国特色社会主义伟大旗帜，为夺取全面建设小康社会新胜利而奋斗》，人民出版社 2007 年 10 月第 1 版，第 23 页。

基本方针的基础上,明确提出了建设社会主义新农村是我国现代化进程中的重大历史任务,提出了"生产发展、生活宽裕、乡风文明、村容整洁、管理民主"的总体要求,并从推进现代农业建设、全面深化农村改革、大力发展农村公共事业、千方百计增加农民收入等方面提出了推进社会主义新农村建设的具体措施。2006年的中央一号文件即《中共中央国务院关于推进社会主义新农村建设的若干意见》全面系统地谋划了推进社会主义新农村建设的具体要求,是建设社会主义新农村的重要行动纲领。建设社会主义新农村,必须坚持把发展现代农业、繁荣农村经济作为首要任务,必须加大支农惠农政策力度,必须坚持农村基本经营制度,必须大力培育有文化、懂技术、会经营的新型农民,发挥亿万农民建设新农村的主体作用。新农村建设是一项系统工程,绝对不能把新农村建设简单化为新村庄建设;更不能把新农村建设搞成政治运动或形象工程、政绩工程;既要充分尊重农民意愿,发挥农民主体地位,又要充分发挥各方面的积极性,使新农村建设成为全党全社会的共同自觉行动。

(四)关于建设创新型国家的重大战略思想

提高自主创新能力、建设创新型国家是国家发展战略的核心,是提高综合国力的关键。新世纪第一次全国科技大会无疑是加强自主创新、建设创新型国家的动员大会,胡锦涛总书记发表了题为《坚持走中国特色自主创新道路,为建设创新型国家而努力奋斗》的重要讲话。"建设创新型国家,核心就是把增强自主创新能力作为发展科学技术的战略基点,走出中国特色自主创新道路,推动科学技术的跨越式发展;就是把增强自主创新能力作为调整产业结构、转变增长方式的中心环节,建设资源节约型、环境友好型社会;推动国民经济又好又快发展,就是把增强自主创新能力作为国家战略,贯穿到现代化建设各个方面,激发全民族创新精神,培养高水平创新人才,形成有利于自主创新的体制机制,大力推进理论创新、制度创新、科技创新,不断巩固和发展中国特色社会主义伟大事业。"①中央作出的建设创新型国家的决策,是事关我国社会主义现代化建设全局的重大战略决策,必将大大激发我国各个层面创新体系建设的步伐,为我国经济社会发展战略的实施和国家竞争力的提高提供日益强大的科技支撑。必须"进一步营造鼓励创新的环境,努力造就世界一流科学家和科技领军人物,注重培养一线的创新人才,使全社会创新智慧竞相迸发、各方面创新人才大量涌现。"②

(五)关于建设社会主义核心价值体系的重大战略思想

党的十六届六中全会决定指出,马克思主义指导思想,中国特色社会主义共同理想,以爱国主义为核心的民族精神和以改革创新为核心的时代精神,社会主义荣辱观,构成社会主义核心价值体系的基本内容。其中,马克思主义指导思想是社会主义核心价值体系的灵魂,中国特色社会主义共同理想是社会主义核心价值体系的主题,以爱国主义为核心的民族精神和以改革创新为核心的时代精神是社会主义核心价值体系的精髓,社会主义荣辱观是社会主义核心价值体系的基础。四个方面的基本内容相互联系、相互贯通、有机统一,都是社会主义意识形态的重要组成部分,是从

---

① 胡锦涛:《坚持走中国特色自主创新道路,为建设创新型国家而努力奋斗》(2006年1月9日),《求是》2006年第2期。

② 胡锦涛:《高举中国特色社会主义伟大旗帜,为夺取全面建设小康社会新胜利而奋斗》,人民出版社2007年10月第1版,第22页。

我们党领导人民在长期实践中形成的丰富思想文化成果中提炼和概括出来的精华,是对社会主义核心价值体系深刻内涵的科学揭示,共同构成一个完整的价值体系。建设社会主义核心价值体系,是巩固和发展社会主义制度的内在要求,是增强社会主义意识形态吸引力和凝聚力的当然需要,对于巩固全党全国人民团结奋斗的共同思想基础、团结和引领全体社会成员在思想道德上共同进步、建设社会主义和谐文化与和谐社会、提升国家竞争力和文化软实力,具有极其重要的理论意义和现实意义。提出建设社会主义核心价值体系,提出以社会主义核心价值体系为根本建设和谐文化,强调在全社会大力倡导和谐理念、培育和谐精神,形成共同的理想信念和道德规范,不断增强中华民族的凝聚力和向心力,标志着我们党领导中国特色社会主义事业过程中新的文化自觉,丰富了马克思主义关于社会主义意识形态建设的理论。

(六)关于加强党的先进性建设的重大战略思想

党的先进性是党安身立命的根本,是国家兴旺发达的关键。能否始终保持先进性,决定着党能否在历史舞台上发挥领导核心作用,决定着党所领导的国家和人民能否不断地走向兴旺发达。中国共产党要保持生机活力,把自己建设成为经得起任何风险和考验的党,更好地发挥中国特色社会主义领导核心的作用,就必须紧紧把握时代发展的脉搏,深刻认识时代进步的方向,继续保持在人民群众中和历史发展进程中的先进性,始终走在时代潮流的前列,充分发挥先锋队的作用。把党的先进性建设提升到马克思主义建党理论的高度,作为贯穿党生命始终的一项根本建设和根本工程,这是以胡锦涛为总书记的党中央一种高度的理论自觉,是党的思想理论创新的又一重大成果。党的先进性是历史的、具体的,又是时代的。加强党的先进性建设,最重要的环节就是必须把党的先进性建设放到时代变化的高度,顺应时代潮流,把握时代脉搏,保证党始终与时代发展同步。作为加强党的先进性建设的重大举措,开展保持共产党员先进性教育活动,必须引导广大党员学习贯彻党章,坚定理想信念,坚持党的宗旨,增强党的观念,发扬优良传统,认真解决党员和党组织在思想、组织、作风以及工作方面存在的突出问题,促进影响本地区、本部门、本单位改革发展稳定、涉及群众切身利益的实际问题的解决,不断增强党员队伍和党组织的创造力、凝聚力、战斗力,为实现全面建设小康社会的宏伟目标提供坚强的政治保证和组织保证。

(七)关于加强党的执政能力建设的重大战略思想

党的十六大以来,我们党密切适应时代新变化和实践新发展的需要,进一步凸现了执政能力建设。十六届四中全会通过的《中共中央关于加强党的执政能力建设的决定》充分强调了加强党的执政能力建设的重要性和紧迫性,明确了加强党的执政能力建设的指导思想、总体目标和主要任务,是加强党的执政能力建设的纲领性文献。会议明确提出了党的五大执政能力的建设体系,即不断提高驾驭社会主义市场经济的能力、发展社会主义民主政治的能力、建设社会主义先进文化的能力、构建社会主义和谐社会的能力、应对国际局势和处理国际事务的能力,明确提出要不断提高科学执政、民主执政、依法执政的水平,这是我们党对共产党执政规律的深刻把握,是在党的建设问题上的认识飞跃。把党的执政能力建设贯穿于党的思想建设、组织建设、作风建设、制度建设和反腐倡廉建设之中,统一于党的建设新的伟大工程,深刻反映了我们党顺应时代和人民的要求,深刻体现了立党为公、执政为民的本质。党的执政能力建设关系党的建设和中国特色社会主义事业的全局,必须把提高领导水平和执政能力作为各级领导班子建设的核心内容抓紧抓好。要"以加强领导班子执政能力建设影响和带动全党,使党的全部工作始终符合时代要求和人民期待。"①

(八)关于推动建设和谐世界的重大战略思想

中国一直倡导的和平共处五项原则体现着和谐世界的理念。以胡锦涛为总书记的中央领导集体提出坚持走和平发展道路、坚持互利共赢的开放战略、坚持推动建设和谐世界。坚持多边主义,实现共同安全;坚持互利合作,实现共同繁荣;坚持包容精神和国际关系民主化,共建和谐世界。强调统筹国内国际两个大局,既通过争取和平的国际环境来发展自己,又通过自己的发展来促进世界和平,努力实现和平的发展、开放的发展、合作的发展、和谐的发展。这一重大战略思想,是对邓小平和平发展时代主题论和马克思主义的国际关系理论的进一步坚持和创新性发展。在当今世界,和平、发展、合作已成为时代潮流,政治多极化和经济全球化趋势深入发展,科技进步日新月异;同时国际环境复杂多变,综合国力竞争日趋激烈,影响和平与发展的不稳定、不确定因素增多。在这样一种时代大潮流和国际大格局下,明确提出建设和谐世界的战略思想,不仅对于进一步坚持和平发展的外交路线、推进形成和平稳定的国际格局具有重大的战略意义,而且对于人类追求和平、和谐、和美的普遍愿望和要求无疑是一个巨大推动和重大贡献,表明我们党对人类社会发展规律的认识和探索进一步深化和升华。

---

① 胡锦涛:《高举中国特色社会主义伟大旗帜,为夺取全面建设小康社会新胜利而奋斗》,人民出版社 2007 年 10 月第 1 版,第 51 页。

中国特色社会主义理论最新成果是以胡锦涛为总书记的中央领导集体创造性地发展中国化马克思主义的伟大结晶,是马克思主义中国化的最新理论成果,是党和国家指导思想的最新内容,是指导我国全面小康社会和社会主义现代化建设实践的科学指南,是当代中国共产党人对中国和世界作出的巨大贡献。

二、中国特色社会主义理论最新成果的产生背景和重大意义

如同马克思主义中国化的其他重大理论成果——毛泽东思想、邓小平理论和"三个代表"重要思想一样,以科学发展观为主线和核心的中国特色社会主义理论最新成果,不但有其产生的深刻时代背景和实践背景,而且必将对社会实践产生重大而深远的影响。

(一)中国特色社会主义理论最新成果的产生背景

时代在前进,实践在发展,迫切需要我们作出新的理论概括,不断开拓中国化马克思主义发展的新境界。紧跟时代步伐、倾听实践呼唤,是我们继续推进实践基础上的理论创新、不断开拓中国化马克思主义发展新境界的根本要求。中国特色社会主义理论最新成果的产生有着深刻的时代背景和实践基础,反映了当代世界和当代中国的发展变化对党和国家工作的新要求,是以胡锦涛为总书记的中央领导集体积极因应当代世界形势新变化和当代中国实践新发展、全面把握我国发展新要求和人民群众新期待的必然结果。

中国特色社会主义理论最新成果是积极因应当今世界形势变化之挑战和考验的必然结果。正确认识、准确把握并能动反映时代形势发展变化的挑战和考验是科学理论得以产生的重要条件。党的十六大以来,国际格局和世界形势出现了诸多新变化和新动向,这对日益推动全方位对外开放、与世界联系更加密切的我国的影响明显上升。一是世界多极化趋势继续发展,多种力量日益兴起,扩大了我国在国际关系调整中的战略回旋余地;同时,随着我国实力增强和影响扩大,外部对我国的防范和牵制亦在加大。二是经济全球化和区域合作深入发展,有利于我国发挥比较优势和市场潜力,实现全面协调可持续发展;同时,国际经济竞争深刻复杂,对我国提升国际竞争力、增强抵御国际经济风险能力提出了更高的要求。三是世界科技进步日新月异,科技创新成果应用和推广加速,有利于推动我国高新技术的发展;同时,也凸显出我国增强自主创新能力的现实紧迫性。四是世界范围内思想文化的交流继续发展,为我们借鉴世界优秀文明成果提供了有利条件;同时,世界不同文明的相互碰撞依然严重存在,如何有效抵御外来腐朽文化的渗透是一项突出而重要的任务。五是国际战略安全形势总体稳定态势继续发展,有利于我国一心一意搞建设;同时,国际上传统安全威胁和非传统安全威胁的因素相互交织,影响和平与发展的不稳定、不确定因素增加,我国面临的安全环境更加复杂。六是国际协调合作继续发展,有利于我国通过多边合作维护自身的发展利益和安全利益;同时,国际政治经济秩序中的不合理因素依然存在,推动国际秩序向更加公正合理的方向发展是我们面临的重大课题。面对深刻变化的国际局势和世界形势,我们要抓住和用好重要战略机遇期,全面建设小康社会,必须审时度势、因势利导、趋利避害,更加注重科学发展,更加注重社会稳定和谐,更加注重解决"三农"问题,更加注重科学技术和自主创新,更加注重社会主义核心价值体系建设,更加注重党的先进性建设和执政能力建设,更加注重和谐世界理念的推广和实践。中国特色社会主义理论最新成果即十六大以来党中央提出的一系列重大战略思想,正是我们党坚持以宽广的眼界观察世界、以发展的观点审视自己、以战略的思维谋划全局,在科学分析世界形势的基础上提出来的,充分体现和反映了当今国际局势的特点和趋势,充分体现和反映了我们党对当今世界形势变化之挑战和考验的理性思考和理论自觉。

　　中国特色社会主义理论最新成果是积极因应当今中国形势变化之挑战和考验的必然结果。正确认识、准确把握并能动反映国内形势发展变化的挑战和考验是科学理论得以产生的根本条件。本世纪头 20 年对我国既是战略机遇期又是矛盾凸显期,经济体制深刻变革、社会结构深刻变动、利益格局深刻调整、思想观念深刻变化,工业化、城镇化、市场化、国际化进程明显加快。这种空前的社会变革给我国发展进步带来巨大活力,同时经济社会发展也面临一系列突出矛盾和问题。城乡、区域、经济社会发展不平衡的矛盾日益突出,缩小发展差距和促进经济社会协调发展的任务十分艰巨;能源、资源、环境、技术对经济社会发展的瓶颈制约日益突出,实现可持续发展遇到的压力明显增大,转变经济发展方式的要求十分迫切;农业基础薄弱的状况没有根本改变,保持粮食增产和农民增收难度加大,解决好"三农"问题更加突出地摆在全党全社会面前;人民群众的物质文化需要更趋多样,社会利益关系更趋复杂,统筹兼顾各方面利益的难度明显增加;社会结构和社会组织形式发生深刻变化,人员流动性大大增强,人民内部矛盾处于多发期,社会建设和社会管理更为复杂;人民群众政治参与的热情和要求不断提高,人们思想活动的独立性、选择性、多变性、差异性明显增强,对发展社会主义民主政治和先进文化提出了更高的要求。可以说,我国经济社会正在经历着改革开放以来在广度、深度和难度上都不曾有过的深刻变革,目前正处在一个新旧矛盾相互交织、长期性矛盾和阶段性矛盾相互交织、可以预料的矛盾和难以预料的矛盾相互交织的特殊时期。我们要在大变革中抓住大机遇、赢得大发展,在各种矛盾相互交织中探索新途径、实现新突破,就必须在思想上有新解放、实践上有新创造、理论上有新发展。中国特色社会主义理论最新成果即党的十六大以来党中央提出的一系列重大战略思想,正是我们党站在新的历史起点上科学认识和准确把握我国经济社会变革的深刻性和复杂性,着眼于解决我国发展过程中遇到的突出矛盾和问题,着眼于开创党和国家事业发展的新局面而提出来的。

中国特色社会主义理论最新成果是新世纪新阶段党带领人民战胜困难风险的实践经验的理论结晶。党的十六大以来,我们党面临的国内外环境复杂多变,改革开放和现代化建设的任务艰巨繁重,我们在国际国内都遇到一系列突发事件和严峻挑战。如美国发动伊拉克战争,朝鲜半岛核问题突出,伊朗核问题引人关注,"非典"疫病带来巨大灾害,禽流感造成严重损失,一些地方严重自然灾害频仍,"台独"势力分裂祖国活动加剧。以胡锦涛为总书记的中央领导集体审时度势、从容应对,紧紧依靠全党全国各族人民战胜了一次又一次困难和风险,取得了改革开放和社会主义现代化建设的新胜利。成绩来之不易,经验弥足珍贵。党的十六大以来经历的各种困难和风险的考验,锻炼了我们党,使我们党在理论上进一步走向成熟。中国特色社会主义理论最新成果即党的十六大以来党中央提出的一系列重大战略思想,正是在战胜困难和风险的过程中提出来的,凝聚着我们党深刻的理论思考和经验总结。

概而言之,中国特色社会主义理论最新成果集中体现了当今世界和当代中国发展的新变化、新特征和新要求,充分反映了当代中国马克思主义的时代要求和实践需要,是我们党积极因应世情、国情和党情变化之挑战和考验的必然产物,是以胡锦涛为总书记的中央领导集体总揽全局、审时度势的结果,励精图治、开拓进取的结果,指导实践、造福人民的结果。

(二)中国特色社会主义理论最新成果的重大意义

从理论意义看,中国特色社会主义理论最新成果是马克思主义中国化的最新成果。到目前为止,马克思主义中国化共产生了四个方面的理论成果,即毛泽东思想、邓小平理论、"三个代表"重要思想和科学发展观等重大战略思想。相对于中国特色社会主义理论最新成果即科学发展观等重大战略思想来说,毛泽东思想、邓小平理论、"三个代表"重要思想无疑是马克思主义基本原理与我国过去实践相结合的理论成果;而相对于毛泽东思想、邓小平理论、"三个代表"重要思想来说,中国特色社会主义理论最新成果即科学发展观等重大战略思想无疑是马克思主义基本原理与我国当代最新实践相结合的理论成果,即马克思主义中国化的最新理论成果。相对于毛泽东思想这一马克思主义中国化的理论成果而言,党的十七大把中国特色社会主义理论体系定性为"马克思主义中国化最新成果"当然是科学准确的,而相对于毛泽东思想、邓小平理论、"三个代表"重要思想这些马克思主义中国化的理论成果而言,把科学发展观等重大战略思想即中国特色社会主义理论最新成果定性为马克思主义中国化的最新成果,自然也是恰如其分的。

　　从实践意义看,中国特色社会主义理论最新成果是党和国家
指导思想的最新内容,是全面建设小康社会和社会主义现代化建
设的光辉指南。中国特色社会主义理论最新成果是适逢其时的产
物,是新世纪新阶段我国经济社会实践发展的必然结果,是党和国
家指导思想的最新内容,必将对我国全面建设小康社会和社会主
义现代化建设的伟大实践产生巨大的指导作用,成为推进党和国
家伟大事业的根本指针和伟大指南。中国特色社会主义理论最新
成果科学回答了我国改革开放和现代化建设进程中的一系列新情
况和新矛盾,科学回答了我国社会现实生活中日益凸显的干部群
众十分关心的一系列重大理论和现实问题,这对于我们顺利推进
社会主义经济建设、政治建设、文化建设、社会建设和党的建设,推
动我国经济社会真正走上全面协调可持续的发展道路,确保经济
社会又好又快发展,实现党和国家的发展战略目标已经发挥并将
继续发挥重大而深远的指导意义。

　　自觉用中国特色社会主义理论最新成果武装头脑和指导行
动,必须认真学习和深刻领会胡锦涛总书记中央党校"6·25 讲
话"和党的十七大报告精神,自觉做到高举"一面伟大旗帜"、坚持
"两项基本要求"、明确"三条根本原则"、牢记"四个坚定不移"、
推进"五项基本建设"。

　　一要高举"一面伟大旗帜"。"中国特色社会主义伟大旗帜,
是当代中国发展进步的旗帜,是全党全国各族人民团结奋斗的旗
帜。"①我们必须始终不渝地坚持以邓小平理论和"三个代表"重
要思想为指导,深入贯彻落实科学发展观,毫不动摇地坚持和发展

---

　　① 　胡锦涛:《高举中国特色社会主义伟大旗帜,为夺取全面建设小康社会新
胜利而奋斗》,人民出版社 2007 年 10 月第 1 版,第 1 页。

中国特色社会主义,坚定不移地走中国特色社会主义道路,开拓中国特色社会主义事业新局面。

二要坚持"两项基本要求"。"科学发展、社会和谐是发展中国特色社会主义的基本要求"①,是实现经济社会又好又快发展的内在需要,必须坚定不移地加以落实。在我国今后的社会主义现代化建设过程中,必须全面按照科学发展与社会和谐两大基本要求来进行和推进,切不可顾此失彼。

三要明确"三条根本原则"。要加快我国发展,必须牢牢把握好三条根本原则:一是明确根本任务。解放和发展社会生产力始终是社会主义的根本任务,要牢牢扭住经济建设这个中心,为发展中国特色社会主义打下坚实物质基础。二是牢记根本宗旨。我们党的根本宗旨是全心全意为人民服务,党的一切奋斗和工作都是为了造福人民。三是把握根本利益。要始终把实现好、维护好、发展好最广大人民的根本利益作为党和国家一切工作的出发点和落脚点,做到发展为了人民、发展依靠人民、发展成果由人民共享。

四要牢记"四个坚定不移"。解放思想,是党的思想路线的本质要求,是我们应对前进道路上各种新情况新问题、不断开创事业新局面的一大法宝,必须坚定不移地加以坚持。改革开放,是解放和发展社会生产力、不断创新充满活力的体制机制的必然要求,是发展中国特色社会主义的强大动力,必须坚定不移地加以推进。科学发展,社会和谐,是发展中国特色社会主义的基本要求,是实现经济社会又好又快发展的内在需要,必须坚定不移地加以落实。全面建设小康社会,是我们党和国家到 2020 年的奋斗目标,是全国

---

① 胡锦涛:《高举中国特色社会主义伟大旗帜,为夺取全面建设小康社会新胜利而奋斗》,人民出版社 2007 年 10 月第 1 版,第 1 页。

各族人民根本利益所在,必须坚定不移地为之奋斗。做到这"四个坚定不移",对保持党和国家事业顺利发展的大局至关重要。

五要推进"五项基本建设"。一是继续推进经济建设。要坚持和完善公有制为主体、多种所有制经济共同发展的基本经济制度,毫不动摇地巩固和发展公有制经济,毫不动摇地鼓励、支持、引导非公有制经济发展,形成各种所有制经济平等竞争、相互促进新格局;实现国民经济又好又快发展,关键要在转变经济发展方式、完善社会主义市场经济体制方面取得重大新进展。二是继续推进民主政治建设。我国政治体制改革必须坚持正确的政治方向,必须随着经济社会发展不断推进,努力与我国人民政治参与的积极性不断提高相适应;要坚持党的领导、人民当家作主、依法治国有机统一,不断推进社会主义政治制度自我完善和发展。三是继续推进文化建设。必须更加自觉、更加主动地推动文化大发展大繁荣,更好地保障人民群众的文化权益;要大力建设社会主义核心价值体系,巩固全党全国各族人民团结奋斗的共同思想基础;要大力培育文明风尚,广泛开展群众性精神文明创建活动。四是继续推进社会建设。要以解决人民最关心、最直接、最现实的利益问题为重点,使经济发展成果更多体现到改善民生上,尤其要注重优先发展教育,实施扩大就业的发展战略,深化收入分配制度改革,基本建立覆盖城乡居民的社会保障体系,建立基本医疗卫生制度,提高全民健康水平,完善社会管理,维护社会安定团结。要"努力使全体人民学有所教、劳有所得、病有所医、老有所养、住有所居,推动建设和谐社会。"①五是继续推进党的自身建设。要坚持推动全党

---

①　胡锦涛:《高举中国特色社会主义伟大旗帜,为夺取全面建设小康社会新胜利而奋斗》,人民出版社 2007 年 10 月第 1 版,第 37 页。

深入学习马克思列宁主义、毛泽东思想、邓小平理论和"三个代表"重要思想,深入学习科学发展观;要加强党的组织建设,造就高素质的领导班子、干部队伍和党员队伍;继续积极稳妥、扎实有效地推进党内民主建设,坚持民主集中制;全面加强党的思想作风、工作作风、领导作风和干部生活作风建设,大力改进学风和文风,反对形式主义、官僚主义和弄虚作假,反对奢侈浪费。

胡锦涛深刻指出,在当前国际国内形势下,我国发展面临的机遇前所未有,面对的挑战也前所未有,既有许多有利条件,也有不少不利因素,关键看我们工作做得怎么样。我们要清醒认识当今世界和当代中国发展的大势,全面把握我国发展的新要求和人民群众的新期待,认真总结我们党治国理政的实践经验,科学制定适应时代要求和人民愿望的行动纲领和大政方针,从新的历史起点出发,带领人民继续全面建设小康社会、加快推进社会主义现代化,完成时代赋予的崇高使命。

三、中国特色社会主义理论最新
成果的结构体系和继承发展

(一)中国特色社会主义理论最新成果的结构体系

中国特色社会主义理论最新成果的结构体系是指党的十六大以来党中央提出的科学发展观等重大战略思想的内在联系。中国特色社会主义理论最新成果,是中国特色社会主义这一理论主题在新的时代条件、发展阶段和实践发展中的理论展开,它的各方面内容相互联系、相互贯通、相互影响,共同构成完整的理论体系。其中,科学发展观居于统领地位,是贯穿其他重大战略思想的主

线;其他重大战略思想是科学发展观在各个领域和各个方面的生动展开和具体体现。正因如此,掌握了科学发展观,就掌握了理解和把握其他重大战略思想的根本;深入学习和研究其他重大战略思想,有助于更深刻更具体地理解和把握科学发展观。

科学发展观居于统领地位、是贯穿其他重大战略思想的主线。首先,其他重大战略思想都贯穿了以人为本这个核心。以人为本是科学发展观的核心,也是其他重大战略思想的核心。坚持以人为本,是我们党根据历史唯物主义的人民群众历史主体理论提出来的,是党的群众路线在新世纪新阶段的新表述,它集中体现了我们党立党为公、执政为民的本质要求。以人为本的根本要求是坚持发展为了人民、发展依靠人民、发展成果由人民共享,这是我们党始终坚持的一个基本执政理念,同中国古代的民本思想和西方的人本主义有着根本区别。无论是构建社会主义和谐社会,还是建设社会主义新农村、建设创新型国家、建设社会主义核心价值体系、推动建设和谐世界、加强党的先进性建设和执政能力建设,其最终目的,都是为了促进我国经济社会发展,实现、维护和发展人民群众的根本利益。其次,其他重大战略思想都贯穿了全面协调可持续发展的基本要求和统筹兼顾的根本方法。科学发展观的基本要求是全面协调可持续,根本方法是统筹兼顾。它是根据我国发展实际、总结吸取其他国家经验教训提出的,符合现代社会发展规律。贯彻落实科学发展观,就是要在谋划各个方面的发展时,搞好统筹协调,努力做到人与人、人与社会、人与自然和谐相处、协调发展。构建社会主义和谐社会、加强党的先进性建设和执政能力建设、建设创新型国家、建设社会主义新农村、建设社会主义核心价值体系、推动建设和谐世界,都是复杂的社会系统工程,只有按照总揽全局、科学规划、统筹兼顾的要求搞好系统协调,才能真正取得成效。科学发展观所提供的关于发展的科学世界观和方法论,对各个领域、各个方面的建设和发展都具有普遍的指导意义。再次,其他重大战略思想都贯穿了实现经济社会又好又快发展这一基本目的。我们党提出树立和落实科学发展观,根本着眼点是用新的发展思路提高经济增长的质量和效益,实现经济社会又好又快发展,为推进全面建设小康社会和整个现代化事业奠定坚实基础。实现经济社会又好又快发展,需要各个领域、各个方面的建设和发展的密切配合,缺少其中任何一个领域、环节和方面,都会对经济社会发展形成制约。我们党围绕贯彻落实科学发展观提出的构建社会主义和谐社会、加强党的先进性建设和执政能力建设、建设创新型国家、建设社会主义新农村、建设社会主义核心价值体系、推动建设和谐世界等一系列重大战略思想,都是为了实现这一基本目的,都是科学发展的内在要求,都是为实现又好又快发展服务的。

其他重大战略思想是科学发展观在各个领域和各个方面的生动展开和具体体现。第一,构建和谐社会是经济社会科学发展的基础和前提。稳定是改革和发展的前提,而社会和谐又是保持社会稳定的必要条件,没有和谐就谈不上稳定。我们党提出构建社会主义和谐社会,强调要建设民主法治、公平正义、诚信友爱、充满活力、安定有序、人与自然和谐相处的社会,目的是为了消除新世纪新阶段我国经济社会发展中出现的突出矛盾和问题,为发展提供一个安定团结、稳定有序的良好社会环境,深刻体现了社会主义经济、政治、文化和社会建设紧密联系、整体推进的发展布局的要求。第二,建设社会主义新农村是统筹城乡科学发展的内在要求。农业、农村、农民问题,始终是我国革命和建设的根本问题,也是全面建设小康社会进程中的关键问题。农业丰则基础强,农民富则国家盛,农村稳则社会安。我们党提出建设社会主义新农村,强调把解决"三农"问题作为全党工作的重中之重,坚持工业反哺农业、城市支持农村的方针,建设生产发展、生活宽裕、乡风文明、村容整洁、管理民主的新农村,目的是为了解决日益凸显的农业、农村、农民问题,促进城乡共同发展,深刻体现了统筹城乡发展的要求。第三,建设创新型国家是又好又快发展的迫切需要。创新是一个民族进步的灵魂,是一个国家兴旺发达的不竭动力。科学技术是第一生产力。当今世界,创新能力特别是科技自主创新能力已经成为国家竞争力的核心。我们党提出建设创新型国家,把增强自主创新能力作为国家战略,作为发展科学技术的战略基点,作为调整经济结构、转变经济增长方式的中心环节,目的是为了把经济增长切实转到依靠科技进步的轨道上来,实现经济持续快速协调健康发展,为社会全面进步奠定雄厚的物质基础,深刻体现了中国特色社会主义发展动力和发展途径的要求。第四,建设社会主义核心价值体系是发展社会主义先进文化、统筹经济社会发展的当然要求。随着经济社会和科学技术的发展,文化已经不再是一种单纯的精神现象,而成为综合国力的重要因素,对经济、政治、军事和人的全面发展具有越来越重要的作用。我们党提出建设社会主义核心价值体系,目的正是为了推进社会主义先进文化建设,为发展创造良好的思想文化环境和舆论氛围,深刻体现了社会主义精神文明建设和经济社会发展相协调以及实现人的全面发展的要求。树立以"八荣八耻"为主要内容的社会主义荣辱观,倡导热爱祖国、服务人民、崇尚科学、辛勤劳动、团结互助、诚实守信、遵纪守法、艰苦奋斗的价值准则和行为规范,对构建社会主义市场经济条件下的道德规范,重塑人们的道德行为,提升人们的精神品质,推动先进文化与经济社会同步发展更是具有直接的现实指导意义。

第五,推动建设和谐世界是构筑我国科学发展良好外部氛围的需要。当今世界,和平、发展、合作是时代的潮流。我们党提出走和平发展道路、建设和谐世界,把对内科学发展和对外和平发展结合起来,把国内发展和对外开放结合起来,目的是为了正确认识和处理同世界各国的关系,为我国科学发展营造一个良好的国际环境,通过争取和平的国际环境来发展自己,又通过自己的发展来促进世界的和平,深刻体现了中国特色社会主义既适应又推动世界和平发展的要求。第六,加强党的先进性建设和执政能力建设是实现我国科学发展的根本保证。中国共产党是中国人民的领导核心。贯彻落实科学发展观,团结全国各族人民不断推进中国特色社会主义伟大事业,关键在党。我们党提出加强党的先进性建设和执政能力建设,强调要科学执政、民主执政、依法执政,不断提高党的领导水平和执政水平,提高拒腐防变和抵御风险的能力,目的是为了使党始终站在时代前列,始终同人民保持血肉联系,始终成为中国特色社会主义事业的坚强领导核心,深刻体现了伟大事业与伟大工程紧密联系、相互促进的要求。

科学发展观和其他重大战略思想的内在联系要求我们,必须在实践中把它们有机结合起来,坚持以科学发展观为统领和指导,谋划好、规划好、落实好各个领域、各个方面的建设和发展,以各个方面的建设和发展来促进科学发展观的贯彻落实。一方面,科学发展观深化了经济社会发展一般规律的认识,为各个领域的建设和发展提供了科学的理论指导。科学发展观确立了经济社会发展必须遵循的根本原则,为各个领域的建设和发展提供了基本遵循。科学发展观揭示了经济社会发展的基本方法,为各个领域的建设和发展提供了科学的思想方法。掌握了科学发展观,就掌握了理解和把握其他重大战略思想的根本。另一方面,其他重大战略思想为科学发展提供了具体思路、措施和办法。构建社会主义和谐社会等重大战略思想,明确了经济、政治、文化、社会等领域建设和发展的目标任务,提供了建设发展的具体思路、措施和办法,把科学发展观的要求进一步具体化了。深入学习研究这些重大战略思想,就能帮助我们更深刻更具体地理解把握和贯彻落实科学发展观。

相互联系、相互贯通的中国特色社会主义理论最新成果的各方面内容构成了一个完整的理论体系。这一理论体系围绕中国特色社会主义这一主题加以阐述和展开,包括三个层次的内容:第一个层次是中国特色社会主义理论最新成果的哲学基础,这就是"实事求是"的思想路线。它是马克思列宁主义、毛泽东思想、邓小平理论和"三个代表"重要思想的精髓,也是中国特色社会主义理论最新成果的精髓,贯穿于中国特色社会主义理论最新成果形成和发展的整个过程和各个方面,体现着中国特色社会主义理论最新成果的历史逻辑和理论逻辑的统一。第二个层次是中国特色社会主义理论最新成果所要解决的根本问题,这就是"科学发展"或"又好又好发展"。对此,以人为本、全面协调可持续的科学发展观作出了总体性的阐述,提出了根本性的目标和要求,从总体上、根本上解决了我国的发展思路、发展模式、发展战略、发展动力、发展目的、发展方向和发展要求问题。第三个层次是中国特色社会主义理论最新成果所要解决的具体问题,这就是科学发展观根本问题在各个领域和各个方面的展开和具体回答。对此,构建社会主义和谐社会、加强党的先进性建设和执政能力建设、建设创新型国家、建设社会主义新农村、建设社会主义核心价值体系、推动建设和谐世界等其他重大战略思想给出了科学的回答和阐述,提出了各个领域和各个方面的具体要求和方针政策。

（二）中国特色社会主义理论最新成果的继承发展

这里所说的中国特色社会主义理论最新成果的继承发展是指它与马克思列宁主义、毛泽东思想、邓小平理论和"三个代表"重要思想存在着既继承又发展的关系，二者是一脉相承而又与时俱进的统一的科学理论体系。

一方面，中国特色社会主义理论最新成果与马克思列宁主义、毛泽东思想、邓小平理论和"三个代表"重要思想是一脉相承的关系。这是指中国特色社会主义理论最新成果对马克思列宁主义、毛泽东思想、邓小平理论和"三个代表"重要思想的坚持和继承。这种坚持、继承、一脉相承表现在以下四个方面：一是它们都坚持辩证唯物主义和历史唯物主义的世界观和方法论，都坚持实事求是的思想路线，在哲学基础、思想路线和理论品质上一脉相承。二是它们都坚持代表最广大人民群众的根本利益，全心全意为人民服务，在根本宗旨和根本立场上一脉相承。三是它们都以建设社会主义和最终实现共产主义为奋斗目标，坚持党的最高纲领和最低纲领的统一，在政治理想和奋斗目标上一脉相承。四是它们都坚持发挥揭示客观规律、预见未来趋势、引导社会变革、推动文明进步的作用，在政党价值观上一脉相承。概括地说，中国特色社会主义理论最新成果是在继承马克思列宁主义创始人和我们党的三代领导集体关于发展等相关问题的思想成果的基础上形成的，具有丰富的理论渊源和充分的理论依据。

另一方面，中国特色社会主义理论最新成果与马克思列宁主义、毛泽东思想、邓小平理论和"三个代表"重要思想又是与时俱进的关系。这是指中国特色社会主义理论最新成果对马克思列宁主义、毛泽东思想、邓小平理论和"三个代表"重要思想的创新和发展。中国特色社会主义理论最新成果,以我国进入新世纪新阶段全面建设小康社会、加快推进社会主义现代化建设面临的实际问题为中心,着眼于新的实践,立足于研究新情况、解决新问题、因应新挑战,在坚持中发展,在继承中创新,不仅通过科学发展观正确回答了"为什么发展"、"为谁发展"、"靠谁发展"和"怎样发展"等一系列根本问题,揭示了经济社会发展的基本方法,对我国的发展模式和发展道路提出了新要求和新思路,而且通过构建社会主义和谐社会、加强党的先进性建设和执政能力建设、建设创新型国家、建设社会主义新农村、建设社会主义核心价值体系、推动建设和谐世界等一系列重大战略思想明确了经济、政治、文化、社会、外交等领域建设和发展的原则、目标和任务,揭示和提供了科学发展、和谐发展、和平发展的具体思路、措施和办法,确保了科学发展、和谐发展、和平发展具有很强的针对性和操作性。总的来说,中国特色社会主义理论最新成果,是新世纪新阶段建设中国特色社会主义伟大实践的产物,以新的思想理论内容极大地丰富和发展了中国特色社会主义理论体系,用一系列新思想、新观点、新论断进一步回答了什么是社会主义、怎样建设社会主义和建设一个什么样的党、怎样建设党这两大根本问题,大大深化了对共产党执政规律、社会主义建设规律和人类社会发展规律的认识,丰富和完善了党的基本理论、基本路线、基本纲领和基本经验,开辟了中国化马克思主义发展的新境界,成为马克思主义中国化的最新理论成果,从而实现了对马克思列宁主义、毛泽东思想、邓小平理论和"三个代表"重要思想的理论超越和创新发展。

第二专题

树立和落实科学发展观

党的十七大报告指出:"在新的发展阶段继续全面建设小康社会、发展中国特色社会主义,必须坚持以邓小平理论和'三个代表'重要思想为指导,深入贯彻落实科学发展观。"①科学发展观是以胡锦涛为总书记的中央领导集体,从新世纪新阶段党和国家事业发展全局出发提出的发展中国特色社会主义必须坚持和贯彻的重大战略思想,是十六大以来党的创新理论的最大成果,是中国特色社会主义理论最新成果的主线和核心内容,是指导发展的世界观和方法论的集中体现,是推进我国社会主义经济建设、政治建设、文化建设、社会建设和党的建设全面发展的重要指导方针。树立和落实科学发展观,必须对科学发展观的产生背景、主要特征、深刻内涵、根本要求、历史地位和指导意义等问题有一个完整准确的认识和把握。牢固树立和认真落实科学发展观,对于我们把握

① 胡锦涛:《高举中国特色社会主义伟大旗帜,为夺取全面建设小康社会新胜利而奋斗》,人民出版社 2007 年 10 月第 1 版,第 12 页。

发展规律、明确发展目的、丰富发展内涵、创新发展理念、开拓发展思路、破解发展难题,正确应对和较好解决我国发展过程中存在的突出矛盾和问题,顺利推进全面建设小康社会和社会主义现代化建设的伟大事业,具有十分重要的现实意义和深远的历史意义。

一、科学发展观的产生背景和主要特征

发展观是关于发展的本质、目的、内涵和要求的总体看法和根本观点。而科学发展观无疑是对发展本质、目的、内涵和要求的正确阐释,是对"为什么发展"、"为谁发展"、"靠谁发展"和"怎样发展"等一系列发展重大问题的科学回答。理性认识和把握科学发展观的产生背景和主要特征,毋庸置疑是树立和落实科学发展观的当然需要。

(一)科学发展观的产生背景

树立和落实科学发展观,必须对科学发展观的产生背景有一个完整准确的认知和把握。科学发展观是"立足社会主义初级阶段基本国情,总结我国发展实践,借鉴国外发展经验,适应新的发展要求提出来的。"① 可以说,正确分析世界发展形势、深刻总结中外发展经验、积极因应我国发展课题、认真借鉴中外发展思想正是科学发展观产生的时代背景、历史背景、现实背景和理论背景。

---

① 胡锦涛:《高举中国特色社会主义伟大旗帜,为夺取全面建设小康社会新胜利而奋斗》,人民出版社 2007 年 10 月第 1 版,第 13 页。

1. 当代世界的发展形势及其变化趋势是科学发展观产生的时代背景

科学发展观是在科学审视世界形势及其变化趋势的基础上提出来的。进入 21 世纪,世界发展形势继续发生深刻变化。一是和平和发展仍然是时代的主题。各国和平、发展、合作的意愿普遍增强,争取较长时期的和平国际环境和良好的周边环境是可以实现的。二是政治多极化继续在曲折中发展。冷战结束开始了多极化进程,但这一进程却是异常曲折的,充满各种政治力量的激烈斗争。进入新世纪,霸权主义和强权政治有新的表现,单极与多极的矛盾,称霸与反霸的斗争,仍将是今后相当长时期国际斗争的焦点,"单边主义"日益凸显,以"人权高于主权"和"国家主权有限"为口号大行"新干涉主义"。三是经济全球化继续在曲折中发展。经济全球化趋势更加明显,但因全球化是由西方发达国家发动和主导、"游戏规则"是由发达国家制定、经济全球化本身是在不公正不合理国际政治经济旧秩序没有根本改变的情况下向前推进的,其发展必然是艰难曲折的。全球化是一把"双刃剑",给发展中国家带来发展机遇的同时,也势必带来负面效应和巨大挑战,将在很大程度上威胁着发展中国家的政治安全、经济安全和文化安全。四是科技进步日新月异,知识经济日益彰显,综合国力竞争日趋激烈。科学技术发展的日新月异特别是科学技术的信息化以及信息时代的到来,不仅改变了经济增长方式,使生产方式发生了根本变化,而且使人们的生活方式、交往方式和思维方式发生了根本变革。以信息科学和生命科学为代表的当代科学技术为生产力的发展打开了新的广阔空间,科学技术的信息化导致知识经济日益彰显,综合国力竞争更趋激烈。这对工业化任务尚未完成而又面临信息化新任务的发展中国家的我国无疑是严峻挑战。五是各种思想文化相互激荡。由于世界的开放性和全球化的趋势,各种思想文化的交融和碰撞在所难免。在各种思想文化长期并存和相互激荡的过程中,以美国为首的发达国家借助强大的经济后盾,在新闻、影视、互联网等方面占着绝对优势,其"文化霸权"与"文化侵略"无处不在。由于既是发展中国家又是社会主义国家,随着与世界各国的联系日益广泛和加强,我国毋庸置疑面临着西方意识形态和价值观念加速渗透的严重挑战。应当承认,国际社会普遍看好我国的发展前景,看重我国的作用和影响,同我国合作的意愿普遍增强。但我国的继续发展将面临依然存在的霸权主义和强权政治,影响世界和平发展的不稳定、不确定因素,世界经济发展的不平衡加剧,围绕资源、市场、技术、人才国际竞争的日趋激烈,贸易壁垒和贸易摩擦的明显增多,发达国家经济科技占优势的压力将长期存在等一系列重大挑战。我们面临的仍将是一个总体有利但不利因素亦在增多的环境。对此,我们必须居安思危,增强紧迫感,把中国的发展放到世界发展的大局中思考和把握,丰富发展内涵,创新发展理念,开拓发展思路,发挥比较优势,把握有利条件,扬长避短,趋利避害,努力取得发展的主动权。科学发展观反映了当代最新的发展理念,顺应了当今世界的发展潮流,毋庸置疑正是以胡锦涛为总书记的中央领导集体积极因应"世情"变化之挑战和考验的产物,反映了当代世界发展变化对党和国家工作的新要求,是我们党清醒认识当今世界发展大势的必然选择。

2. 我国经济社会的发展特点和发展目标是科学发展观产生的现实背景

科学发展观是在正确把握我国经济社会发展特点和发展目标的基础上提出来的,反映了当代中国的发展变化对党和国家工作的新要求,体现了我国发展的新要求和人民群众的新期待。

　　科学发展观是在深刻分析和准确把握现阶段我国经济社会发展阶段性特征的基础上提出来的。经过20多年的改革发展,我国已经顺利实现了现代化建设"三步走"战略的前两步目标,人民生活总体上达到小康水平,已进入全面建设小康社会新的发展阶段。在这一新的发展阶段,经济社会发展呈现出一系列重要特征。(1)我国社会主义市场经济体制已初步建立但还不完善,生产力发展仍然面临诸多体制性障碍,深化改革必然触及不少深层次矛盾和问题。(2)为了提高国民经济质量并增强国际竞争力,我国经济结构调整加速,环保投入明显增加,但长期积累的结构性矛盾和粗放型经济增长方式尚未根本改变,产业政策尚未理顺,科技投入不足与科研体制不完善同时并存,环境保护的体制尚不健全,投入巨资兴建的排污设施大多闲置或低效运转,资源、环境、技术的瓶颈制约日益突出,经济发展同人口、资源、环境的矛盾加剧,实现可持续发展的压力增大。(3)中央支农惠农力度逐年加大,但农业基础脆弱、农村发展滞后、农民增收缓慢的问题依然突出,城乡经济社会发展的差距依然很大,在某些方面还呈扩大之势,"三农"日益成为全面建设小康社会的难点和重点。(4)我国科技事业发展成绩显著、势头良好,科学技术作为第一生产力的作用更加明显,但许多重要领域的核心技术和关键产品仍大量依靠进口,自主创新能力严重不足。(5)我国人民生活总体上达到了小康水平,但还是低水平的、不全面的、发展很不平衡的小康,统筹兼顾各方面利益的难度加大,全面满足人民群众日益增长的物质文化需要任务繁重。(6)区域协调得到重视,西部大开发、中部崛起和振兴东北老工业基地成效开始显现,但区域发展差距扩大的趋势尚未根本扭转,东中西地区发展的良性互动仍然面临大的挑战。(7)经济社会的协调发展得到重视,但两者"一条腿长、一条腿短"

的问题依然存在,社会事业发展相对滞后,上学难、看病贵、社会保障水平低、文体生活短缺等问题十分突出。(8)我国对外开放范围和领域不断扩大,与国际社会的联系更加紧密,但面临的国际竞争更趋激烈,统筹国内发展和对外开放的要求更高。(9)我国社会主义政治和文化建设得到加强,但人民群众政治参与的热情不断提高,思想活动的独立性、选择性、多变性和差异性日益增强,对发展民主政治和先进文化提出了更高的要求。(10)我国社会结构和社会组织形式变化深刻,社会活力显著增强,网络信息影响日益扩大,人员流动性大大增强,人民内部矛盾出现不少新情况,社会建设和社会管理面临诸多新课题和新挑战。(11)我国社会总体安定团结,但各种消极腐败现象、各类违法犯罪活动和种种敌对势力的渗透破坏活动依然严重存在,给社会稳定和谐带来的不利影响不可低估。(12)我国经济社会已进入关键发展阶段,我们已站在新的历史起点上。2003年我国人均国内生产总值首次突破1000美元。按照党的十六大确立的奋斗目标,到2020年我国人均国内生产总值将达到3000美元。许多国家的发展进程表明,人均国内生产总值从1000美元到3000美元的发展阶段正是现代化进程中一个非常关键的发展阶段,既有巨大发展潜力和动力,又有各种困难和风险;既是"发展机遇期",又是"矛盾凸显期"。这一阶段会出现两种截然不同的发展结果:一种是搞得好,经济社会继续向前发展,顺利实现工业化、现代化;另一种是搞得不好,往往出现贫富悬殊、社会矛盾加剧等问题,导致经济社会发展长期徘徊不前,甚至出现社会动荡和倒退,从而陷于"拉美陷阱"。争取前一种前途而避免后一种前途,取决于我们能够正确处理各方面关系,秉承正确的发展理念和发展思路,真正做到全面协调可持续发展。科学发展观的提出,毋庸置疑正是我们党正确认识和准确把握我国经济社会发展阶段性特征的必然结果,是我们党妥善应对我国经济社会发展关键时期可能遇到的各种风险和挑战的正确选择。我国现阶段经济社会的发展状况、发展特点和发展要求,无疑成为科学发展观形成的重要现实依据和现实背景。

　　科学发展观是在深刻分析实现全面建设小康社会战略目标任务的基础上提出来的。党的十六大提出,要紧紧抓住本世纪头 20 年的重要战略机遇期,全面建设惠及十几亿人口的更高水平的小康社会。它既是一个经济更加发展的社会,又是一个民主更加健全的社会;既是一个科教更加进步的社会,又是一个文化更加繁荣的社会;既是一个社会更加和谐的社会,又是一个人民生活更加殷实的社会。这一宏伟目标,是中华民族发展历程上的一个新的里程碑,既令人鼓舞,又十分艰巨,绝非轻而易举就能完成。实现这一发展目标对我国经济社会发展提出了更高更全面的要求。应该看到,随着人民群众物质生活水平的日益提高,对精神生活和政治生活的需求必然日益增长;随着我国经济发展水平日益提高,我们也有条件解决过去想解决而解决不了的问题。新的实践呼唤我们深化认识“发展什么”、“为什么发展”、“怎样发展”这一重大课题,迫切需要我们创新发展理念、完善发展战略、拓宽发展途径,走一条更高层次、更高水平发展的路子,以更长远的眼光、更宽广的视野、更博大的智慧来认识和解决我国的发展问题。面对新形势新任务,围绕树立什么样的发展观、如何实现我国又好又快的发展,我们党进行了系统深入的思考。正是在这样的基础上,以胡锦涛为总书记的党中央坚持以邓小平理论和“三个代表”重要思想为指导,坚持解放思想、实事求是、与时俱进,站在历史和时代的高度,着眼于新的实践,创造性地提出了科学发展观,这就为全面建设小康社会提供了与时俱进的指导思想。毫无疑问,我国新世纪

新阶段全面建设小康社会的发展目标及其面临的机遇和挑战亦是
科学发展观形成的重要现实依据和现实背景。

　　3. 中外发展的经验教训是科学发展观提出的历史背景

　　科学发展观是在总结我国社会主义建设长期发展实践经验的
基础上提出来的。我国社会主义建设的实践过程,也是我们党对
发展规律的探索过程。新中国成立后,党领导全国人民艰苦奋斗、
励精图治,逐步建立起了独立的比较完整的工业体系和国民经济
体系,为发展奠定了坚实基础。但一段时期里,由于在经济建设指
导思想上出现了"左"的错误,片面追求高速度、高积累、高投资,
导致国民经济比例关系失调,给经济发展造成了严重损失;当然还
有离开经济建设中心、使经济发展几乎陷于崩溃的时候。党的十
一届三中全会以来,我们党认真总结经验教训,在正确判断社会主
义初级阶段基本国情的基础上,形成了以"一个中心、两个基本
点"为主要内容的基本路线,制定了一系列推进经济社会发展的
方针政策,开辟了建设中国特色社会主义的道路。经过20多年的
改革开放和经济建设,我国的经济实力、综合国力和国际地位显著
提高。但是我们必须清醒地认识到,在改革发展的进程中也遇到
了许多矛盾和问题,积累了不少需要认真反思和吸取的教训。比
如,在创造和积累巨大物质财富的同时,出现了过分资源消耗和生
态环境严重破坏的问题;在克服平均主义的同时,出现了城乡差
距、区域差距和部分社会成员收入差距过大的问题;在经济快速增
长的同时,出现了社会发展相对滞后的问题。特别是2003年"非
典"疫情的突袭,暴露出我国公共事业建设和社会管理中存在的
严重疏漏和薄弱环节,给全党以深刻启示,引发了全社会对深层次
经济社会发展问题的思考。实践使我们深刻认识到,推进社会主
义现代化,必须始终坚持以经济建设为中心,紧紧抓住发展这个党

执政兴国的第一要务,坚持用发展和改革的办法解决前进中的问题;必须以满足人民日益增长的物质文化需要为目的,重视改善人民生活,把实现最广大人民的根本利益落实到经济社会发展的各个方面,让广大人民共享改革发展的成果;必须坚持物质文明和精神文明两手抓,高度重视政治建设和社会建设,促进经济社会全面进步和人的全面发展;必须坚定不移地推进各方面改革,全面提高对外开放水平,促进各方面体制机制不断完善,为经济社会发展注入强大动力;必须保持国民经济持续快速协调健康发展,在优化结构、提高效益的基础上实现平稳较快增长;必须正确处理改革发展稳定的关系,正确处理经济发展和社会发展的关系,妥善处理好城乡、地区发展差距和居民收入差距等问题;必须注重节约能源资源,保护生态环境,避免以牺牲环境为代价换取经济的一时增长,实现经济社会可持续发展。科学发展观的提出,正是对我国社会主义建设经验教训深刻总结的结果,是对建国以来特别是改革开放以来我国发展实践的理论升华。

科学发展观是在积极借鉴国外发展经验的基础上提出来的。20世纪50年代以后,随着人们对发展问题的认识不断深化,世界各国的发展思路、发展模式和发展实践也在不断选择和不断调整。从以工业化为目标、注重国民生产总值和人均国民生产总值、单纯追求经济增长到注重社会变革和社会进步,从不顾资源、环境、生态代价片面追求经济一时繁荣到主张可持续发展,从以物为中心的发展转到突出以人为中心的发展,不少国家在推进工业化、市场化、城市化的现代化实践过程中,从自身和他国的经验教训中进行理性思考,越来越认识到社会全面发展的重要性,越来越认识到遵循协调性、综合性、持续性是人类发展的唯一正确选择。以胡锦涛为总书记的中央领导集体之所以能够提出科学发展观,对国外发展经验教训的积极借鉴无疑是一个重要视角。

4. 中外发展思想是科学发展观提出的理论背景

科学发展观是关于发展根本问题的正确观点和主张,它的提出是与正确吸收和借鉴中外关于发展问题的合理思想和主张密不可分的,有着十分丰富的思想源泉。

我国历史上关于发展问题的合理观点为科学发展观的提出提供了重要思想材料。在我国历史上,尽管没有今天所讲的发展概念,但有关社会发展问题的思想始终是存在的。其中最突出的是蕴含重民爱民的民本思想和人与自然和谐相处的"天人合一"思想。从盘庚的"重民"说到周公的"保民"说,再到孔子的"爱民"说,从孟子的"民贵君轻"论、荀子的"君舟民水"论,到唐宋以来的"民为邦本"论,传统民本思想中重民、爱民乃至为民的思想在我国一直绵延不绝。尽管这种民本思想是为了统治阶级长治久安的需要,并且在阶级社会没有实现的根本条件,但它却为我们党提出以人为本的科学发展观提供了重要的历史思想参照。而在我国源远流长的"天人合一"思想则是保护生态环境、主张人与自然和谐相处的理念选择,为我们党提出内含可持续发展的科学发展观提供了珍贵的思想基础。

国际社会关于发展问题的合理观点为科学发展观的提出提供了重要理论参照。国际社会对发展问题的普遍关注始于 20 世纪 40 年代。第二次世界大战以后,大批殖民地半殖民地国家政治上获得独立后,面临的首要问题就是寻求经济社会发展即现代化建设的模式和道路问题,以便早日实现民富国强。与此同时,伴随着科技革命和经济全球化的浪潮冲击以及生态环境问题的日益加重,发达国家也面临着如何继续发展的问题。在此背景下,关于发展问题的研究在国际社会纷纷兴起,并逐渐成为国际学术界的显学和亮点。从把发展等同于经济增长的传统发展观,到视发展为经济增长加社会进步的全面发展观,再到着眼长远的可持续发展观,最后到以人为本的综合发展观,这无疑体现了国际社会对发展问题认识的不断深化,这就为我们党提出科学发展观提供了重要的理论依据。可以说,发展观的进步是人类文明进步的重要成果。以人为本、全面协调可持续的科学发展观的提出,借鉴了国外发展理论的有益成果,反映了当代中国共产党人对世界发展潮流总体趋势的敏锐把握和新的觉醒。

马克思主义关于发展问题的科学观点为科学发展观的产生提供了科学理论依据。发展是马克思主义的核心概念之一。真正对发展问题作出科学解答的是马克思和恩格斯。他们一开始就重视研究社会发展问题。他们从辩证唯物主义和历史唯物主义世界观和方法论的高度揭示了社会发展的一般规律,又从经济学、政治学、社会学、文化学等角度分别探究了社会各个领域的发展规律,形成了内含社会发展是一个自然历史过程、人是社会发展的主体、生产力是社会发展的最终决定力量、经济社会形态是由多方面构成的有机统一体、社会发展是社会诸领域的全面发展、人与自然和谐发展是文明进步的尺度、社会发展的最高目标是实现人的全面自由发展等一系列观点和主张的马克思主义关于社会发展的一般理论。马克思主义经典作家关于发展问题的科学观点和主张为我们党提出科学发展观提供了科学的理论依据。

党的三代领导集体关于发展问题的正确观点为科学发展观的产生提供了直接理论依据。党的十七大报告鲜明地指出:"科学发展观,是对党的三代中央领导集体关于发展的重要思想的继承和发展"①。

---

① 胡锦涛:《高举中国特色社会主义伟大旗帜,为夺取全面建设小康社会新胜利而奋斗》,人民出版社 2007 年 10 月第 1 版,第 12 页。

换句话说,科学发展观同毛泽东思想、邓小平理论和"三个代表"重要思想有关发展的思想是一脉相承而又与时俱进的关系。发展是贯穿建设中国特色社会主义的主题。围绕这一主题,我们党进行了长期不懈的思考和探索。以毛泽东、邓小平、江泽民为核心的党的三代领导集体,在不同的历史时期,面对不同的历史任务,对我国社会主义建设问题进行了艰辛的探索,在发展道路、发展模式、发展战略、发展动力和发展布局等方面作出过一系列理论贡献。以毛泽东为核心的第一代中央领导集体,顺应历史潮流,把新中国引入了社会主义的发展方向。在实行社会主义改造和创建社会主义制度的同时,启动了社会主义工业化的进程,并提出独立探索中国社会主义发展道路的历史性课题和一系列关于社会主义建设的重要理论观点,为中国社会主义的发展理论奠定了根基。十一届三中全会以后,以邓小平为核心的第二代中央领导集体在总结历史经验、科学分析国情、正确把握国际形势的基础上,毅然把工作中心转移到社会主义现代化建设上来,作出了改革开放的伟大决策,提出了发展才是硬道理的战略思想,提出并实施了现代化建设"三步走"的发展战略,制定了以"一个中心、两个基本点"为主要内容的社会主义初级阶段基本路线,开辟了中国特色社会主义的发展道路。十三届四中全会以后,以江泽民为核心的第三代中央领导集体率领我们党继续探索中国社会主义的发展道路,创造性地提出了"三个代表"重要思想,把发展提到党执政兴国第一要务的高度,强调中国特色社会主义是经济、政治、文化协调发展和社会全面进步的社会,进一步突出了发展在党所领导的社会主义事业中的决定性意义。科学发展观既继承了我们党关于发展的思想,又立足于新的发展实际,提出了一系列新的思想观点,赋予了我们党的发展理论以崭新的内涵和要求,进一步回答了中国特色社会主义"为什么要发展"的问题,创造性地回答了中国特色社会主义"如何发展"、"发展什么"等重大问题,标志着我们党在毛泽东思想、邓小平理论和"三个代表"重要思想指导下,对于社会主义发展规律的认识达到了新的高度。

(二)科学发展观的主要特征

正确认识和把握科学发展观的主要特征是树立和落实科学发展观的内在要求。理论学术界对于科学发展观的特征已有多种概括。有人概括为科学精神和人文精神的有机统一[1],有人概括为人类利益的主体性、人民利益的至高性、发展的协调性和发展的持续性[2],有人概括为人本性、整体性、协调性、可持续性和创新性[3],等等。借鉴理论学术界已有的不同认识和概括,笔者认为,科学发展观应该包括时代性、科学性、实践性、人本性、整体性、协调性、可持续性、创新性等八个方面的主要特征。

一是时代性。科学发展观是时代的产物,它是以胡锦涛为总书记的中央领导集体正确把握时代脉搏,积极应对时代发展课题之挑战和考验的理论结晶,反映了当代中国共产党人对世界发展特点和趋势以及人类社会发展规律理性把握的高度自觉。

二是科学性。科学发展观是遵循科学世界观和方法论的逻辑结果,其丰富内涵深深根植于辩证唯物主义和历史唯物主义之中,

---

[1] 段若非:《科学发展观的基本内涵、内在逻辑、本质特征——兼论科学发展:真、善、美的完美统一》,《今日中国论坛》2006年第11期。

[2] 耿明俊、胡令启:《科学发展观的基本特征》,《理论前沿》2004年第13期。

[3] 许秀群:《中国共产党新时期科学发展观的基本特征》,《经济与社会发展》2004年第9期。

由此决定了它的科学性。以人为本的理论基础就是马克思主义关于人民群众是社会主体和历史创造者的观点；全面、协调、可持续发展的理论基础就是马克思主义关于社会是一个有机整体、事物之间相互联系和辩证统一、人与自然相互依存、社会发展具有阶段性和连续性等重要观点。科学发展观正是马克思主义科学真理自觉运用的必然结果和理论结晶。

三是实践性。马克思说过，理论在一个国家实现的程度，决定于理论满足这个国家的需要程度。实践的需要呼唤理论的产生。科学发展观是马克思主义普遍原理与中国当代实践相结合的产物，是我们党在团结和带领全国各族人民全面建设小康社会的伟大实践中应运而生的，深刻反映了我们党对当代中国发展问题的新认识，反映了中国的发展变化对党和国家工作的新要求，是指导我国当代发展的世界观和方法论的集中体现，是与时俱进的马克思主义发展观。实践基础上的理论创新是社会发展和变革的先导，科学发展观必将有力地推动我国当代实践的发展，推动社会主义和谐社会的构建，推动全面建设小康社会和社会主义现代化战略目标的顺利实现。

四是人本性或价值性。作为科学发展观的最显著特征，人本性或价值性主要表现在两个方面：其一，突出人类利益的主体性。科学发展观坚持了马克思主义主客体辩证统一的原理，体现了人类利益主体性与自然社会发展客体性的统一。科学发展观是在更全面、更合理的意义上对人的主体性原则的肯定，它追求的是自然环境、经济、社会的协调发展，所要解决的是人类需求无限性与自然资源有限性的矛盾。其着眼点在于对自然环境的呵护，最终关怀的是人的生存和发展问题。它既关怀人类现实的利益和发展，又关怀人类未来的利益和发展。其二，重视人民利益的至高性。

科学发展观突出强调最广大人民的根本利益具有至上性,在各种不同社会利益中居于最高层次。我国是人民当家作主的社会主义国家,国家利益与人民利益在根本上是一致的。由于人民群众是社会生产的主体,人民根本利益是最高标准,因此,坚持生产力标准就是坚持人民根本利益标准。只有发展生产力、增强综合国力,人民根本利益才能得到实现;只有以人民根本利益作为一切工作的出发点和落脚点,才能体现社会主义国家发展生产力的目的,才能使人民群众共享生产力发展的成果。

五是整体性。科学发展观的内涵和要求不是单向度的,而是多元的全面的。它既包括经济建设这一中心,又包括政治建设、文化建设、社会建设和党的建设;既注重经济发展,又注重社会全面进步;既有经济速度的要求,又有经济质量和经济效益的要求;既有人口数量和人口质量的要求,又有资源利用和环境保护的要求;既有经济结构和产业结构的要求,又有地区结构和社会结构的要求;既注重满足人的局部利益,又注重增进人的整体利益;既注重人民群众的当前利益,又注重人类的未来利益之满足;既有对领导干部的特别要求,又有对社会大众的普遍要求;既有对中央部门的要求,又有对地方部门的要求。

六是协调性。科学发展观所追求的是城乡发展、区域发展、经济社会发展、人与自然和谐发展、国内发展和对外开放之间的统筹协调,是中央和地方关系的统筹协调,是个人利益和集体利益、局部利益和整体利益、当前利益和长远利益的统筹协调,是生产力和生产关系、经济基础和上层建筑之间的统筹协调,是经济、政治、文化建设的各个环节、各个方面的统筹协调。它将经济、政治、文化、人口、资源、环境、社会视为密不可分的统一整体,充分考虑到系统和要素之间的内在联系和制约关系,以寻求大系统发展和保护的最佳平衡状态,追求经济、政治、文化、人口、资源、环境、社会的全面协调发展。科学发展观还强调人民根本利益的全面协调性,强调最广大人民的根本利益是经济利益、政治利益、文化利益的有机统一;最广大人民的根本利益是全国各族人民利益的有机统一;最广大人民的根本利益是各阶层利益的有机统一;最广大人民的根本利益是各地区利益的有机统一。

七是可持续性。人类社会是一个不断延续和发展的动态系统。当代社会只能以前人创造的发展成果为前提,同时又为未来社会发展奠定基础。科学发展观关注发展的可持续性,即关注发展在时间上的动态平衡性。它所主张的发展是人类现实利益和长远利益相统一的、世代延续不绝的发展,是既满足当代人需要又不损害后代人满足其需要能力的发展。可持续发展要求处理好经济发展与人口、资源、环境的关系,在促进经济发展的同时,要注意保护资源和改善环境,保证对自然的回馈不低于向自然的索取。可持续发展尤其重视发展潜力的培植,以自我再生的动态平衡引导发展的可持续性,造就一种可持续发展的能力,即在促进当今合理发展的同时,也为未来发展创造条件和奠定基础。可持续发展观认为,应当以持续和长远的获利作为社会发展的重要尺度,在发展问题上不应追求急功近利的短视行为,任何以今天利益牺牲明天利益的主张,任何吃祖宗饭、断子孙路的做法,都是与可持续发展观背道而驰的,都是应当注意避免和克服的。

八是创新性。科学发展观是马克思主义中国化的最新理论成果,是当代中国共产党人坚持马克思主义与时俱进的理论品格,以宽广眼界观察世界,以务实精神把握国情和实践需要,积极应对内外矛盾挑战,勇于进行理论创新的必然结果,反映了新一届中央领导集体勇于以理论创新推动实践创新的崇高历史责任感和政治使命感。

二、全面准确把握科学发展观的深刻内涵

要树立和落实科学发展观,首先必须全面准确地把握科学发展观的深刻内涵。可以说,全面准确把握深刻内涵是树立和落实科学发展观的首要条件。

党的十六届三中全会首次提出了科学发展观的重大战略思想,即"坚持以人为本,树立全面、协调、可持续的发展观"①,胡锦涛总书记在"6·25讲话"中对科学发展观的深刻内涵作出了新的明确概括,十七大报告重申了这一概括,这就是"科学发展观,第一要义是发展,核心是以人为本,基本要求是全面协调可持续,根本方法是统筹兼顾。"②

（一）第一要义是发展

第一要义是发展,就是要坚持把发展作为党执政兴国的第一要务。科学发展观是用来指导发展的,离开了发展,科学发展观就成了无源之水、无本之木,强调贯彻落实科学发展观就成了无的放矢。正确理解和把握发展问题必须明确以下四点:第一,发展主要是指经济发展。社会主义初级阶段的基本国情、人民日益增长的物质文化生活需要同落后的社会生产之间的主要矛盾,要求我们必须坚持党的基本路线不动摇,牢牢扭住经济建设这个中心,聚精

---

① 《中共中央关于完善社会主义市场经济体制若干问题的决定》,人民出版社2003年10月第1版,第13页。

② 胡锦涛:《高举中国特色社会主义伟大旗帜,为夺取全面建设小康社会新胜利而奋斗》,人民出版社2007年10月第1版,第15页。

会神搞建设、一心一意谋发展,不断解放和发展社会生产力。第二,发展是解决我国所有问题的关键。增强综合国力和提高人民生活水平离不开发展;解决台湾问题离不开发展;反对霸权主义、维护世界和平离不开发展;发挥社会主义优越性、最终说服不相信社会主义的人都离不开发展。第三,发展应该是又好又快的发展。既要注重发展的速度,更要注重发展的质量和效益。为此,就要认真实施科教兴国战略、人才强国战略、可持续发展战略,着力把握发展规律、创新发展理念、转变发展方式、破解发展难题。第四,发展是科学发展、和谐发展与和平发展的有机统一。我们既要努力实现以人为本、全面协调可持续的科学发展,又要实现各方面事业有机统一、社会成员团结和睦的和谐发展,还要实现既通过维护世界和平发展自己、又通过自身发展维护世界和平的和平发展。

(二)核心是以人为本

以人为本体现了科学发展观的价值取向,是科学发展观的本质和核心。以人为本,是指以人为价值的核心和社会的本位,把人的生存和发展作为最高的价值目标,一切为了人,一切依靠人,一切服务于人。正如胡锦涛总书记所说:"坚持以人为本就是要以实现人的全面发展为目标,从人民群众的根本利益出发谋发展、促发展,不断满足人民群众日益增长的物质文化需要,切实保障人民群众的经济、政治和文化权益,让发展的成果惠及全体人民。"①温家宝总理对以人为本也作出了类似的科学概括:"以人为本,就是要把人民的利益作为一切工作的出发点和落脚点,不断满足人们

①　胡锦涛:《在中央人口资源环境工作座谈会上的讲话》(2004年3月10日),《人民日报》2004年4月5日。

的多方面需求和促进人的全面发展。具体地说,就是在经济发展的基础上,不断提高人民群众物质文化生活水平和健康水平;就是要尊重和保障人权,包括公民的政治、经济、文化权利;就是要不断提高人们的思想道德素质、科学文化素质和健康素质;就是要创造人们平等发展、充分发挥聪明才智的社会环境。"①对此,我们可以从以下几个方面加以认识的把握:

一要正确认识和把握以人为本的内涵。以人为本的"人"是指广大人民群众。在当代中国,就是以工人、农民、知识分子等劳动者为主体,包括各社会阶层在内的最广大人民群众。以人为本的"本",就是根本,就是出发点、落脚点,就是价值的核心和社会的本位。简单地说,以人为本就是以人民群众为根本,以人民群众的根本利益为出发点和落脚点。具体地说,以人为本的内涵应该包括以下四个方面:第一,坚持人民在建设中国特色社会主义事业中的主体地位,坚持发展为了人民、发展依靠人民、发展成果由人民共享,不断实现好、维护好、发展好最广大人民的根本利益。第二,要正确反映和兼顾不同地区、不同部门、不同方面群众的利益,妥善协调各方面的利益关系。第三,要坚持在全国人民根本利益一致的基础上关心每一个人的利益要求,体现社会主义的人道主义和人文关怀,满足人们的发展愿望和多样性的需求,尊重和保障人权。第四,要关注人的价值、权益和自由,关注人的生活质量、发展潜能和幸福指数,最终实现人的全面发展。

二要正确认识和把握以人为本的依据。我们党提出的以人为

---

① 温家宝:《提高认识、统一思想、牢固树立和认真落实科学发展观——在省部级主要领导干部"树立和落实科学发展观"专题研究班结业式上的讲话》,2004年2月21日,新华社北京2月29日电。

本,既继承了中国古代的民本思想和西方的人本主义,又与它们有着本质区别。其依据主要有三个方面:一是体现了历史唯物主义关于人民群众是社会发展的主体和推动历史前进的根本力量以及人的自由全面发展的基本原理。历史唯物主义认为,人民群众是社会发展的主体和社会历史的创造者,是生产力中最活跃、最革命的因素,是社会物质财富和精神财富的创造者,是社会变革和社会前进的决定性力量。未来社会是以每个人的全面而自由的发展为基本原则的社会形式。正是这些科学原理揭示了人民群众的利益主体地位。建设中国特色社会主义是全国各族人民实现自己利益、创造美好生活的共同事业,是亿万人民群众广泛参与的创造性事业。广大人民群众是中国特色社会主义事业的主体,人民群众积极性、主动性、创造性的充分发挥是我们事业成功的保证。坚持以人为本,就要充分发挥人民群众的主人翁作用,营造充分发挥人民群众聪明才智的社会环境,不断增强全社会的创造活力,形成全体人民团结奋斗的强大力量。二是体现了我们党的全心全意为人民服务的根本宗旨和立党为公、执政为民的执政理念。以人为本,是我们党的根本宗旨和执政理念的集中体现。我们党以全心全意为人民服务为根本宗旨,始终秉持立党为公、执政为民的执政理念,坚持人民利益高于一切。党除了最广大人民的根本利益,没有自己的特殊利益;党的全部任务和责任,就是带领广大人民实现自己的利益。无论是战争年代浴血奋战推翻三座大山,无论是建立社会主义制度、开展大规模的社会主义建设,还是进行改革开放和社会主义现代化建设,归根到底都是为了实现好、维护好、发展好最广大人民的根本利益。坚持以人为本,就要坚持立党为公、执政为民,始终做到权为民所用、情为民所系、利为民所谋,始终把最广大人民的根本利益作为我们一切工作的最高标准。必须坚持尊重社会发展规律和尊重人民历史主体地位的一致性,坚持为崇高理想奋斗和为最广大人民谋利益的一致性,坚持完成党的各项工作和实现人民利益的一致性,切实把立党为公、执政为民的要求具体地、深入地落实到党和国家制定和实施方针政策的工作中去,落实到各级领导干部的思想和行动中去,落实到关心群众生产生活的工作中去。三是体现了社会主义的本质要求。邓小平深刻指出:"社会主义的本质,是解放生产力,发展生产力,消灭剥削,消除两极分化,最终达到共同富裕。"①而以人为本正是社会主义本质的集中体现。我们党之所以要建立社会主义制度,不断发展社会主义事业,在本世纪头20年全面建设小康社会,在本世纪中叶建设富强民主文明和谐的社会主义现代化国家,其根本目的就是为了人民生活的更大提高和人民幸福的更好满足,让人民的经济、政治、文化权益得到更好的实现。发展社会主义是为了人民群众,发展社会主义必须依靠人民群众,发展社会主义的文明成果必须由人民群众共享。

三要正确认识和把握以人为本的要求。坚持以人为本不是抽象的,而是具体的。表现在实际工作中,就是要把解决人民群众的切身利益问题放在首位,在治国理政过程中充分体现和代表人民的意愿,坚持做到发展为了人民、发展依靠人民、发展成果由人民共享,不断让人民群众得到实实在在的利益,使全体人民朝着共同富裕的方向稳步前进。

(1)坚持发展为了人民。就是要把实现好、维护好、发展好最广大人民的根本利益,作为党和政府一切方针政策和各项工作的根本出发点和落脚点,坚持用人民拥护不拥护、赞成不赞成、高兴不高兴、答应不答应来衡量一切决策,把发展的目的真正落实到满

---

① 《邓小平文选》第3卷,人民出版社1993年10月第1版,第373页。

足人民需要、实现人民利益、提高人民生活水平上。

要在经济社会发展的各个环节、各项工作中体现和保障人民群众的利益。经济建设，要着眼于创造更丰富的社会物质财富，改善人民生活、提高人民生活水平。政治建设，要着眼于保障人民当家做主的权利和合法权益，不断发展社会主义民主、健全社会主义法制。文化建设，要着眼于满足人民精神文化需求，提高人民精神生活质量，不断丰富人们的精神世界、增强人们的精神力量。社会建设，要着眼于协调好各方面的利益关系、增强全社会的创造活力，不断建设全体人民各尽其能、各得其所而又和谐相处的社会。

党的各级领导干部，要把为人民服务作为最高追求，在任何时候任何情况下都要把最广大人民的根本利益放在首位。要做到心里装着群众，凡事想着群众，工作依靠群众，一切为了群众，时刻把人民群众的安危冷暖放在心上，深怀爱民之心，恪守为民之责，善谋富民之策。要从群众最关心、最迫切需要解决的实际问题入手，急群众之所急，想群众之所想，办群众之所需，倾听群众呼声，体察群众情绪，反映群众诉求，关心群众疾苦，为群众诚心诚意办实事，尽心竭力解难事，坚持不懈做好事。

（2）坚持发展依靠人民。就是要尊重人民的主体地位和首创精神，密切联系群众，始终相信群众，紧紧依靠群众，最充分地调动人民群众的积极性、主动性、创造性，最大限度地集中全社会全民族的智慧和力量，最广泛地动员和组织亿万群众投身中国特色社会主义伟大事业。

党和国家的事业，只有得到人民群众的真心支持和拥护才能取得成功；各项方针政策和工作部署，只有得到人民群众的真心支持和拥护才能切实贯彻执行。要充分发挥人民群众中蕴藏着的巨大智慧和创造力，使我们的改革和建设事业获得最广泛最可靠的群众基础和最深厚的力量源泉。要激发和调动各方面的积极性，对为祖国富强贡献力量的社会各阶层人们都要团结，对他们的创业精神都要鼓励，对他们的合法权益都要保护，对他们中的优秀分子都要表彰，把全民族的意志、智慧和力量凝聚到伟大事业中来。

要坚持从群众中来、到群众中去的群众路线，牢固树立人民群众是历史创造者的观点、虚心向人民群众学习的观点、竭诚为最广大人民谋利益的观点、干部的权力是人民赋予的观点、对党负责和对人民负责相一致的观点。要切实转变思想作风和工作作风，经常深入基层、深入群众、深入实际，认真做好调查研究，及时发现和总结人民群众创造的新鲜经验，坚决防止和克服形式主义、官僚主义。要切实改进领导方式和领导方法，坚持和完善联系群众的制度，坚持和完善各项办事制度，拓宽反映社情民意的渠道，保障人民当家做主的各项权利。

（3）坚持发展成果由人民共享。就是要把改革发展取得的各方面成果，体现在不断提高人民的生活质量和健康水平上，体现在不断提高人民的思想道德素质和科学文化素质上，体现在充分保障人民享有的经济、政治、文化、社会等各方面权益上，让经济社会发展的成果惠及全体人民。

坚持发展成果由人民共享，是坚持发展为了人民、发展依靠人民的具体体现和最终目的。如果发展的成果没有或很少被最广大人民享受到，发展为了人民就会落空，发展依靠人民就没有基础。在整个改革开放和现代化建设过程中，一定要使人民群众得到应该得到的、看得见的物质利益，而且随着经济的发展不断有所增加，努力使工人、农民、知识分子和其他群众共同享受到经济社会发展的成果。

党的十一届三中全会以来，我国改革开放取得丰硕成果，人民群众的生活总体上达到小康水平,城乡居民收入稳步增长,人民物质生活质量不断提高,精神文化生活日益丰富多彩,各种权益得到更好保障,广大人民群众投身改革开放和现代化建设的积极性极大提高。同时,我们要清醒地看到,随着社会主义市场经济的深入发展和社会结构的深刻变革,不同地区和部门、不同群体和个人享受经济社会发展成果的多少有所不同,物质文化生活的改善程度差异过大,就业、收入分配、社会保障、看病、子女上学、住房、生态环境保护、安全生产、社会治安等方面的问题成为广大人民群众关注的热点问题。这些问题如果得不到有效解决,就不利于最大限度地激发和调动广大人民群众的积极性,就会影响经济社会发展,影响安定团结的大局。

实现以人为本必须从人民群众最关心、最直接、最现实的利益问题入手。要切实做好扩大就业、完善社会保障的工作,千方百计增加就业岗位,加快完善与经济发展水平相适应的社会保障体系,不断扩大覆盖面。要大力发展教育事业,切实做好保障义务教育的工作,加大对农村义务教育的投入,坚决纠正教育领域乱收费现象,切实减轻群众的教育负担。要切实改进公共卫生服务,积极推广新型农村合作医疗制度,推进城市社区医疗发展,逐步解决群众看病难、看病贵问题。要大力加强社会治安防控体系建设,依法打击各种犯罪活动,坚决维护社会稳定,切实保障人民群众生命财产安全。要切实做好安全生产工作,严格落实安全生产责任制,强化对食品、药品、餐饮卫生、交通安全和矿产安全的监管,尽快扭转事故多发状况。进一步健全动物疫病防控体系,切实保障人民群众的生命健康安全。要正确处理人民内部矛盾,坚决维护群众的合法权益,对群众提出的合理要求,要不折不扣地加以落实,对因客观条件不具备、一时难以解决的要求,要讲清道理,做好深入细致的说服教育工作,引导群众正确认识个人利益与集体利益、局部利益与整体利益、当前利益与长远利益的关系。

四要正确认识和把握以人为本的实现进程。实现以人为本是一个长期的、渐进的动态过程。从全社会范围来看,要比较充分地满足人们多方面需求和实现人的全面发展,必须有相应的物质基础和社会条件,只有随着社会财富的不断增加和社会文明的持续进步,人的全面发展才能日益充分地得到实现。这只能是一个不断发展和进步的渐进过程,不能要求过急。现在我国还处于社会主义初级阶段,无论生产力发展和物质财富的积累,还是生产关系和上层建筑的完善,满足人们的多方面需求和实现人的全面发展还不可能完全做到。为此就要把促进经济社会发展和促进人的全面发展统一起来。既要把促进人的全面发展作为经济社会发展的最终目的,又要从社会主义初级阶段的国情出发,以只争朝夕的精神抓住机遇加快各项事业的发展,不断满足人们各方面的需求,使经济社会发展和人的全面发展相互协调、相互促进。要注意处理好人民群众根本利益和具体利益、长远利益和眼前利益的关系,应当从现在的具体事情做起,贯穿到经济社会发展的各个方面,贯穿到我们的各项工作中去。

(三)基本要求是全面协调可持续

一是全面发展。胡锦涛深刻指出:"全面发展,就是要以经济建设为中心,全面推进经济、政治、文化建设,实现经济发展和社会全面进步。"①坚持全面发展是由社会系统的整体性决定的。任何

---

① 胡锦涛:《在中央人口资源环境工作座谈会上的讲话》(2004 年 3 月 10 日),《人民日报》2004 年 4 月 5 日。

社会都是经济、政治、文化的三位统一体。要做到科学发展,就必须在经济发展的基础上推动社会全面进步,在建设物质文明的同时建设政治文明和精神文明,做到三大文明建设齐抓并举,互相促进,避免有硬有软的片面发展。

一要坚持以经济建设为中心,建设发达的物质文明。科学发展观是用来指导发展的,不能离开发展这个主题,而发展首先要抓好经济发展。唯物史观认为,物质生产是人类社会存在和发展的基础,生产力是社会发展的最终决定力量,生产力水平决定生产关系和上层建筑的性质、运动和变革,决定着社会形态由低级向高级的演进。坚持以发展生产力为根本任务和以经济建设为中心,正是唯物史观的内在要求和生动体现。我国社会主义初级阶段的主要矛盾是人民日益增长的物质文化需要同落后的社会生产之间的矛盾,大力发展生产力、坚持以经济建设为中心不动摇对我国无疑具有特别重要的意义。只有坚持以经济建设为中心,才能为全面协调可持续发展打下坚实的物质基础,才能更好地解决前进道路上的矛盾和问题,胜利实现全面建设小康社会和社会主义现代化的宏伟目标。全党全社会必须增强促进发展的紧迫感,任何时候、任何情况下都要紧紧扭住经济建设这个中心不放松,聚精会神搞建设,一心一意谋发展,充分调动和切实保护广大干部群众加快发展的积极性,坚定不移推动经济持续快速协调健康发展。坚持以经济建设为中心,必须做到速度、结构、质量和效益的统一。坚持以经济建设为中心,必须抓住机遇加快经济发展,保持较快的经济发展速度。但经济的较快发展必须建立在优化结构、提高质量和效益的基础上,努力实现速度、结构、质量、效益相统一。经济发展需要一定的速度,特别是作为一个发展中的大国更需要长期保持较快的发展速度,但不能片面追求经济发展速度。我国经济建设存在的突出问题是结构不合理,经营方式粗放,经济增长主要依靠增加投入、扩大投资规模,资源环境的代价太大。为此,必须坚持走科技含量高、经济效益好、资源消耗低、环境污染少、人力资源优势得到充分发挥的新型工业化道路。必须加快转变经济发展方式,坚持以改革开放为动力,充分发挥科学技术作为第一生产力的重要作用,注重依靠科技进步和提高劳动者素质,加快推进经济结构战略性调整,显著提高经济增长的质量和效益。

二要发展民主政治,建设先进的政治文明。政治文明是社会政治生活的进步状态,是社会政治实践的结果,体现着人们对和谐社会关系和理想社会制度的追求,反映着物质文明和精神文明制度化和规范化的水平。政治文明以物质文明和精神文明为基础,同时又为物质文明和精神文明提供制度和法制保障,决定着它们的发展方向。因此,大力发展民主政治,建设先进政治文明具有十分重要的意义,全面发展就不能不重视政治文明的发展。建设政治文明,就要在坚持四项基本原则的前提下,积极稳妥地推进政治体制改革,扩大社会主义民主,健全社会主义法制,建设社会主义法治国家,巩固和发展民主团结、生动活泼、安定和谐的政治局面。建设政治文明,就要完善民主选举、民主决策、民主监督和民主管理制度,建立健全政治运行机制和监督机制以及确保这种机制良性运转的规范程序。建设政治文明,不能照搬西方政治制度的模式,必须从我国国情出发,总结历史经验,借鉴人类政治文明的有益成果,勇于进行政治制度"中国模式"的改革和创新。

三要发展先进文化,建设社会主义精神文明。改革开放以来,我国经济快速发展、物质文明建设成效显著,但却出现了精神文明建设比较软的问题,价值观扭曲和道德滑坡引起了社会广泛的忧虑。实现全面发展必须高度重视文化发展或精神文明建设,"使人民基本文化权益得到更好保障,使社会文化生活更加丰富多彩,使人民精神风貌更加昂扬向上"①,这是我国社会全面进步和人的全面发展的内在要求。第一,实施广泛的文化教育。要使绝大多数人口能够识文断字、读书看报,有一定的文化修养;要注重普及自然科学和哲学社会科学的基本知识,全面提高民族理论思维能力和文化自主创新能力;要通过系统的文化教育和文化活动,使全民族养成尊重知识、崇尚教育、热爱科学的风尚;要在科学研究领域形成百花齐放、百家争鸣的繁荣局面;要激励文学艺术家创造内涵丰富、思想健康、形式多样的文学艺术作品。第二,加强思想道德建设。要使广大干部群众树立正确的世界观、人生观和价值观,坚持社会主义荣辱观,始终保持与时俱进的思想观念和昂扬向上的精神状态。要培育具有民族特色的社会主义核心价值体系。要建立调节人与人、人与社会、人与自然的关系,社会成员普遍认同的最基本的公共生活文明准则。要加强具有行业特点的职业道德建设,提倡尊老爱幼、男女平等、夫妻和睦、勤俭持家、邻里团结,养成自我学习、自我培养、自我锻炼、自我陶冶的习惯。第三,创造丰富的文化生活,使城乡广大群众享有逐步提高的文化权利和逐步丰富的文化生活。为此,要以政府为主导,加强文化设施特别是公共文化设施建设,逐步完善公共文化服务体系,构建起覆盖城乡的现代化、信息化和网络化的大众传媒网络。要加强文化艺术的创作和演出工作,广泛组织群众性文体活动,促进文化生活的全面繁荣。第四,大力发展文化产业。要树立与社会主义市场经济体制相适应的文化发展观,提高文化产业在经济社会发展中的贡献和

---

① 胡锦涛:《高举中国特色社会主义伟大旗帜,为夺取全面建设小康社会新胜利而奋斗》,人民出版社2007年10月第1版,第33~34页。

作用。要按照党的十七大关于建设社会主义核心价值体系、建设
和谐文化、弘扬中华文化、推进文化创新的要求，不断推动社会主
义文化大发展大繁荣。

二是协调发展。胡锦涛指出："协调发展，就是要统筹城乡发
展、统筹区域发展、统筹经济社会发展、统筹人与自然和谐发展、统
筹国内发展和对外开放，推进生产力和生产关系、经济基础和上层
建筑相协调，推进经济、政治、文化建设的各个环节、各个方面相协
调。"①坚持协调发展是由社会系统的有机性决定的。唯物史观认
为，社会系统是一个有机整体，构成社会有机体的各种因素相互联
系和相互影响。物质生产和精神生产，物质生活和精神生活，社会
存在和社会意识，生产、交换、分配和消费，速度、结构、质量和效
益，城市和农村，区域和区域，经济、政治、文化和社会，经济发展和
人口、资源、环境，国内发展和对外开放，都存在着辩证关系。社会
系统的这种有机性正是我们坚持协调发展的理论依据。只有保持
协调发展，才能实现社会系统的有机性和整体性，才能保证社会的
有序运转，才能保持社会的和平稳定和健康发展。协调发展的主
要内容应该包括：一要协调好速度、结构、质量、效益的关系。二要
协调好经济发展、人口、资源、环境的关系。三要协调好经济建设、
政治建设、文化建设、社会建设、党的建设、军队建设的关系。四要
协调好城市和农村的关系。五要协调好地区之间的关系。六要协
调好国内发展和对外开放的关系。由于这些内容与全面发展、可
持续发展、统筹兼顾的内容要求高度交叉，这里不再分析。

三是可持续发展。胡锦涛指出："可持续发展，就是要促进人

---

① 胡锦涛：《在中央人口资源环境工作座谈会上的讲话》(2004 年 3 月 10
日)，《人民日报》2004 年 4 月 5 日。

与自然的和谐,实现经济发展和人口、资源、环境相协调,坚持走生产发展、生活富裕、生态良好的文明发展道路,保证一代接一代地永续发展。"①简单说来,可持续发展是指既满足当代人的需要,又不对后代满足其需要之能力构成危害的发展。可持续发展的实质是处理好经济发展与人口、资源、环境的关系,处理好当代发展、当前发展与后代发展、未来发展的关系,确保人类文明发展的延续性和永续性。作为世界性的共同课题和共同难题,可持续发展当然需要各国的共同努力和国际间的密切合作。

应该看到,我国人口众多,资源相对不足,生态环境承载能力弱,这是基本国情。特别是随着经济快速增长和人口的不断增加,能源、水、土地、矿产等资源不足的矛盾越来越尖锐,生态环境的形势十分严峻,我国面临着可持续发展的巨大压力和严峻挑战。高度重视资源和生态环境问题,增强可持续发展的能力,是全面建设小康社会的重要目标之一,也是关系中华民族生存与长远发展的根本大计。坚持可持续发展,必须努力做到以下三点:

一要控制人口数量和提高人口素质,充分发挥我国人力资源优势。人口问题是制约我国可持续发展的关键因素。一方面,要坚持计划生育的基本国策,实行优生优育,保持低生育水平,严格控制人口增长和人口数量。另一方面,要大力发展教育事业,弘扬终身教育理念,建设学习型社会,努力提高人口素质,提高中华民族的思想道德素质、科学文化素质和健康素质。我国大多数物质资源的人均占有量在世界上处于劣势,唯有人力资源具有相当的优势。当今世界,经济社会的发展越来越靠科学技术来推动,综合

---

① 胡锦涛:《在中央人口资源环境工作座谈会上的讲话》(2004 年 3 月 10日),《人民日报》2004 年 4 月 5 日。

国力竞争的关键是科技力的竞争,而从根本上是教育力和人才力的竞争。只有大力发展教育事业,把巨大的人力资源转化为人才资源,把人口大国转化为人才大国,才能为我国的可持续发展提供可靠支撑。改革开放以来我国教育科技事业的发展已在很大程度上支撑了我国的可持续发展,今后应该更加重视教育科技事业的发展,为我国现代化建设提供更加可靠的人才保证。

二要合理利用和节约资源,努力建设资源节约型社会。资源短缺和资源浪费并存是我国经济社会发展过程中不能不面对的一个十分严峻和重大的现实问题。人多地少水少油少,许多重要资源人均占有量远低于世界平均水平。大多数矿产资源人均占有量不到世界平均水平的一半。在资源短缺的同时,资源破坏和浪费十分严重和惊人,从而进一步加剧了资源不足的矛盾。可以说,我国可持续发展越来越受到资源因素的制约。合理利用和节约资源,建设资源节约型社会已成为我国可持续发展的迫切需要。为此,必须大力发展循环经济,努力转变经济增长方式,从高投入、高消耗、低产出的粗放型增长转变为低投入、低消耗、高产出的集约型增长,努力发展节能生产,在生产过程中追求资源和能源利用效率的最大化;必须尊重自然规律,充分考虑资源的承载能力,实现对资源的永续利用;必须制定和完善国家资源和能源战略,用好国内国际两个市场、两种资源,积极参与国际战略资源的利用和竞争;必须坚持依靠科技进步推进资源开发与节约,把节约放在首位,大力开发节能节耗产品;必须深化改革和创新机制,实行政府调控与市场机制相结合,从体制机制上促进资源节约和有效利用;必须加大办公用品消费、公车消费、公款款待消费等方面的改革步伐,努力降低行政成本;必须在全社会牢固树立节约资源和绿色消费的观念,培育人人节约资源的社会风尚,使人们自觉养成节约意识和节约习惯;必须在资源开采、加工、运输、消费等环节建立全过程和全面节约的管理制度,建立资源节约型国民经济体系和资源节约型社会,逐步形成有利于节约资源和保护环境的产业结构和消费方式,依靠科技进步推进资源利用方式的根本转变,不断提高资源利用的经济、社会和生态效益,坚决遏制浪费资源、破坏资源的现象,实现资源的永续利用。

三要重视生态建设和生态保护,努力建设环境友好型社会。我国生态环境本就十分脆弱,改革开放以来,随着由粗放型经济增长方式支撑的经济规模的不断扩大,我国生态环境遭到相当程度的破坏。尽管近年环保教育得到加强,环保投入大幅增加,但生态环境总体恶化的趋势尚未根本扭转,某些地方环境污染和生态破坏的状况令人触目惊心。全国大气污染排放量多年处于较高水平,城市空气污染普遍较重,部分农村的环境污染不容乐观。酸雨面积、水土流失面积、沙漠化土地面积已占整个国土面积的相当规模。近海和江河水生资源及其生存环境面临威胁,水域生态荒漠化日趋严重。目前我国日排污水量在一亿吨以上,七大水系近一半河段污染较重。物种濒危现象加速,不少高等植物和野生动物已处濒危状态。毋庸置疑,我国面临的环境压力加大,环境治理的任务依然十分艰巨。为此,就必须高度重视生态保护和生态建设,努力建设生态保护型或环境友好型社会。第一,要在全社会大力培育和牢固树立保护环境的观念。良好的生态环境是社会生产力持续发展和人们生存质量不断提高的重要基础。要在全社会营造爱护环境、保护环境、建设环境的良好风气,增强全民族的环保意识,让人们形成自觉保护环境的良好习惯。第二,要努力培育企业的绿色生产模式。要彻底改变以牺牲环境、破坏资源为代价的粗放型增长方式;要通过市场机制特别是价格杠杆鼓励、支持和引导企业增加环保投入、增强节能减排能力;要坚决关停高污染企业或通过技术改造使高污染企业达到环保要求;要限期改造污染严重的企业和项目,同时严格防范新建项目对环境的破坏;要继续开展"打击不法排污企业,保障群众健康"环保行动,尽快解决群众反映强烈的环境问题;要加强对企业节能减排情况的稽查力度,加大对高污染企业或治污不力企业及有关政府的处罚力度;要努力打造绿色产品,减少对环境的污染危害;要加强废旧物品的绿色回收和绿色处理;要防止各种洋垃圾对我国的侵入。第三,要努力培育社会大众的绿色生活模式。要通过教育、产品开发和价格杠杆等因素培育人们的绿色消费模式,培养人们节约资源和保护环境的主人翁责任感,自觉做生态保护和生态建设的实践参与者和实践推动者。

(四)根本方法是统筹兼顾

所谓统筹兼顾,就是要求人们在工作中要做到总揽全局、统一筹划、照顾全面、协调各方。统筹兼顾之所以是科学发展观的根本方法,原因在于:统筹兼顾是我国社会主义建设的重要经验,是中国特色社会主义事业必须长期坚持的战略方针,是实现我国科学发展的根本要求。坚持统筹兼顾,就"要正确认识和妥善处理中国特色社会主义事业中的重大关系"①。其中主要是统筹或妥善处理好以下八个方面的关系:

一要统筹城乡发展。统筹城乡发展,就是要正确处理工业和农业、城市和农村、市民和农民的关系,使城乡在协调互动中实现

---

① 胡锦涛:《高举中国特色社会主义伟大旗帜,为夺取全面建设小康社会新胜利而奋斗》,人民出版社 2007 年 10 月版,第 16 页。

共同繁荣。其实质就是解决"三农"问题,改变城乡二元经济社会结构,实现城乡共同繁荣。农业是国民经济的基础,没有农业的发展,就不可能有国民经济的整体发展;没有八亿农民的小康,就不可能实现全国人民的小康;没有农村的现代化,就不可能实现全国的现代化。应该看到,农业基础薄弱,农村发展滞后,农民收入增长缓慢,已成为制约我国经济社会发展亟待解决的突出瓶颈问题,全面建设小康社会和实现社会主义现代化的重点和难点都在农村。我们必须站在经济社会发展全局的高度研究和解决"三农"问题,大力推进社会主义新农村建设,认真贯彻工业反哺农业、城市支持农村的方针,实行以城带乡、以工促农、城乡互动、协调发展。要把农业发展放到整个国民经济的循环中,把农村繁荣放到整个社会的进步中,把农民增收放到国民收入分配的总格局中统筹考虑。

统筹城乡发展,推进新农村建设,关键是抓好四个环节:一是合理调整国民收入分配结构和政策,加大对"三农"的支持和保护力度。国民收入分配要向农业倾斜,通过税收和财政转移支付等政策,加强对农业和农村的支持。要进一步落实对农业"多予、少取、放活"的方针,确保新增教育、卫生、文化等事业经费主要用于农村。二是加快农业和农村发展,促进农村经济社会全面进步。要加快转变农业发展方式,全面提高农业综合生产能力。要深化农村改革,稳定和完善农村基本经营制度。要加快发展农村公共事业,大力办好农村教育事业,促进农村医疗卫生事业发展,健全农村社会保障体系。要推动农村劳动力向非农产业和城镇转移,加快农村工业化和城镇化进程。三是使城市发展与农村发展相协调,充分发挥城市对农村的带动作用。要把更多的社会资源用于农村建设,更好地为农村产业结构调整、劳动力转移和农民增收致富创造条件。四是统筹推进城乡改革,形成城乡经济社会发展一体化新格局。要统筹土地利用和城乡规划、统筹城乡产业发展、统筹城乡基础设施建设和公共服务、统筹城乡劳动就业、统筹城乡社会管理,尽快建立促进城乡经济社会发展一体化制度,努力使城乡在劳动就业、户籍管理、义务教育和税收等方面做到公平统一,逐步形成有利于城乡相互促进、共同发展的城乡经济社会发展一体化新格局,切实消除农村发展的体制性障碍。

二要统筹区域发展。统筹区域发展,就是要发挥各个地区的优势和积极性,逐步扭转地区发展差距扩大的趋势,实现各地区共同发展。我国幅员辽阔,地区发展很不平衡。改革开放以来,尽管各地区都有很大发展,但由于原有基础、客观条件以及改革开放步伐和力度的不同,地区发展的差距仍在不断扩大。我国已经成为世界上区域发展差距最大的国家之一。逐步扭转地区差距扩大的趋势,促进地区协调发展,不仅是重大的经济问题,也是重大的政治问题,不仅关系现代化建设的全局,也关系社会稳定和国家的长治久安。

根据我国当前区域发展的实际情况和全面推进现代化建设的客观要求,统筹和促进区域协调发展的战略布局是:坚持推进西部大开发,全面振兴东北地区等老工业基地,大力促进中部地区崛起,积极鼓励东部地区率先发展,继续发挥各个地区的优势和积极性,引导生产要素跨区域合理流动和产业合理布局,加强国土规划,推动形成主体功能区,完善区域政策,注重实现基本公共服务均等化,从宏观政策上支持欠发达地区加快发展,加大国家对欠发达地区财政转移支付力度,大力扶持革命老区、民族地区、边疆地区、贫困地区经济社会发展,通过健全市场机制、合作机制、互助机制、扶持机制,逐步扭转区域发展差距拉大的趋势,形成东中西互动、优势互补、相互促进、共同发展的新格局。今后一个时期,我们要按照这个战略布局,努力促进地区协调发展。要继续实施西部大开发战略,积极有序地推进西部地区的开发。要认真实施东北地区等老工业基地振兴战略,着力抓好重点行业、重点企业的调整改造,加快经济结构调整和技术进步。中部地区要充分发挥区域优势和经济优势,加快改革开放和发展步伐。要继续发挥东部地区在全国经济发展中的带动作用,有条件的地区要率先基本实现现代化。东、中、西部地区要积极发展多种形式的经济交流与合作,在区域协调发展中逐步实现共同富裕。

三要统筹经济社会发展。统筹经济社会发展,就要在大力推进经济发展的同时,更加注重社会发展,加快科技、教育、文化、卫生、体育、社会保障、社会管理等社会事业发展,不断满足人民群众在当家做主、精神文化、健康安全等方面的需求,提高人的素质和人力资源能力,实现经济发展与人的发展和社会进步的有机统一。统筹经济社会发展的实质,就是在经济发展的基础上实现社会全面进步,增进全体人民的整体福祉。

统筹经济社会发展的重点是加快社会发展。一是大力发展教育、科技、文化、卫生、体育等事业。二是保障人民群众安居乐业,继续做好就业、住房和社会保障工作,逐步理顺收入分配关系,化解社会矛盾,维护社会秩序,保持社会稳定,促进社会和谐。三是发展社会主义民主,建设社会主义法治国家,加强思想道德建设,促进物质文明、政治文明、精神文明协调发展。同时,要统筹国防建设与经济建设,在全面建设小康社会进程中实现富国和强军的统一。四是增加投入,深化改革,完善政策。各级政府都要较大幅度地增加对发展社会事业的投入。要加快社会领域改革和体制创新,增强社会发展活力。要实行鼓励、引导的政策措施,调动企业和社会各方面参与社会事业发展的积极性、主动性和创造性。

四要统筹人与自然和谐发展。统筹人与自然和谐发展,就是要高度重视资源和生态环境问题,处理好经济建设、人口增长与资源利用、生态环境保护的关系,增强可持续发展的能力,推动整个社会走上生产发展、生活富裕、生态良好的文明发展道路,使人民在良好生态环境中生产生活,实现经济社会永续发展。统筹人与自然和谐发展是确保人类文明发展延续性和永续性的先决条件,功在当代,泽及子孙。由于我国面临人口众多、资源不足、生态脆弱与人口素质偏低、资源浪费严重、生态环境恶化的巨大矛盾和严峻挑战,统筹人与自然和谐发展的任务无疑十分繁重。要解决这一巨大矛盾和重大课题,核心是要坚持走新型工业化道路,加快经济发展方式的转变,摒弃以牺牲环境、破坏资源为代价的粗放型经济发展方式,加强生态环境建设,发展生态效益型经济和循环经济,发展清洁生产,努力建设资源节约型社会和环境友好型社会,在生产和消费过程中追求资源、能源利用效率最大化和废弃物最小化,使人口发展与生产力发展相适应,经济社会发展与资源、环境承载能力相适应。统筹人与自然和谐发展的基本要求就是前面"可持续发展"中所论述的三个方面:一是控制人口数量和提高人口质量,充分发挥我国人力资源优势。二是合理利用和节约资源,努力建设资源节约型社会。三是重视生态建设和保护,努力建设环境友好型社会。

五要统筹国内发展和对外开放。统筹国内发展和对外开放,就是要处理好国内发展和国际环境的关系,既利用好外部的有利条件,又发挥好我们自身的优势,更好地利用国际国内两个市场和两种资源,把扩大内需与扩大外需、利用内资与利用外资结合起来,努力实现国内发展和对外开放相协调。

"入世"以后,我国经济全方位开放的趋势更加明显,国内国际市场的联系日益紧密,国内国际经济的互动性明显增强。新的开放格局对我国经济社会发展既是重要机遇又是严峻挑战,统筹国内发展与对外开放已成为日益重要的宏观经济社会问题。在对外开放的环境中谋求国内发展必须善于处理国内发展与外部世界的关系。既要使我国社会主义市场经济的运行适应国际市场经济的普遍规则,又要积极参与国际经济贸易规则的订立、修订和完善,争取使其符合我国的发展利益。我们要通过深化改革,积极实施"引进来"和"走出去"相结合的对外开放战略,进一步提高我国经济的整体竞争能力,在经济全球化浪潮中自觉做到趋利避害,防范金融风险,确保国家经济安全,维护本国企业利益,不断推进我国经济社会发展。要善于从国际形势发展变化中把握发展机遇、应对风险挑战,统筹把握好国内产业发展和国际产业分工,统筹处理好完善我国社会主义市场经济体制和参与制定国际经济贸易规则,善于运用我国综合优势,为我国现代化建设拓展更加广阔的市场空间和提供持久可靠的资源保障。

六要统筹中央和地方关系。统筹中央和地方关系,就是"要正确处理中央和地方的关系,善于发挥两个积极性,既坚持全国一盘棋,保证中央政令畅通、令行禁止,又支持地方因地制宜、创造性地开展工作。"①

统筹中央和地方关系的基本要求包括三个方面:一是必须坚持维护中央权威和赋予地方必要权力的有机统一。应当由中央集中的权力必须由中央统一行使。要坚决克服地方保护主义,防止

---

① 胡锦涛:《在中央经济工作会议上的讲话》(2007年12月3日)。

地方因过多考虑本地局部利益而损害国家整体利益,坚持杜绝"上有政策、下有对策"和有令不行、有禁不止的现象,确保中央政令畅通、令行禁止。中央必须适当下放权力,凡属地方性的事务必须由地方自己管理,中央决不能越俎代庖。二是必须合理划分中央与地方的事权。中央事权一般包括外交、国防、宏观调控、国际贸易、司法、邮电通讯、高等教育、全国性的基础设施建设等。地方事权一般包括社会保障、卫生保健、基础教育、地方治安、地方公共设施建设等。三是必须合理划分中央与地方的财权。为加强中央对地方的宏观调控能力,划分中央与地方的财权必须保证中央的财权优势。为此就要使国税在税收总额中占有较大比例。由于税收是政府财政收入的主要来源,中央的财权主要就是支配国税,地方的财权主要就是支配地方税。

七要统筹利益关系。在经济社会发展诸多关系中,最主要最根本的就是利益关系。各种矛盾和问题无不因利益关系而引起。统筹兼顾的实质就是统筹各种利益关系以调动各方面的积极性。"只有对各种利益关系进行统筹协调,对各种矛盾进行妥善处理,人们才能各得其所、和睦共处,社会才能保持稳定、实现和谐,中国特色社会主义事业才能始终顺利地向前推进。"①

统筹各种利益关系,必须"适应我国社会结构和利益格局的发展变化,形成科学有效的利益协调机制、诉求表达机制、矛盾调处机制、权益保障机制。坚持把改善人民生活作为正确处理改革发展稳定关系的结合点,正确把握最广大人民的根本利益、现阶段群众的共同利益和不同群体的特殊利益的关系,统筹兼顾各方面

---

① 《千差万别求相宜——如何统筹协调各方面的利益关系》,《理论热点面对面2007》,学习出版社、人民出版社2007年8月版,第63页。

群众的关切。"①十七大主要指出了需要统筹的三大利益关系：

一是统筹个人利益和集体利益。统筹个人利益和集体利益是增进个人幸福和确保社会正常运行的内在要求。个人利益和集体利益从根本上是一致的。只有最大限度的满足个人利益，才能调动每个公民的积极性，才能促进整个社会发展；只有不断夯实壮大集体利益，实现个人利益才有更好的保障。由于国家利益是最大的集体利益，统筹个人利益和集体利益其实就是要正确处理国家、集体、个人利益的关系。统筹个人利益和集体利益，必须正确处理先富和后富、部分先富和共同富裕的关系，既要关心自我利益和自己富裕，又要关心他人利益和他人富裕；必须坚决反对拜金主义、享乐主义和极端个人主义对他人利益、集体利益和国家利益的损害。

二是统筹局部利益和整体利益。统筹局部利益和整体利益既是促进整个社会发展的需要，又是最大限度地调动人民群众积极性的需要。局部利益和整体利益是相对而言的。统筹局部利益和整体利益，主要就是要统筹好地区利益、部门利益、行业利益、单位利益与国家利益的关系。为此，就要坚决反对地方保护主义对国家利益的损害，确保国内统一大市场的形成运行和法律政策在各地的公平落实；就要坚决反对部门利益或行业利益对国家利益的损害，特别要认真解决垄断行业高收入、高福利对全国人民利益的侵占；就要坚决反对片面追求单位利益而损害国家利益，反对借为公之名而行单位利益之实。

三是统筹当前利益和长远利益。统筹当前利益和长远利益，

① 《中共中央关于构建社会主义和谐社会若干重大问题的决定》，新华社北京 2006 年 10 月 18 日电。

就是既要注重经济社会的当前发展，努力实现维护发展人民群众的现实利益，又要注重经济社会的未来发展，努力实现维护发展人民群众的长远利益。统筹当前利益和长远利益，关键是要处理好两个方面的关系：一是速度与质量和效益的关系。二是经济发展与资源利用、生态环境保护的关系。唯有如此，才能在推进人民群众现实利益的过程中兼顾并不断推进人民群众的长远利益。

当然，除了要统筹以上三大利益关系以外，还有一个重要内容，就是要统筹各阶层之间的利益关系。在当代中国，人民群众既包括工人、农民、知识分子、公务员、军人等基本社会阶层，又包括民营科技企业的创业人员和技术人员、受聘于外资企业的管理技术人员、个体户、私营企业主、中介组织的从业人员、自由职业人员等非基本社会阶层。各社会阶层之间无疑存在着非常复杂的利益关系。统筹协调阶层利益的目的，就是要兼顾不同阶层的利益诉求，正确化解阶层之间的利益矛盾，实现各阶层、各群体的和谐共处与共同发展。总的要求就是要使人民群众共享改革发展的成果，实现各阶层利益的良性互动和协调共进。

八要统筹国内大局和国际大局。统筹国内国际两个大局，就是要深刻认识国内大局和国际大局、内政和外交的紧密联系，既立足于自己的发展，又善于从国际形势和国际条件的发展变化中把握发展方向、用好发展机遇、创造发展条件、掌握发展全局，做到审时度势、因势利导、内外兼顾、趋利避害，为我国发展营造良好的国际环境。

作为经济发展强劲的发展中大国和国际体系的重要成员，中国与世界的联系比以往任何时候都更加密切。正如胡锦涛总书记所说："当代中国同世界的关系发生了历史性变化，中国的前途命运日益紧密地同世界的前途命运联系在一起。"①统筹国内国际两个大局毋庸置疑是顺应当今世界发展大势的必然要求,是适应中国同国际社会关系发生重大变化的必然要求,是在新的历史起点上发展中国特色社会主义的必然要求。在世界多极化不可逆转、经济全球化深入发展、科技革命加速推进的当今时代,没有自主创新的精神是不行的,没有广阔的国际视野和善于学习的态度也是不行的。要实现我国的科学发展、和谐发展与和平发展,统筹国内国际两个大局应该成为我们观察事物和做好工作的重要思想方法。

统筹国内国际两个大局有两个方面的基本要求。一是必须坚定不移地立足于自己的发展。建国以来特别是改革开放 30 年来的实践已经充分证明,只有立足于自己的发展,首先把国内的事情办好,才能破解制约科学发展的矛盾和难题,才能在国际竞争中掌握主动权,避免受制于人,才能在自身发展的同时促进世界和平与发展,赢得世界的尊重。立足于自己的发展,必须按照中央要求,把各方面积极性真正引导到科学发展轨道上来。面对当前世界金融海啸和经济危机,必须更加注重加强和改善宏观调控,着力扩大内需,大力推进自主创新,加快产业结构调整,深化改革开放。要巩固经济发展的良好势头,防止出现大起大落,避免苗头性问题演变成趋势性问题,局部性问题演变为全局性问题,努力实现更长时间、更高水平、更好质量的发展。二是必须学会更好地与外部世界打交道。不管国际风云如何变幻,中国政府和人民都将高举和平、发展、合作旗帜,始终不渝奉行独立自主的和平外交政策,始终不

---

① 胡锦涛:《高举中国特色社会主义伟大旗帜,为夺取全面建设小康社会新胜利而奋斗》,人民出版社 2007 年 10 月版,第 47 页。

渝走和平发展道路,始终不渝奉行互利共赢的开放战略,始终不渝恪守维护世界和平、促进共同发展的外交政策宗旨,通过维护世界和平发展自己、通过自身发展维护世界和平,为推动建设和谐世界作出新的贡献。我们必须"树立世界眼光,加强战略思维,善于从国际形势发展变化中把握发展机遇、应对风险挑战,营造良好国际环境。"①概而言之,统筹国内国际两个大局必须更加注重从国际国内形势的相互联系中把握发展方向,必须更加注重从国际国内条件的相互转化中用好发展机遇,必须更加注重从国际国内资源的优势互补中创造发展条件,必须更加注重从国际国内因素的综合作用中掌握发展全局。

三、科学发展观的历史地位和指导意义

有什么样的发展观,就会有什么样的发展道路、发展模式和发展战略,就会对发展的实践产生根本性和全局性的重大影响。科学发展观科学回答了"为什么发展"、"为谁发展"、"靠谁发展"和"怎样发展"等一系列发展重大问题,是党的十六大以来党的创新理论的最大成果,是指导党和国家建设和发展的指导思想的最新内容,具有极其重要的历史地位和指导意义。党的十七大报告说得好:"科学发展观,是对党的三代中央领导集体关于发展的重要思想的继承和发展,是马克思主义关于发展的世界观和方法论的集中体现,是同马克思列宁主义、毛泽东思想、邓小平理论和'三

---

① 胡锦涛:《高举中国特色社会主义伟大旗帜,为夺取全面建设小康社会新胜利而奋斗》,人民出版社2007年10月版,第16页。

个代表'重要思想既一脉相承又与时俱进的科学理论,是我国经济社会发展的重要指导方针,是发展中国特色社会主义必须坚持和贯彻的重大战略思想。"①只有真正领会和牢固把握科学发展观的历史地位和指导意义,才能增强贯彻落实科学发展观的主动性和自觉性,推动我国经济社会又好又快发展。

（一）科学发展观是指导发展的世界观和方法论的集中体现

世界观是人们对世界的总体看法和根本观点,方法论是人们认识世界和改造世界的一般方法。世界观和方法论体现到发展问题上,就是发展观。它既是人们对发展问题的总的看法,又是解决发展问题的总的方法,对发展实践具有根本性、全局性的重大影响。

马克思主义是我们认识世界和改造世界的强大思想武器,是指导我们发展的世界观和方法论的基础。科学发展观坚持马克思主义的基本原理,紧密结合中国特色社会主义的伟大实践,吸收人类文明进步的新成果,站在历史和时代的高度,进一步明确了新世纪新阶段我国社会主义发展的一系列重大问题,用新的思想理论观点丰富了马克思主义关于发展的理论,是与时俱进的马克思主义发展观。

科学发展观坚持以经济建设为中心,把发展生产力作为首要任务,把经济发展作为一切发展的前提,体现了历史唯物主义关于生产力是人类社会发展基础的基本观点;科学发展观强调以人为本,强调人民群众是发展的主体力量,把实现和维护好人民群众的

① 胡锦涛:《高举中国特色社会主义伟大旗帜,为夺取全面建设小康社会新胜利而奋斗》,人民出版社 2007 年 10 月第 1 版,第 12~13 页。

根本利益作为发展的出发点和落脚点,切实保障人民群众的经济、政治和文化权益,体现了历史唯物主义关于人民群众是历史发展的主体和人的全面发展的基本观点;科学发展观提出全面协调可持续发展,强调既要按照经济社会发展规律全面推进经济建设、政治建设、文化建设和社会建设,又要遵循自然规律推动人与自然和谐发展,实现经济发展与资源、人口、环境相协调,注重城乡发展、区域发展、经济社会发展、人与自然和谐发展、国内发展和对外开放的统筹协调;强调发展是相互推进、系统协调的过程,要正确处理中心与全面、重点与非重点、平衡与不平衡的关系,实现经济社会又好又快发展,充分体现了唯物辩证法关于事物之间普遍联系和辩证统一的基本原理。

科学发展观进一步回答了中国为什么要"一心一意谋发展"的问题。发展是解决中国一切问题的关键。改革开放近30年来,党的理论路线方针政策之所以得到人民群众的拥护,我们党之所以经得起国际国内各种风浪的考验,我国的国际地位和影响力之所以不断提高,归根到底是由于我国经济持续快速发展。科学发展观进一步强调发展这个主题,是因为新阶段新形势提出了新的要求:一是我国经济在保持近30年快速增长之后,继续保持强劲发展的难度加大,需要付出更艰巨的努力;二是发展问题更趋复杂,改革攻坚阶段的深层次矛盾和问题日益凸显;三是本世纪头20年,我们面临着难得的发展机遇期,机不可失,稍纵即逝。因此,在发展问题上,任何偏离经济建设这个中心的想法和做法,任何骄傲自满、盲目乐观、放松懈怠的想法和做法,都是要不得的、有害的,也是违背科学发展观精神实质的。马克思曾指出,生产力的发展之所以是"绝对必需的实际前提",原因就在于如果没有这种发展,就只会有"极端贫困的普遍化","而在极端贫困的情况下,必须重新开始争取必需品的斗争,全部陈腐污浊的东西又要死灰复燃。"同样,如果我国现阶段不继续保持平稳较快发展,不仅无法解决前进中出现的新问题,甚至难以保持改革开放取得的成果。我们必须站在这样的高度上认识加快发展的极端重要性。

科学发展观进一步回答了中国走什么样的发展道路的问题。科学发展观站在历史和时代的高度,指明了中国现代化建设的发展道路和发展模式。这条道路就是立足中国实际的全面发展、协调发展和可持续发展,推动我国经济社会切实转入科学发展的轨道。全面发展,就是要以经济建设为中心,全面推进经济、政治、文化和社会建设;协调发展,就是要统筹城乡、区域、经济社会、人与自然、国内发展与对外开放,促进社会各方面的协调发展;可持续发展,就是要促进人与自然的和谐,实现经济发展和人口、资源、环境相协调,保证经济社会一代一代永续发展。这样的发展道路,既符合现代社会化生产和经济发展的一般规律,又切合中国的国情和实际,有助于解决当前中国发展面临的现实问题;既立足当前,又放眼长远,坚持党的最高纲领和最低纲领的统一;既是为了中国最广大人民的根本利益而谋发展,又是为建设持久和平、共同繁荣的和谐世界做贡献。

科学发展观进一步回答了中国经济社会发展的根本宗旨和基本动力的问题。科学发展观不仅深刻回答了"中国为什么要发展"的问题,进一步明确了把发展作为党执政兴国第一要务的必要性和重要性,而且深刻回答了"为谁发展"和"靠谁发展"的问题,进一步明确了中国经济社会发展的根本宗旨和基本动力。人民群众是历史发展的主体。人的自由全面发展,是马克思主义唯物史观的基本观点。科学发展观继承和发展了马克思主义关于人民群众是历史发展主体和人的自由全面发展的思想。科学发展观强调以人为本,将实现好、维护好、发展好最广大人民的根本利益作为工作的出发点和落脚点,进一步回答了"为谁发展"这一核心问题。它明确要求把人民群众作为经济社会发展的价值主体,牢固确立人民群众在发展中的主体地位,始终坚持尊重人,关心人,理解人,爱护人,解放人,发展人;使全体人民共享改革发展成果,营造全体人民充分发挥聪明才智的社会环境,把满足人民群众日益增长的物质文化需要和促进人的全面发展作为经济社会发展的目的和归宿。以人为本不仅包含了发展"为了谁"的价值内涵,而且也包含了发展"依靠谁"的深刻内容。以人为本,既强调为最广大人民的利益谋发展,又强调依靠最广大人民的力量谋发展,坚持了历史唯物主义关于人民群众是历史创造者的基本原理。科学发展观强调的以人为本,就是要把人民群众作为经济社会发展的主体和原动力,坚持立党为公、执政为民,从人民群众的根本利益出发谋发展,通过全面建设小康社会使广大人民群众共享经济社会发展的成果,更加注重社会公平,最终实现共同富裕;就是要加强社会主义民主政治建设,为公民平等享有政治、经济和文化权益提供制度保障,使每个公民依法行使民主选举、民主决策、民主管理、民主监督的权利,参与经济文化和其他社会事务的管理;就是要不断提高人民群众的思想道德素质和科学文化素质,不断提高人民群众的生活质量和医疗保障条件,增强人民群众的健康体质。

　　总之,科学发展观贯穿了马克思主义的立场、观点、方法,体现了世界观和方法论的统一。它集中反映了社会主义建设的内在规律,创造性地回答了什么是发展、为什么发展和怎样发展的重大问题,进一步丰富发展了中国特色社会主义理论体系,开辟了马克思主义发展的新境界,是全面推进社会主义经济建设、政治建设、文化建设、社会建设和党的建设必须长期坚持的指导方针。在新的历史条件下,树立和落实科学发展观,就要坚持运用马克思主义世界观和方法论指导新的发展实践。

(二)科学发展观是我们党对社会主义现代化建设规律认识的进一步深化

实践是认识的基础,认识来源于实践又指导实践,同时接受实践的检验。我们党对社会主义现代化建设规律的认识,是随着实践的发展而不断深化的。早在新中国成立初期,我们党就提出要探索社会主义建设规律问题。1956 年,毛泽东发表了著名的《论十大关系》,着眼于调动一切积极因素,提出一系列关于社会主义建设的重要理论观点,初步探索了符合我国情况的发展道路。党的八大在全面分析国内外形势的基础上,指出我国社会的主要矛盾是人民对于经济文化迅速发展的需要同当前经济文化不能满足人民需要的状况之间的矛盾,强调要集中力量发展社会生产力,实现国家工业化。这些重大判断和指导思想是正确的,对实践发展起到了积极作用。但后来由于种种复杂原因,我国的发展走了弯路。1978 年,党的十一届三中全会深刻总结了过去 20 多年的经验教训,果断地把党和国家的工作重点由以"阶级斗争为纲"转移到社会主义现代化建设上来,作出了实行改革开放的重大决策。邓小平和我们党明确提出走自己的路,建设有中国特色的社会主义,提出并实施现代化建设"三步走"发展战略,强调社会主义的根本任务是发展生产力,"发展才是硬道理",并制定社会主义初级阶段"一个中心、两个基本点"的基本路线和一系列重大方针政策。这是对我国现代化建设规律认识的一次飞跃,有力地推动了我国改革开放和现代化建设事业的迅速发展。以江泽民为核心的党的第三代中央领导集体提出"三个代表"重要思想,强调发展是党执政兴国的第一要务,坚持用发展的办法解决前进中的问题,明确提出在发展社会主义市场经济条件下正确处理现代化建设中的一系列重大关系,提出科教兴国、可持续发展和西部大开发等重大战略,进一步丰富了社会主义现代化建设的理论和实践。以胡锦涛为总书记的党中央在邓小平理论和"三个代表"重要思想指导下,按照党的十六大精神,根据新的形势和任务,特别是抗击"非典"的重要启示,明确提出了科学发展观,把坚持以人为本和经济社会全面、协调、可持续发展统一起来,并强调按照"五个统筹"的要求推进改革和发展。这标志着我们党对社会主义现代化建设规律的认识更加深入。

(三)科学发展观是对马克思列宁主义、毛泽东思想、邓小平理论和"三个代表"重要思想关于发展思想的继承和发展

科学发展观是同马克思列宁主义、毛泽东思想、邓小平理论、"三个代表"重要思想关于发展的思想既一脉相承又与时俱进的统一科学理论体系。

科学发展观继承和弘扬了马克思主义关于人类社会发展的思想。马克思主义蕴含着极为丰富的关于人类社会发展的观点——社会是由物质生产力的进步所决定和推动的自然历史过程;社会是经济生活、政治生活和精神生活互相联系、相互制约、共同作用的有机整体;社会发展进程是社会规律的决定性与社会主体的能动性辩证统一的过程;实现人、社会和自然之间关系的理想状态,是由人的实践活动所主导的持续的、和谐的物质交换过程;人民群众是社会发展的主体和历史的创造者;社会发展的最高目标是人的自由而全面的发展,等等。我们党提出以人为本、全面协调可持续的科学发展观,不仅是以这些基本原理和观点为理论基

础和思想源泉的,而且是对这些基本原理和观点的弘扬和创造性发展。

科学发展观继承和发展了党的三代领导集体关于社会主义发展的思想。科学发展观既继承和坚持了毛泽东思想、邓小平理论和"三个代表"重要思想关于发展的理论成果,又创造性地提出了一系列新思想、新观点、新论断,反映了我们党对发展问题的新认识。一是在发展的意义上,科学发展观坚持"发展是硬道理"、"发展是党执政兴国的第一要务",中国所有问题的解决都离不开发展,要用发展的办法解决前进中的问题等我们党一贯倡导的正确观点,同时又立足新的实际,强调进一步创新发展理念,推进全面的发展、协调的发展、可持续的发展。二是在发展的目的上,科学发展观提出坚持以人为本的理念,与我们党提出的始终代表中国最广大人民的根本利益完全一致,与我们党全心全意为人民服务的根本宗旨和立党为公、执政为民的本质要求完全一致。坚持以人为本,就要坚持人民在建设中国特色社会主义事业中的主体地位,强调发展为了人民、发展依靠人民、发展成果由人民共享,坚持在全国人民根本利益一致的基础上,关心每个人的利益要求,关注人的价值、权益和自由,最终实现人的全面发展。三是在发展的战略布局上,科学发展观既坚持我们党关于"两手抓,两手都要硬",推进社会主义物质文明、政治文明、精神文明全面发展等基本观点,又提出构建社会主义和谐社会的任务,使中国特色社会主义的总体布局,由社会主义经济建设、政治建设、文化建设"三位一体",拓展为社会主义经济建设、政治建设、文化建设、社会建设"四位一体",使中国特色社会主义发展战略更加全面、协调、均衡。四是在发展的方式方法上,科学发展观坚持我们党关于要正确处理现代化建设过程中一系列重大关系,注重综合平衡、不能顾此失彼等基本观点，同时提出要统筹兼顾，强调要统筹城乡之间、区域之间、经济社会发展之间、人与自然之间、国内发展和对外开放之间的关系，强调要协调处理好各方面的利益关系，最广泛、最充分地调动一切积极因素，强调要着力提高自主创新能力，建设创新型国家。五是在发展的外部环境上，科学发展观坚持我们党关于和平与发展是当今时代的主题、坚持奉行独立自主的和平外交政策等基本主张，又进一步提出坚定不移地走和平发展道路，推动建设持久和平、共同繁荣的和谐世界。

（四）科学发展观是全面建设小康社会和社会主义现代化建设的根本指针

改革开放以来，我国经济社会发展取得了历史性的伟大成就，胜利实现了现代化建设"三步走"战略的前两步目标，人民生活总体上达到小康水平。但是，现在达到的小康还是低水平的、不全面的、发展很不平衡的小康。党的十六大提出，要在本世纪头 20 年，集中力量，全面建设惠及十几亿人口的更高水平的小康社会，使经济更加发展、民主更加健全、科教更加进步、文化更加繁荣、社会更加和谐、人民生活更加殷实。党的十七大报告对全面小康社会提出了"五个成为"的辉煌目标即"到 2020 年全面建设小康社会目标实现之时，我们这个历史悠久的文明古国和发展中社会主义大国，将成为工业化基本实现、综合国力显著增强、国内市场总体规模位居世界前列的国家，成为人民富裕程度普遍提高、生活质量明显改善、生态环境良好的国家，成为人民享有更加充分民主权利、具有更高文明素质和精神追求的国家，成为各方面制度更加完善、社会更加充满活力而又安定团结的国家，成为对外更加开放、更加具有亲和力、为人类文明作出更大贡献的国家。"①我国本世纪中叶的奋斗目标则是实现第三步战略目标,即基本实现富强民主文明和谐的社会主义现代化。

　　作为马克思主义中国化的最新理论成果,科学发展观已成为我们党和国家指导思想的最新内容,成为我国经济社会发展的重要指导方针,成为全面建设小康社会和推进我国社会主义现代化建设的行动指南。从我国进入经济社会发展新阶段面临的矛盾和国际发展经验来看,树立科学发展观至关重要。多年来,我国在经济快速发展的同时,也积累了不少矛盾和问题,主要是城乡差距、地区差距、居民收入差距持续扩大,就业和社会保障压力增加,教育、卫生、文化等社会事业发展滞后,人口增长、经济发展同生态环境、自然资源的矛盾加剧,经济发展方式落后,经济整体素质不高和竞争力不强。这些矛盾和问题必须高度重视而不可回避,必须逐步解决而不可任其发展。鉴于我国已处于人均国内生产总值从1000美元向3000美元前进的关键时期,为了争取好的前途、避免坏的前途,必须汲取国际社会正反两方面的经验教训,一定要处理好城乡之间、地区之间、经济社会之间的关系,处理好不同利益群体的关系,处理好经济增长同资源环境的关系,处理好改革发展稳定的关系,处理好物质文明同政治文明、精神文明的关系,处理好国内发展和对外开放的关系。科学发展观为我们解决前进道路上面临的各种矛盾和问题,顺利推进全面建设小康社会和整个现代化事业,无疑提供了正确的指导思想和根本指针。可以说,科学发展观是解决我国现实问题的迫切需要,是全面建设小康社会和实

---

　　①　胡锦涛:《高举中国特色社会主义伟大旗帜,为夺取全面建设小康社会新胜利而奋斗》,人民出版社2007年10月第1版,第21页。

现现代化的重要保障。

让我们牢记胡锦涛总书记的指示和要求："新世纪新阶段，我国发展站在了新的历史起点上。我们必须科学分析我国全面参与经济全球化的新机遇新挑战，深刻把握工业化、城镇化、市场化、国际化深入发展形势下我国各项事业发展面临的新课题新矛盾，深入贯彻落实科学发展观，更加自觉地促进科学发展，奋力开拓中国特色社会主义更为广阔的发展前景。"①"我们要清醒认识当今世界和当代中国发展的大势，全面把握我国发展的新要求和人民群众的新期待，认真总结我们党治国理政的实践经验，科学制定适应时代要求和人民愿望的行动纲领和大政方针，从新的历史起点出发，带领人民继续全面建设小康社会、加快推进社会主义现代化，完成时代赋予的崇高使命。"②

四、深入贯彻落实科学发展观的根本要求

科学发展观因应了时代进步的要求，体现了实践发展的需要，顺应了人民群众的意愿，是全面建设小康社会、加快推进社会主义现代化建设的强大思想武器。党的十七大报告对深入贯彻落实科学发展观提出了四个方面的根本要求，这就是：始终坚持"一个中心、两个基本点"的基本路线，积极构建社会主义和谐社会，继续深化改革开放，切实加强和改进党的建设。

----

① 胡锦涛：《在中央党校省部级干部进修班上的讲话》(2007 年 6 月 25 日)，新华社北京 6 月 25 日电。
② 胡锦涛：《在中央党校省部级干部进修班上的讲话》(2007 年 6 月 25 日)，新华社北京 6 月 25 日电。

（一）始终坚持"一个中心、两个基本点"的基本路线

党在社会主义初级阶段的基本路线是：领导和团结全国各族人民，以经济建设为中心，坚持四项基本原则，坚持改革开放，自力更生，艰苦创业，为把我国建设成为富强民主文明和谐的社会主义现代化国家而奋斗。由于"一个中心"（以经济建设为中心）和"两个基本点"（坚持四项基本原则、坚持改革开放）是党的基本路线的主要内容，党在社会主义初级阶段的基本路线通常被称为"一个中心、两个基本点"的基本路线。

深入贯彻落实科学发展观之所以必须始终坚持"一个中心、两个基本点"的基本路线，是因为"党的基本路线是党和国家的生命线，是实现科学发展的政治保证。"①深入贯彻落实科学发展观，要坚持把以经济建设为中心同四项基本原则、改革开放这两个基本点统一于发展中国特色社会主义的伟大实践，任何时候都决不能动摇。

首先，以经济建设为中心是兴国之要，是我们党、我们国家兴旺发达和长治久安的根本要求②。社会主义初级阶段的基本国情、人民日益增长的物质文化需要同落后的社会生产之间的主要矛盾决定了社会主义的根本任务是发展生产力，经济建设在我国社会主义现代化建设中处于中心地位。这就要求我们必须牢牢扭住经济建设这个中心，聚精会神搞建设、一心一意谋发展，不断解放和发展社会生产力。胡锦涛总书记深刻指出："只有坚持以经

---

① 胡锦涛：《高举中国特色社会主义伟大旗帜，为夺取全面建设小康社会新胜利而奋斗》，人民出版社2007年10月第1版，第16页。

② 胡锦涛：《高举中国特色社会主义伟大旗帜，为夺取全面建设小康社会新胜利而奋斗》，人民出版社2007年10月第1版，第16~17页。

济建设为中心,不断增强综合国力,才能为抓好发展这个党执政兴国的第一要务、为全面协调发展打下坚实的物质基础。只有坚持以经济建设为中心,不断增强综合国力,才能更好地解决前进道路上的矛盾和问题,胜利实现全面建设小康社会和社会主义现代化的宏伟目标。"①在党的十七大报告中他又强调:"要牢牢扭住经济建设这个中心,坚持聚精会神搞建设、一心一意谋发展,不断解放和发展社会生产力。"②坚持以经济建设为中心,必须坚持不懈地抓好发展这个党执政兴国的第一要务,任何时候任何情况下都不能动摇、不能放松。全党同志要更加自觉、更加坚定地牢牢扭住经济建设这个中心,团结带领人民继续聚精会神搞建设、一心一意谋发展,不断为发展中国特色社会主义打下更为坚实的物质基础。要抓紧时机,加快发展,实施科教兴国战略、人才强国战略和可持续发展战略,充分发挥科学技术作为第一生产力的重要作用,依靠科技进步,提高劳动者素质,促进国民经济又好又快发展。

其次,四项基本原则是立国之本,是我们党、我们国家生存发展的政治基石。③ 坚持社会主义道路、坚持人民民主专政、坚持中国共产党的领导、坚持马克思主义列宁主义这四项基本原则,是全国各族人民团结奋进的共同政治基础,是全国各族人民的根本利益所在,是社会主义现代化建设事业的政治保证。离开了四项基本原则,就会动摇社会主义国家的根本性质和政治基础,我国就不

　　① 胡锦涛:《在中央人口资源环境工作座谈会上的讲话》,《人民日报》2004年4月5日。

　　② 胡锦涛:《高举中国特色社会主义伟大旗帜,为夺取全面建设小康社会新胜利而奋斗》,人民出版社2007年10月第1版,第15页。

　　③ 胡锦涛:《高举中国特色社会主义伟大旗帜,为夺取全面建设小康社会新胜利而奋斗》,人民出版社2007年10月第1版,第17页。

成其为社会主义国家。实践已经证明并将继续证明,只有四项基本原则才能保证改革开放和现代化建设的正确方向。坚持四项基本原则,全党就有一个明确的政治方向,全国各族人民就有一个团结凝聚的核心,一切活动和工作就能在一定的法制和规范内进行。坚持四项基本原则,对稳定有利,对大局有利,对人民有利,对中华民族的前途和命运有利。

再次,改革开放是强国之路,是我们党、我们国家发展进步的活力源泉。[①] 过去30年的辉煌成就雄辩地证明,改革开放是强国之路,是中国走向繁荣富强的必由之路,是中国特色社会主义发展前进的成功之路。没有改革开放,就没有今天的大好局面。改革开放作为我们党在新的时代条件下带领人民进行的新的伟大革命,极大地解放和发展了社会生产力,冲破了束缚生产力发展的体制障碍,推动了社会主义市场经济体制的建立,形成了对外开放的全新格局,打开了我国经济、政治、文化、社会全面发展的崭新局面。随着改革开放的推进,新的问题新的矛盾日益凸显出来。而要解决这些新问题新矛盾,就必须不断推进和继续深化改革开放,用改革的办法解决阻碍经济社会发展的体制性、机制性问题,不失时机地在一些重要领域和关键环节取得突破。

(二)积极构建社会主义和谐社会

深入贯彻落实科学发展观之所以必须积极构建社会主义和谐社会,是因为构建社会主义和谐社会,能够为科学发展提供良好社会环境。胡锦涛总书记深刻指出:"社会和谐是中国特色社会主

---

① 胡锦涛:《高举中国特色社会主义伟大旗帜,为夺取全面建设小康社会新胜利而奋斗》,人民出版社 2007 年 10 月第 1 版,第 17 页。

义的本质属性。科学发展和社会和谐是内在统一的。没有科学发展就没有社会和谐，没有社会和谐也难以实现科学发展。"①

　　构建社会主义和谐社会是贯穿中国特色社会主义事业全过程的长期历史任务。党的十六届六中全会从中国特色社会主义事业总体布局和全面建设小康社会全局出发，作出了《关于构建社会主义和谐社会若干重大问题的决定》，强调要"切实把构建社会主义和谐社会作为贯穿中国特色社会主义事业全过程的长期历史任务和全面建设小康社会的重大现实课题抓紧抓好"。构建社会主义和谐社会毋庸置疑是目标与过程的有机统一。作为目标，构建社会主义和谐社会与全面建设小康社会目标，与中国特色社会主义的共同理想，与共产主义的远大理想，在努力方向上是完全一致的。作为过程，构建社会主义和谐社会是长期的历史任务，它贯穿于中国特色社会主义事业全过程，是在发展的基础上正确处理各种社会矛盾的历史过程和社会结果。

　　构建社会主义和谐社会是一个不断化解社会矛盾的持续过程。我们既要从"大社会"着眼，把和谐社会建设落实到包括经济建设、政治建设、文化建设、社会建设和党的建设在内的全部工作之中；又要从"小社会"着手，以解决人民群众最关心、最直接、最现实的利益问题为重点，着力发展社会事业、促进社会公平正义、建设和谐文化、完善社会管理、增强社会创造活力，走共同富裕道路，推动社会建设与经济建设、政治建设、文化建设协调发展。要坚持把保障和改善民生作为关系全局的重大任务，通过坚持不懈地努力，不断朝着使全体人民学有所教、劳有所得、病有所医、老有

————————

　　①　胡锦涛：《高举中国特色社会主义伟大旗帜，为夺取全面建设小康社会新胜利而奋斗》，人民出版社 2007 年 10 月第 1 版，第 17 页。

所养、住有所居的目标前进。我们要始终保持清醒头脑,居安思危,深刻认识我国发展的阶段性特征,科学分析影响社会和谐的矛盾和问题及其产生的原因,更加积极主动地正视矛盾、化解矛盾,最大限度地增加和谐因素,最大限度地减少不和谐因素,不断促进社会和谐。全党同志要坚持解放思想、实事求是、与时俱进,一切从实际出发,自觉按规律办事,立足当前、着眼长远,量力而行、尽力而为,有重点分步骤地持续推进,切实把构建社会主义和谐社会作为贯穿中国特色社会主义事业全过程的长期历史任务和全面建设小康社会的重大现实课题抓紧抓好。

　　到2020年,构建社会主义和谐社会的目标和主要任务是:社会主义民主法制更加完善,依法治国基本方略得到全面落实,人民的权益得到切实尊重和保障;城乡、区域发展差距扩大的趋势逐步扭转,合理有序的收入分配格局基本形成,家庭财产普遍增加,人民过上更加富足的生活;社会就业比较充分,覆盖城乡居民的社会保障体系基本建立;基本公共服务体系更加完备,政府管理和服务水平有较大提高;全民族的思想道德素质、科学文化素质和健康素质明显提高,良好道德风尚、和谐人际关系进一步形成;全社会创造活力显著增强,创新型国家基本建成;社会管理体系更加完善,社会秩序良好;资源利用效率显著提高,生态环境明显好转;实现全面建设惠及十几亿人口的更高水平的小康社会的目标,努力形成全体人民各尽其能、各得其所而又和谐相处的局面。

　　总之,我们必须把科学发展与社会和谐更好地统一起来,积极构建社会主义和谐社会,努力在科学发展中实现社会和谐,在社会和谐中促进科学发展。要通过发展增加社会物质财富、不断改善人民生活,又要通过发展保障社会公平正义、不断促进社会和谐。要按照民主法治、公平正义、诚信友爱、充满活力、安定有序、人与自然和谐相处的总要求和共同建设、共同享有的原则,着力解决人民最关心、最直接、最现实的利益问题,努力形成全体人民各尽其能、各得其所而又和谐相处的局面,为发展提供良好社会环境。

(三)继续深化改革开放

深入贯彻落实科学发展观之所以必须继续深化改革开放,是因为改革开放能够为我国科学发展提供强大动力和体制保障。胡锦涛总书记深刻指出:"要全面落实科学发展观,胜利实现全面建设小康社会的宏伟目标,最根本的是要靠深化改革、靠体制创新,以改革的新突破、开放的新局面来赢得各项事业的新发展。"①"只有坚持深化改革、扩大开放,才能解决发展中的深层次矛盾和问题,才能为推动经济社会又好又快发展提供有力的体制保障和不竭的动力源泉。"②事实已经证明,我国过去30年的快速发展,靠的是改革开放;事实还将更好地证明,我国未来的科学发展,还必须靠改革开放。我们必须进一步坚持解放思想,推进改革开放,为贯彻落实科学发展观和发展中国特色社会主义提供强大动力和体制保障。

一要把改革创新精神贯彻到治国理政各个环节,毫不动摇地坚持改革方向。③ 一方面,改革是实现我国科学发展的根本动力,必须把改革创新精神贯彻到治国理政的各个环节。胡锦涛总书记

---

① 胡锦涛:《把科学发展观贯穿于发展的整个过程》(2004年5月5日),《十六大以来重要文献选编》(中),第66页。
② 胡锦涛:《深入学习贯彻党的十七大精神,推动经济社会又好又快发展》(2007年11月19日)。
③ 胡锦涛:《高举中国特色社会主义伟大旗帜,为夺取全面建设小康社会新胜利而奋斗》,人民出版社2007年10月第1版,第18页。

深刻指出:"我国正处于改革的攻坚阶段,必须以更大决心加快推进改革,使关系经济社会发展全局的重大体制改革取得突破性进展。以转变政府职能和深化企业、财税、金融等改革为重点,加快完善社会主义市场经济体制,形成有利于转变经济增长方式、促进全面协调可持续发展的机制。进一步扩大对外开放,以开放促改革、促发展。"[1]"改革是发展的动力,也是实现科学发展的重要保证。当前改革的主要任务是,解决经济社会发展中的深层次矛盾和问题,消除影响科学发展的体制障碍。深化改革必然会触及更加复杂的利益关系,也会面临更加艰巨的任务。我们必须充分认识深化改革的必要性、紧迫性和复杂性,以更大的决心、更大的气力坚定不移地推进改革。"[2]党的十七大提出要构建充满活力、富有效率、更加开放、有利于科学发展的体制机制,而重点恐怕就是要加快推进和深化国有企业、要素市场、财税、金融、行政体制、社会体制和农村经济体制的改革,加快重要领域和关键环节改革步伐。另一方面,改革是我国社会主义制度的自我发展和完善,必须坚持改革的社会主义性质,毫不动摇地坚持改革的社会主义方向。我国改革的性质是社会主义制度的自我发展和完善,而不是要改掉社会主义制度。苏联和东欧一些国家的改革最终导致社会主义制度瓦解、共产党执政地位丧失甚至国家解体,主要原因就是放弃了共产党领导和社会主义制度。而我国的改革之所以能够取得较大成功,原因就在于我们始终坚持从我国社会主义初级阶段基本国情出发,既坚定不移地推进改革开放,又坚定不移地坚持中国共

---

① 胡锦涛:《中共中央关于制定国民经济和社会发展第十一个五年规划的建议》(2005年10月11日),《十六大以来重要文献选编》(中),第1074页。
② 胡锦涛:《在中央经济工作会议上的讲话》(2005年11月29日)。

产党的领导、坚持社会主义方向;既坚持科学社会主义基本原则,又赋予社会主义以鲜明的时代特征和中国特色;既认真借鉴国外发展市场经济的有益做法,又积极探索我国社会主义基本制度和市场经济体制有机结合的新途径新方式。总之,要推动我国科学发展,不断发展中国特色社会主义事业,就要求我们既要坚定改革的信心和决心,坚持用改革的办法解决前进中的问题,又要坚定不移地坚持改革的社会主义方向。

二要毫不动摇地坚持对外开放的基本国策,不断提高对外开放水平。近现代世界历史已经反复证明,闭关锁国导致落后,开放交流才能发展。对外开放无疑是实现我国科学发展的必要条件和重要保障。只有积极因应国际形势的新变化、新矛盾、新挑战,正确把握世界发展的脉搏和潮流,善于与外部世界打交道,更好地融入世界经济体系和社会体系,才能实现我国的科学发展和发展战略,推动中国特色社会主义事业更好发展。为此,就要坚持互利共赢的开放战略,不断提高对外开放水平。加入世贸组织后,我国对外开放无疑面临新的形势和新的挑战。"要在巩固和扩大已有开放成果的基础上,加快调整和完善对外经济发展模式,提高对外贸易和利用外资质量和水平,有效应对服务业扩大开放面临的新情况新问题,增强参与经济全球化和维护国家经济安全的能力,促进对外经济工作迈上新台阶。"①要"以扩大能源资源和技术合作为重点,继续实施'走出去'战略。要从我国经济发展的战略需要出发,做好统筹规划,分区域、分国别提出对外投资合作的重点领域,加强合作方式和市场前景研究,制定并实施境外投资产业指导政策。加大对我国周边和非洲、拉美等具有长期战略投资价值地区

———————

① 胡锦涛:《在中央经济工作会议上的讲话》(2006年12月5日)。

的工作力度和深度。"①当前,全球金融危机使我国经济发展面临的不确定不稳定因素明显增多,我国对外开放面临外部需求显著减少、传统竞争优势逐步减弱的压力,面临国际竞争日趋激烈、投资和贸易保护主义上升的压力。能不能变压力为动力、变挑战为机遇,在对外开放中保持平稳较快发展,是对我们驾驭复杂局面能力的重大考验。我们必须加快转变外贸增长方式,立足以质取胜,调整进出口结构,促进加工贸易转型升级,大力发展服务贸易,加大对自主品牌的培育和支持力度,增强应对国际市场波动的能力。要创新利用外资方式,优化利用外资结构,发挥利用外资在推动自主创新、产业升级、区域协调发展等方面的积极作用,把利用外资与促进国内产业结构优化升级结合起来,改善贸易投资环境,形成稳定、透明的管理体制和公平、可预见的政策环境。要继续实施"走出去"战略,创新对外投资和合作方式,支持有条件的企业"走出去",鼓励境外工程承包和劳务输出。总之,我们要"坚持对外开放的基本国策,把'引进来'和'走出去'更好结合起来,扩大开放领域,优化开放结构,提高开放质量,完善内外联动、互利共赢、安全高效的开放型经济体系,形成经济全球化条件下参与国际经济合作和竞争新优势。"②

三要提高改革决策的科学性、增强改革措施的协调性③。我们必须从推动我国科学发展的实际需要出发,及时研究和解决改革进程中出现的新情况新问题,把加快改革的紧迫感同坚持科学

① 胡锦涛:《在中央经济工作会议上的讲话》(2006 年 12 月 5 日)。
② 胡锦涛:《高举中国特色社会主义伟大旗帜,为夺取全面建设小康社会新胜利而奋斗》,人民出版社 2007 年 10 月第 1 版,第 27 页。
③ 胡锦涛:《高举中国特色社会主义伟大旗帜,为夺取全面建设小康社会新胜利而奋斗》,人民出版社 2007 年 10 月第 1 版,第 18 页。

求实的精神结合起来,充分考虑有利条件和可能出现的困难,既锲
而不舍又积极稳妥地把改革向前推进,使改革措施符合实际情况,
反映客观规律。要坚持统筹兼顾、综合配套、协调推进,努力实现
经济体制改革与政治体制改革、文化体制改革、社会体制改革相协
调,宏观改革与微观改革相协调,城市改革与农村改革相协调,使
改革兼顾各方面利益、照顾各方面关切,形成共同推进改革的整体
合力。

四要坚持把改善人民生活作为正确处理改革发展稳定关系的
结合点,使改革始终得到人民拥护和支持①。贯彻落实科学发展
观的根本出发点和落脚点就是改善人民生活、实现人民利益。也
就是要实现好、维护好、发展好最广大人民的根本利益。必须努力
兴办人民群众希望办的实事好事,使贯彻落实科学发展观的过程
成为不断为民造福的过程,成为不断提高人民生活质量和水平的
过程,成为不断提高人民思想道德素质、科学文化素质和健康素质
的过程,成为不断保障人民经济、政治、文化、社会权益的过程,让
发展成果惠及广大人民群众。在实践中,要把改革的力度、发展的
速度和社会可承受的程度有机统一起来,把改善人民生活作为正
确处理改革发展稳定关系的结合点,在社会稳定中推进改革和发
展,通过改革和发展促进社会稳定,使改革始终得到人民群众的拥
护和支持。

(四)切实加强和改进党的建设

深入贯彻落实科学发展观之所以要求我们切实加强和改进党

① 胡锦涛:《高举中国特色社会主义伟大旗帜,为夺取全面建设小康社会新
胜利而奋斗》,人民出版社 2007 年 10 月第 1 版,第 18 页。

的建设,是因为党的建设能够为我国科学发展提供可靠的政治和组织保障。中国共产党是中国特色社会主义事业的领导核心,深入贯彻落实科学发展观的关键当然在党。胡锦涛总书记深刻指出:"要站在完成党执政兴国使命的高度,把提高党的执政能力、保持和发展党的先进性,体现到领导科学发展、促进社会和谐上来,落实到引领中国发展进步、更好代表和实现最广大人民的根本利益上来,使党的工作和党的建设更加符合科学发展观的要求,为科学发展提供可靠的政治和组织保障。"[1]

一要加强党的执政能力建设。胡锦涛总书记深刻指出:"党的执政能力建设关系党的建设和中国特色社会主义事业的全局,必须把提高领导水平和执政能力作为各级领导班子建设的核心内容抓紧抓好。"[2]只有不断提高我们党驾驭社会主义市场经济的能力、发展社会主义民主政治的能力、建设社会主义先进文化的能力、构建社会主义和谐社会的能力、应对国际局势和处理国际事务的能力,才能把科学发展观真正运用到我国经济社会发展的实践中,才能真正发挥科学发展观对中国特色社会主义事业的指导作用。要按照科学执政、民主执政、依法执政的要求,改进领导班子思想作风,提高领导干部执政本领,改善领导方式和执政方式,健全领导体制,完善地方党委领导班子配备改革后的工作机制,把各级领导班子建设成为坚定贯彻党的理论和路线方针政策、善于领导科学发展的坚强领导集体。必须以加强领导班子执政能力建设影响和带动全党,使党的全部工作始终符合时代要求和人民期待。

---

① 胡锦涛:《高举中国特色社会主义伟大旗帜,为夺取全面建设小康社会新胜利而奋斗》,人民出版社 2007 年 10 月第 1 版,第 18 页。

② 胡锦涛:《高举中国特色社会主义伟大旗帜,为夺取全面建设小康社会新胜利而奋斗》,人民出版社 2007 年 10 月第 1 版,第 51 页。

二要加强党的先进性建设。先进性是马克思政党的生命所系、力量所在。加强党的先进性建设是党性的要求、时代的要求、加强党的队伍建设的要求。要把加强党的先进性建设作为一项长期历史任务不断推进，通过加强党的先进性建设，使党的理论、路线方针和政策顺应时代发展的潮流和我国社会发展进步的要求，反映全国各族人民的利益和愿望，使我们党始终走在时代前列、始终保持旺盛的生机和活力。要着力加强基层党的建设，全面推进农村、企业、城市社区和机关、学校、新社会组织等的基层党组织建设，充分发挥基层党组织推动发展、服务群众、凝聚人心、促进和谐的作用。要扎实抓好党员队伍建设这一基础工程，使广大党员不断提高自身素质，真正成为牢记宗旨、心系群众的先进分子。要全面巩固和发展先进性教育活动成果，健全让党员经常受教育、永葆先进性长效机制。

三要以改革创新精神全面推进党的建设新的伟大工程。我们党已经成立88年，在全国执政60年，拥有7300多万党员，党的自身建设任务比过去任何时候都更为繁重。党领导的改革开放既给党注入巨大活力，也使党面临许多前所未有的新课题新考验。世情、国情、党情的发展变化，决定了以改革创新精神加强党的建设既十分重要又十分紧迫。以改革创新精神全面推进党的建设新的伟大工程，必须把党的执政能力建设和先进性建设作为主线，坚持党要管党、从严治党，贯彻为民、务实、清廉的要求，以坚定理想信念为重点加强思想建设，以造就高素质党员、干部队伍为重点加强组织建设，以保持党同人民群众的血肉联系为重点加强作风建设，以健全民主集中制为重点加强制度建设，以完善惩治和预防腐败体系为重点加强反腐倡廉建设，使党始终成为立党为公、执政为民，求真务实、改革创新，艰苦奋斗、清正廉洁，富有活力、团结和谐的马克思主义执政党。

在全党开展深入学习实践科学发展观,是党的十七大作出的战略决策,是用中国特色社会主义理论体系武装全党的重大举措,是"三个代表"重要思想学习教育活动和保持共产党员先进性教育活动的继续,是深入推进改革开放、推动经济社会又好又快发展、促进社会和谐稳定的迫切需要,是提高党的执政能力、保持和发展党的先进性的必然要求。要切实增强全党贯彻落实科学发展观的自觉性和坚定性,着力转变不适应不符合科学发展观的思想观念,真正结合工作抓好科学发展观的具体落实,着力解决影响和制约科学发展的突出问题,把全社会的发展积极性引导到科学发展上来,把科学发展观贯彻落实到经济社会发展的各个方面,确保学习实践活动真正体现和实现党员干部受教育、科学发展上水平、人民群众得实惠的总要求。

第三专题

构建社会主义和谐社会

我们党为促进社会和谐进行了长期的探索,积累了正反两方面的经验。党的十六大报告首次把"社会更加和谐"作为全面建设小康社会的重要目标,提出要形成全体人民各尽所能、各得其所而又和谐相处的局面。2004年9月,党的十六届四中全会提出了构建社会主义和谐社会的重大战略任务。2005年2月,胡锦涛总书记在中央党校省部级主要领导干部提高构建社会主义和谐社会能力专题研讨班上的讲话,全面阐述了社会主义和谐社会的深刻内涵和主要任务。2006年10月,党的十六届六中全会作出了《中共中央关于构建社会主义和谐社会若干重大问题的决定》,对构建社会主义和谐社会进行了全面部署。2007年10月,党的十七大进一步明确了社会和谐与中国特色社会主义的内在联系,指出社会和谐是中国特色社会主义的本质属性和发展中国特色社会主义的基本要求。只有深刻理解社会主义和谐社会的科学内涵和基本特征,牢固把握构建社会主义和谐社会的重大意义、指导思想、目标任务、基本原则、对策要求和工作重点,才能自觉做好构建社会主义和谐社会的各项工作,努力实现经济社会的协调发展和国家的长久治安,开创中国特色社会主义事业的新局面。

一、构建社会主义和谐社会的重大意义

构建社会主义和谐社会,是我们党以马克思列宁主义、毛泽东思想、邓小平理论和"三个代表"重要思想为指导,全面贯彻落实科学发展观,从中国特色社会主义事业总体布局和全面建设小康社会全局出发提出的重大战略思想和重大战略任务,反映了建设富强民主文明和谐的社会主义现代化国家的内在要求,体现了全党全国各族人民的共同愿望,具有重大的现实意义和深远的历史意义。

(一)构建社会主义和谐社会是发展和完善中国特色社会主义的内在要求

胡锦涛总书记深刻指出:"社会和谐是中国特色社会主义的本质属性。"[①]毋庸置疑,构建社会主义和谐社会正是发展和完善中国特色社会主义的内在要求。

社会和谐是社会进步的重要标志。社会和谐首先体现在生产力发展和人的发展上。生产力的发展决定着社会关系、社会制度、社会意识乃至社会形态的变迁,因而也决定着作为社会关系总和的人的本质的变化。马克思指出:"生产力和社会关系——这二

---

① 胡锦涛:《高举中国特色社会主义伟大旗帜,为夺取全面建设小康社会新胜利而奋斗》,人民出版社 2007 年 10 月第 1 版,第 17 页。

者是社会的个人发展的不同方面。"①由此可见,生产力的发展本身就包含着人的发展。正是在这种意义上,马克思把生产力的发展和人的发展作为衡量社会进步的两个尺度。社会和谐不仅是一种理想目标,更是一种现实状态,它总是以生产力和人的一定程度的发展为基础的。换言之,能称之为和谐社会的,必定是生产力和人都得到相应发展的社会。作为社会进步的重要标志,社会和谐还体现在对社会发展各要素的有效整合上。社会是以生产关系为中轴的全部社会关系的有机结合体,是社会各要素和各利益关系的有机构成。一般来说,社会进步需要通过社会不同领域、不同方面的具体发展表现出来。在这个过程中,任何一个要素或环节出现故障,或者彼此之间的关系产生异常,都有可能引发和激化社会矛盾,影响和妨碍社会进步。这就提出了适时适度整合各种社会要素和社会关系的必要。社会和谐不仅综合反映了社会不同领域的发展水平,而且体现了社会不同方面的和谐关系。作为一种稳定有序、协调一致的状态,社会和谐不是把人类社会归结为单个人和各要素的机械相加,而是依据社会系统的内在要求,促使人口、资源、环境等各要素的优化组合,经济、政治、文化等各方面的相互协调,从社会的总体结构和功能出发,谋求社会的整体进步和有序发展。

　　社会和谐是中国特色社会主义的本质属性。对社会主义的认识通常有两种方法:一种是从特征上认识社会主义,一种是从本质上认识社会主义。以往我们对社会主义的理解主要局限于特征层面,认为社会主义就是这样一种社会:建立了人民民主的国家政权,实行生产资料公有制和按劳分配,实行共产党的领导和马克思主义的指导等等。这些当然都很重要,是决定社会主义性质的根

---

① 《马克思恩格斯全集》第46卷(下),人民出版社1972年版,第219页。

本因素。但它们不是社会主义的本质,不是社会主义发展的最终目的,而是反映本质的内在要求和外部条件,是达到最终目的的手段、方法和途径。如果继续追问为什么要建立这样的制度,从这些特征中并不能直接找到答案。从社会主义发展的历史来看,中外社会主义国家的不少决策之所以出现重大失误,与没有搞清社会主义本质不无关系。改革开放以来,我们党在不断深化对社会主义认识的基础上,实现了从特征到本质的飞跃。在社会主义发展史上,邓小平第一次明确提出了社会主义本质的概念,并深刻指出"社会主义的本质,是解放生产力,发展生产力,消灭剥削,消除两极分化,最终达到共同富裕。"①这就使我们对社会主义的认识获得了升华。以胡锦涛为总书记的党中央,立足于中国特色社会主义发展的客观实际,在以往社会主义思想认识的基础上,全面系统地阐述了社会主义和谐社会的理论内涵和实践要求,明确提出"社会和谐是中国特色社会主义的本质属性,是国家富强、民族振兴、人民幸福的重要保证。"②把社会和谐明确定位于中国特色社会主义的本质属性即把社会和谐看作是社会主义本质的重要内容,无疑进一步深化了对中国特色社会主义科学内涵的认识,开辟了中国特色社会主义实践的新境界。实践已经表明,从本质和特征两个方面认识社会主义,有助于我们把科学理论与具体实践、远大目标与历史过程有机统一起来,使我们更加全面、更加深刻地把握中国特色社会主义的科学内涵和实践要求,在实践中不断推进中国特色社会主义进程。

---

① 《邓小平文选》第3卷,人民出版社1993年10月第1版,第373页。
② 《中共中央关于构建社会主义和谐社会若干重大问题的决定》,新华社北京2006年10月18日电。

社会和谐是中国特色社会主义的重要价值目标。实现社会和谐,始终是人类孜孜以求的社会理想,更是我们党不懈奋斗和追求的中国特色社会主义的重要价值目标。马克思、恩格斯在《共产党宣言》中明确提出:"代替那存在着阶级和阶级对立的资产阶级旧社会的,将是这样一个联合体,在那里,每个人的自由发展是一切人的自由发展的条件。"①按照他们的设想,未来社会将在打碎旧国家机器、消灭私有制的基础上,消除阶级之间、城乡之间、脑体之间的对立和差别,极大地调动全体劳动者的积极性,社会物质财富极大丰富,人的精神境界极大提高,各尽所能、各取所需,实现每个人自由而全面的发展,在人与人之间、人与自然之间皆形成和谐的关系。列宁明确指出:只有社会主义才可能广泛推行和真正支配根据科学原则进行的产品的社会生产和分配,以使所有劳动者过上最美好幸福的生活。由此可见,在革命导师的理论视野中,社会和谐是社会主义所追求的重要价值目标。社会和谐当然也是我们党不懈追求和奋斗的中国特色社会主义的重要价值目标。以毛泽东为核心的党的第一代中央领导集体对中国特色社会主义进行了艰辛探索,在《论十大关系》、《关于正确处理人民内部矛盾》等著作中对正确处理社会主义建设各种关系和矛盾、正确处理敌我矛盾和人民内部矛盾等问题作出了系统阐述,对实现社会和谐进行了不懈追求。改革开放以来,我们党始终追求社会和谐的价值目标,对社会和谐目标重要性的认识在实践中不断深化。党的十二届六中全会通过的关于社会主义精神文明建设指导方针的决议,第一次提出社会主义现代化建设"总体布局"的概念。党的十三大确立的党在社会主义初级阶段的基本路线,明确把"富强、民

----

① 《马克思恩格斯选集》第1卷,人民出版社1972年5月第1版,第273页。

主、文明"作为我国社会主义现代化建设的奋斗目标。党的十五大提出了建设有中国特色社会主义的基本纲领,形成了经济建设、政治建设、文化建设三位一体的总体布局。党的十六大在阐述全面建设小康社会宏伟目标时强调,建设惠及十几亿人口的更高水平的小康社会,就是要使经济更加发展、民主更加健全、科技更加进步、文化更加繁荣、社会更加和谐、人民生活更加殷实。党的十六届四中全会把我国社会主义现代化建设总目标由富强、民主、文明发展为富强、民主、文明、和谐,使总目标更加全面、更加科学。在此基础上,胡锦涛总书记在中央党校省部级主要领导干部提高构建社会主义和谐社会能力专题研讨班上的讲话,就构建社会主义和谐社会提出了一系列重要论断,明确提出中国特色社会主义事业的总体布局由社会主义经济建设、政治建设、文化建设"三位一体"发展为社会主义经济建设、政治建设、文化建设、社会建设"四位一体"。党的十六届六中全会对构建社会主义和谐社会进行了全面部署,宣示全面推进中国特色社会主义事业,不仅要加强社会主义物质文明、政治文明和精神文明建设,而且要加强社会主义社会文明建设,并使它们相互配合、相互促进。由此可见,我们党始终追求社会和谐的价值目标,并为构建社会主义和谐社会进行了不懈探索。从党的十六大明确提出"社会更加和谐"的奋斗目标,到党的十六届四中全会提出"构建社会主义和谐社会"的战略任务,再到党的十六届六中全会作出全面部署,构建社会主义和谐社会,更加庄严而紧迫地摆在了全党全国人民面前。

(二)构建社会主义和谐社会是实现我国科学发展的迫切需要

进入新世纪新阶段,以胡锦涛为总书记的党中央,"立足社会主义初级阶段基本国情,总结我国发展实践,借鉴国外发展经验,适应新的发展要求"①,提出了科学发展观这一重大战略思想。实现我国经济社会科学发展即又好又快发展,必须积极因应国内外的新形势、新矛盾和新挑战,而构建社会主义和谐社会正是积极应因新形势新矛盾新挑战、实现我国科学发展的迫切需要。

应对国际形势挑战、实现我国科学发展要求构建和谐社会。新世纪新阶段,我们面临的发展机遇前所未有,面对的挑战前所未有。从国际因素看,和平、发展、合作成为时代潮流,我国改革发展面临难得的机遇和有利条件。但国际形势复杂多变,综合国力竞争日趋激烈,影响和平与发展的不稳定不确定因素增多,我们既长期面对发达国家在经济科技等方面占优势的压力,又面对敌对势力实施西化、分化政治图谋的压力。我国既是最大的发展中国家,又是社会主义国家,西方敌对势力不愿看到一个强大的社会主义中国屹立在他们的面前。苏东剧变后,西方敌对势力加紧对我实施西化、分化的政治图谋。他们凭借经济、军事和科技等硬性力量的强大优势,并利用意识形态影响力等无形力量,对我进行渗透和遏制,试图挑起我内乱,延迟我发展。我国的科学发展无疑面临国际因素的重大挑战和考验。我们要有力应对来自外部的各种挑战,确保我国经济社会科学发展,就必须"统筹国内国际两个大局,树立世界眼光,加强战略思维,善于从国际形势发展变化中把握发展机遇、应对风险挑战,营造良好国际环境。"②可以说,正确处理好与国际社会的关系,推动建设和谐世界,是实现我国科学发

---

① 胡锦涛:《高举中国特色社会主义伟大旗帜,为夺取全面建设小康社会新胜利而奋斗》,人民出版社2007年10月第1版,第13页。

② 胡锦涛:《高举中国特色社会主义伟大旗帜,为夺取全面建设小康社会新胜利而奋斗》,人民出版社2007年10月第1版,第16页。

展的重要保证。而正确处理对外关系的前提条件是首先把国内的事情办好,始终保持国家统一、民族团结、社会稳定的局面。构建社会主义和谐社会正是积极因应国际形势挑战和考验以实现我国科学发展的迫切需要。

应对国内形势挑战、实现我国科学发展要求构建和谐社会。从国内因素看,我国已进入经济社会发展的攻坚阶段和关键时期,工业化、城市化、市场化、国际化进程加快,经济体制深刻改革,社会结构深刻变动,利益结构深刻调整,思想观念深刻变化。这种空前的社会变动既给我国的发展带来巨大动力和活力,同时也带来诸多矛盾和问题,既是"战略机遇期"和"黄金发展期",又是"矛盾凸显期"和"风险高发期",机遇挑战并存,动力压力共生。目前,我国社会总体上是和谐的,但也存在不少影响社会稳定和谐的突出矛盾和问题,主要是:城乡、区域、经济社会发展很不平衡,人口资源环境压力加大;就业、社会保障、收入分配、教育、医疗、住房、安全生产、社会治安等关系群众切身利益的问题比较突出;体制机制尚不完善,民主法制还不健全;一些社会成员诚信缺失、道德失范,一些领导干部的素质、能力和作风与新形势新任务的要求还不适应;一些领域的腐败现象仍然比较严重;敌对势力的渗透破坏活动危及国家安全和社会稳定。这些突出矛盾和问题严重影响社会和谐稳定,对我国经济社会的科学发展造成了不小的冲击和挑战。为此,就必须积极因对这些矛盾和问题的挑战,下大气力妥善协调各方面利益关系,积极主动地正视矛盾和化解矛盾,最大限度地增加和谐因素,最大限度地减少不和谐因素,大力促进社会和谐。构建社会主义和谐社会正是积极因应国内形势挑战和考验以实现我国科学发展的迫切需要。

(三)构建社会主义和谐社会是实现全面建设小康社会奋斗目标的重大战略举措

许多国家的发展进程表明,在人均 GDP 从 1000 美元向 3000 美元的过渡时期,是整个现代化进程中一个非常关键的阶段,是经济结构和社会结构发生深刻变化、社会矛盾较为严重的阶段。搞得好,社会矛盾得到缓解,经济社会平稳向前发展,现代化得以顺利实现;搞得不好,社会矛盾加剧,经济社会长期徘徊不前,现代化难以向前推进。鉴于后一种情况主要发生在拉美国家,故被称为"拉美现象"或"拉美陷阱"。

作为全面建设小康社会的发展时期,本世纪头 20 年正是我国人均 GDP 从 1000 美元向 3000 美元过渡的关键阶段,既是"战略机遇期"和"黄金发展期",又是"矛盾凸显期"和"风险高发期"。为了避免"拉美现象",顺利实现全面建设小康社会的奋斗目标,就必须准确把握未来发展趋势,认真分析和解决经济社会发展面临的突出矛盾和问题,努力构建和谐社会。可以说,构建社会主义和谐社会正是实现全面建设小康社会奋斗目标的重要保证和重大战略举措。

我国经济社会发展业已出现的新变化主要表现在以个五个方面:

一是社会领域出现新矛盾。我国在人均收入水平提高的同时,城乡、区域、经济社会发展不平衡的现象日益凸显,就业、社会保障、教育、医疗、住房、安全生产、社会治安等关系群众切身利益的问题比较突出,收入分配差距扩大引起广泛关注,各种形式的人民内部矛盾大量出现。在社会结构急剧转型的历史时期,如何处理好增长与分配的关系,努力实现充分就业,妥善处理各类影响社会和谐的矛盾,是对我们党执政能力的重大考验。

二是经济增长面临新制约。随着工业化、城镇化、市场化、国际化步伐加快,我国经济增长遇到了新的制约。劳动、资本、自然资源、技术这四大生产要素的相对价格正发生大的变化。自然资源的约束全面强化。由于我国人多地少的基本国情,加上经济增长方式粗放,土地、淡水、石油等资源的制约尤为严重,生态环境的压力日益加大。与此同时,经济结构变化对劳动力的素质提出了新的要求,劳动力总量过剩和结构性短缺的矛盾非常突出。在快速增长过程中,怎样使社会财富快速增加,人力资本不断得到提升,资源消耗大幅度下降,生态环境明显好转,是我们不能不切实加以解决的现实问题。

三是社会心理出现新变化。随着社会生产力的发展和经济基础的变化,我国社会的心理状态也出现了新变化,人们思想活动的独立性、选择性、多变性、差异性明显增强,人民群众的参与意识、维权意识普遍增强,对加强民主法制的要求和变革社会管理体制的要求十分迫切,对保护产权和各项法律赋予的公民权利的要求也日益强烈。与此同时,一些社会成员心理失衡、诚信缺失、道德失范,成为引发社会不和谐的因素;一些领域的腐败现象仍然比较严重,引起广大人民群众的不满。

四是改革攻坚出现新特点。经过近30年的努力,我国已经初步建立了社会主义市场经济体制。改革开放的强大动力,使我们可以在较短时间内走完发达国家上百年甚至几百年才走完的工业化和现代化历程。下一步改革将出现一些新变化,全体人民共享改革成果的要求更加迫切,社会管理体制和经济管理体制等改革同步推进的重要性不断上升,政府改革成为深化改革的重点。深化改革必然要调整各种既得利益,这使改革的难度明显加大。

五是和平发展面临新环境。进入新世纪以来,我国经济已逐步成为大国开放经济,国内经济和世界经济的相互联系、相互影响不断加深,新一轮技术革命所引发的国际分工和生产组织方式变化正对我国产生越来越大的影响,国内经济发展对国外资源和市场的依赖程度日益提高。我国经济的快速发展和综合国力的全面提升,对世界经济的影响也在逐步扩大。我国的宏观经济政策直接影响国际资本的流向,对重要商品价格产生重大影响。我国的和平发展明显受到大国势力的制约,敌对势力的渗透破坏活动威胁着我国的国家安全和社会稳定。

面对这些新情况和新变化,我们必须保持清醒头脑,居安思危,深刻认识我国经济社会发展的阶段性特征,科学分析影响我国社会稳定和谐的矛盾和问题,有力应对各种矛盾和问题的挑战,积极主动地正视矛盾和化解矛盾,切实把构建社会主义和谐社会作为贯穿中国特色社会主义事业全过程的长期历史任务和全面建设小康社会的重大现实课题抓紧抓好。可以说,构建社会主义和谐社会正是积极因应我国全面建设小康社会历史阶段新变化新挑战的必然战略选择,是实现全面建设小康社会奋斗目标的重要前提和重要保证。

(四)构建社会主义和谐社会是我们党巩固执政基础、完成执政使命的必然要求

我们党的执政使命是实现社会主义现代化、完成祖国统一和实现中华民族伟大复兴。要完成这种崇高历史使命,其前提就是党的执政基础能够不断巩固和加强。

我们党的执政基础有两个方面:一是阶级基础,即包括知识分子在内的工人阶级。二是群众基础,即除了工人阶级以外的建设中国特色社会主义的劳动者和建设者,主要包括农民和改革开放

以来出现的六种新社会阶层即民营科技企业的创业人员和技术人员、受聘于外资企业的管理技术人员、个体户、私营企业主、中介组织的从业人员、自由职业人员。要巩固党的执政基础、完成党的执政使命,就必须努力做到以下两点:一是必须不断增强党的阶级基础,充分调动广大工人阶级的积极性,实现好、维护好、发展好工人阶级的利益。二是必须不断扩大党的群众基础,充分调动农民和各种新社会阶层的积极性,实现好、维护好、发展好农民和各种新社会阶层人士的利益。世界政党政治史已经表明还将继续证明,任何一个执政党,要实现长期执政和执好政,就必须不断增强党的阶级基础和扩大党的群众基础,竭尽全力获取社会大多数民众的支持和认同,善于以协调、沟通、服务的方式来增强对各种社会力量的整合力和凝聚力。

我们党执政的历史合法性是不容置疑的。但党的历史地位和历史任务的变化,党在领导工作中的失误,党自身存在的腐败问题和执政能力不强的问题,已经对我们党执政的现实合法性构成了严峻挑战。要有力应对这种严峻挑战,就必须努力构建和谐社会,统筹兼顾不同阶级、阶层、利益群体的利益,充分调动一切积极因素,努力改善党群关系和干群关系,认真解决好我们党自身存在的腐败问题和执政能力不强的问题。只有致力于社会和谐、民族团结、社会稳定,我们党的执政基础才能巩固,执政使命才能完成;否则就会丧失执政地位。这绝不是危言耸听!对此我们必须抱有强烈的危机意识和忧患意识。可以说,构建和谐社会以广泛调动人们的积极性正是我们党巩固执政基础、完成执政使命的重要条件和必然要求。

二、社会主义和谐社会的科学内涵和基本特征

科学理解和准确把握社会主义和谐社会的科学内涵和基本特征是推动社会主义和谐社会建设实践的基本前提。可以说,中央领导、理论专家和社会大众对社会主义和谐社会的科学内涵和基本特征已经达成了基本共识。

（一）社会主义和谐社会的科学内涵

实现社会和谐,既是人类孜孜以求的社会理想,又是中华民族文化的主流价值观。"天人合一"、"兼相爱"、"和为贵"、"和而不同"、"求同存异",无论是诸子百家还是民俚乡谚,都体现出中国百姓对和谐社会的向往和追求。

通俗地说,和谐社会就是人与社会、人与人、人与自然和睦相处、协调一致、共同发展的社会,是社会矛盾较为缓和、没有重大社会动荡的社会。社会主义和谐社会就是建立在社会主义制度和更高生产力基础之上的更高水平和更加合理的和谐社会,是全体人民各尽其能、各得其所而又和睦相处的社会,是良性运行和协调发展的社会。和谐是相对的,而不是绝对的。和谐社会并不是没有矛盾和斗争,而是社会矛盾和斗争比较缓和、没有采取对抗和激化的形式、没有出现大的动荡、民众比较能够安居乐业的一种社会状态。社会主义和谐社会的科学内涵主要包括人与社会和谐、人与人和谐、人与自然和谐三个方面。

一是人与社会和谐。大家知道,任何个人都同社会有着必然

联系。人是社会的人,只有在社会中才能生存和发展,社会的经济、政治、文化等发展水平和状况,规定并制约着人的发展;社会是人的社会,不以人为目的的社会就不是理性健康的社会,人的物质文化生活水平、人的自由福祉及全面发展的程度将制约着社会的发展。这里所说的人是指个人;社会既指社会整体即国家(它以执政者为代表),又指各种社会团体、组织或利益共同体,如政党、民族、教派、社团、学校、企业等。

人与社会和谐包括两个方面:其一,个人与社会相和谐。即个人融入社会,对社会抱有强烈的认同感和家园感,自觉在为社会做贡献中求得自身的生存和发展。这包括两个层面:第一个层面是个人与社会整体相和谐。就是指个人与国家或民族相和谐。第二个层面是个人与一定的社会组织相和谐。这主要表现为个人遵守该社会组织的思想道德和行为规范,为该组织服务,为该组织的发展作出贡献,并以此得到该社会组织的认可、接纳和褒奖。个人往往是通过与社会组织的和谐进而达到与社会整体和谐的。其二,社会与人相和谐。即社会尊重和关爱每一个人,通过制定和实施正确的制度和政策,在经济、政治、文化等方面为每个人的生存和发展提供必要的经济、政治、精神文化保障,使其形成对社会的认同和归属。

人与社会和谐的实质是保持良好社会秩序和社会稳定。个人融入社会,社会保障个人的生存和发展,目的就是把社会矛盾和斗争控制在一定限度之内,尽量减少反社会分子的数量,尽量扩大拥护社会分子的数量,保持社会秩序良好和社会稳定,达到人与社会的良性互动。

二是人与人和谐。人与人和谐即人际关系和谐。人际关系即个人与他人的关系,是两个独立的社会主体之间的关系。任何人都必然同他人发生联系,正如马克思深刻指出的那样:"人的本质并不是单个人所固有的抽象物。在其现实性上,它是一切社会关系的总和。"①人际关系可划分为三个圈:其一,亲人圈:夫妻、父子(女)、母子(女)、兄弟姐妹、亲戚关系等;其二,工作圈:领导、下级、同事、雇主、雇工、客户等;其三,社交圈:朋友、同学、战友等。

人际关系的和谐程度是社会和谐的重要标志和基础。人际关系和谐是社会和谐的关键,要构建和谐社会,就必须尽力协调好人际关系。如果"人对人是豺狼",老想干涉、控制、支配他人,斗得像"乌眼鸡"一样,肯定不会有和谐的人际关系,不会有和谐社会。

建立和谐人际关系的关键在于以诚信友善的态度对待他人。古人云:"人无信不立"。这里的"信"既指信仰、信心、信念,更指诚信、信誉、信义。在发展社会主义市场经济的条件下,诚信无疑显得更加重要,是立世做人做事之本。不论处理哪一种人际关系,一个共同的要求就是诚信友善。要以德报怨,不要以牙还牙,更不能以怨报德(即恩将仇报)。

协调人际关系的着力点是调整社会利益关系。就是说,要调节好人们之间的利益关系,公平地分配社会利益,使每个人都各尽其能、各得其所、各得其利,不致因利益的不公平产生矛盾对立。古往今来发生的一切社会动乱,皆肇始于社会利益分配的不公平。整个社会如果贫富悬殊,就有可能使贫困者产生悲观情绪和仇富心理,并转而迁怒到制造贫富悬殊的政策以及政策的制定者,从而导致社会动乱,甚至颠覆政权。

三是人与自然和谐。人与自然界关系的历史演化,大体经历了天人合一、天人相分和天人和谐三个阶段。人与自然的和谐,实

---

① 《马克思恩格斯选集》第1卷,人民出版社1972年版,第18页。

质上就是人类与自己生存和发展的外部环境的和谐。这表现在两个方面:其一,人类能够善待自然和保护自然;其二,自然界能够源源不断地提供人类所需要的物资资料和环境条件,更多地赐福于人类,而不是频降灾难。这里就存在一个矛盾:一方面,人类的需要和欲望是无限的不断增长的;另一方面,自然界的资源是有限的,许多资源是不可再生的。如果人类不加节制地对自然界进行掠夺,必然导致资源枯竭和生态环境破坏,遭到自然界的报复,危及人类生存。因此,达到人与自然和谐,就要在向自然索取的同时,努力增强自然界的再生能力,做到改造、利用自然与保护、维护自然的统一。

正确认识和调整人与自然的关系是达到人与自然和谐的前提。人是自然界的产物和组成部分,人类来自自然界,生存和发展依赖于自然界。自然界是人类的共同家园,而且是迄今为止的唯一家园,因为人类只有一个地球。人类是"万物之灵",但绝不是"万物主宰"。人类必须意识到,如果不重建人与自然的良好关系,最终受到惩罚的只能是人类自己。酸雨、沙尘暴、温室效应、"非典"等等,无疑都是自然界惩罚人类的重要形式。因此,环境问题已成为全球关注的重大问题之一。

建立人与自然和谐关系的关键在于人类自身。要坚持开发利用自然与保护维护自然的统一。人类再也不能盲目地陶醉于对自然界的胜利,不能单纯地在改造自然中彰显自己的本质力量,而要估计到自己行为的长远和全局后果,要顾及后代人的生存和发展。应当看到,人与自然的和谐,是社会和谐、人际和谐、代际和谐的重要基础。

在处理人与自然关系的过程中常常存在一个悖论或奇怪的现象,即个体的人或特定人群常常认为,自己的能力有限,自己的活动不足以对整个自然界造成危害。但问题在于,正是这千千万万个微小的个体或群体的长年累月的活动,才造成了对自然界的伤害。只有从自己做起、从每个人做起、从现在做起,才有可能逐渐减少这种伤害,从而实现在善待自然的同时实现人类的福祉。

(二)社会主义和谐社会的基本特征

胡锦涛总书记2005年2月在省部级主要领导干部提高构建社会主义和谐社会能力专题研讨班开班式上的讲话中指出:"我们所要建立的社会主义和谐社会,应该是民主法治、公平正义、诚信友爱、充满活力、安定有序、人与自然和谐相处的社会。"[①]这是对社会主义和谐社会基本特征的科学揭示,也是构建社会主义和谐社会的总要求和总目标。

一是民主法治。"民主法治,就是社会主义民主得到充分发扬,依法治国基本方略得到切实落实,各方面积极因素得到广泛调动。"[②]社会主义和谐社会首先应该是一个民主法治的社会,没有民主和法治,搞专制和人治,就不可能有真正现代意义上的和谐社会。可以说,民主法治既是社会主义和谐社会的重要特征,也是构建社会主义和谐社会的重要条件和重要保证。

构建社会主义和谐社会之所以必须发扬民主,这是因为:只有发扬民主才能激发人民群众的主人公责任感、调动人民群众的主动性和积极性。民主是社会主义的基本特征,没有民主就没有社会主义。社会主义国家的政治特征就是人民当家做主,人民群众

[①]　《构建社会主义和谐社会大参考》,红旗出版社2005年3月第1版,第52页。

[②]　《构建社会主义和谐社会大参考》,红旗出版社2005年3月第1版,第53页。

在共产党的领导下,通过民主选举、民主决策和民主监督,管理国家的一切事务。只有发展社会主义民主政治,建设社会主义政治文明,切实保证人民依法行使政治权利,才能把人民群众的积极性、主动性和创造性充分发挥出来,促进党和人民群众关系的和谐。

构建社会主义和谐社会之所以需要法治,这是因为:只有法治才能确保人民的权利和国家的长治久安。法治,就是依据法律治理国家和社会的动态过程,是一种与人治相对立的治国方式。法治的前提是完备的法制,即要有一系列相互配套的法律制度,以实现社会主义民主的法律化和制度化。但有法可依还远远不够,关键是必须做到法治即做到有法必依、执法必严、违法必究。只有如此,才能真正保障人民的民主权利、社会的有序运行和国家和长治久安。

二是公平正义。"公平正义,就是社会各方面的利益关系得到妥善协调,人民内部矛盾和其他社会矛盾得到正确处理,社会公平和正义得到切实维护和实现。"①社会主义和谐社会应该是公平正义的社会。共产党就是由反对资本主义社会的剥削压迫等不公平、非正义的现象而闹革命的,它领导人民群众建立社会主义制度的目的,就是使不公正、非正义的现象得到根除和不再出现,公平正义无疑是共产党和社会主义的核心价值取向。

公平就是一切人被不偏不倚或一视同仁的对待。而公正比公平的要求更高,就是一视同仁的对待必须符合社会的基本价值判断,符合法律规范和道德标准,符合民俗良序。许多时候我们讲的

---

① 《构建社会主义和谐社会大参考》,红旗出版社2005年3月第1版,第56页。

公平其实就是指的公正,就是被一视同仁且合情合理的对待。公平是相对的,与社会制度直接相关,由社会制度所决定,不同社会有不同标准。公平的主要内容有四个方面,即权利公平、机会公平、规则公平和分配公平。公平的一般原则是贡献与获取相当;权利与义务对称;机会均等;标准统一。正义就是符合真理和道德标准的东西,或者说是公正的、有利于人民的道理或事业。

公平正义是和谐社会的核心、关键和基石,是构建和谐社会的先决条件。没有公平正义,就没有社会和谐可言。公平或公正既是个人立身处世、取得威望和威信的重要条件,也是建立和谐人际关系、党际关系、国际关系的重要条件。社会上的不和谐问题,起因往往指向"不公平"。"人平不语,水平不流";事不公则心不平,心不平则气不顺,气不顺则难和谐。古今中外的大量事例表明,严重的社会不公,明显的两极分化,势必导致社会成员、社会群体和社会阶级之间剧烈的利益矛盾,直至暴力冲突。一旦社会的利益冲突演化成剧烈的社会政治冲突,社会和谐也就随之失去了制度的保障。正义在社会生活中表现为疾恶如仇,扶弱济贫,主持公道,尊重他人的自由和权利,反对以大欺小,以强凌弱,仗势欺人等等。正义感既是人的基本情感,又是建立和谐人际、党际、国际关系的重要条件。一个缺乏正义感的个人、政党和国家,是难以立世成业的。在改革开放和发展社会主义市场经济的时代条件下,我们无疑更加需要公平正义。

三是诚信友爱。"诚信友爱,就是全社会互相帮助、诚实守信,全体人民平等友爱、融洽相处。"①社会主义和谐社会应该是一

---

① 《构建社会主义和谐社会大参考》,红旗出版社2005年3月第1版,第58页。

个诚信友爱的社会。缺乏诚信和友爱,就必然导致人际关系紧张,社会就不可能和谐。

诚信是立世做人做事之本,是构建和谐人际关系的基本前提。如果缺乏诚信,就没有相互的合作,就没有社会的团结,就不能形成普遍的认同和放心的交往,社会就会陷入"瞒和骗的大泽中"。人与人之间的不和睦,说到底就是因为缺乏相互信任。社会成员之间的相互认同和接纳,其深层基础就在于全社会之间拥有一种普遍的认同,人与人之间有一种相互信任的纽带。在发展社会主义市场经济的条件下,诚信的作用显得更加突出。因为市场经济就是信用经济,市场交易,信义为先。"守信",这种能够履行承诺而取得他人信任的品德,是市场经济的一个重要特征,也是企业发展的一个重要条件。从一定意义上说,"诚信就是财富",它既是一种精神财富,也能给人带来物质财富。商品、合同、证券、期货等市场工具,无不体现信用关系。离开了诚信,市场经济就无法运行。在市场活动中,坚持诚实守信,就要坚决反对和消除假冒伪劣、掺假使假、以次充好、背信弃义等欺诈行为。

友爱既是一种良好的思想品质,也是建构和谐人际关系的基础。只有大多数社会成员在爱护自己的同时能够对他人充满爱心、善待他人,才能建立良好的人际关系,达到人与人之间的和睦相处。古人云:"仁者爱人","己所不欲,勿施于人",凡事都要"推己及人"。如果缺乏人间温情,冷漠人生,终日猜疑嫉妒,你争我斗,那就什么也干不了、干不成。培育友爱之情要求社会成员之间以诚相待、相互包容、尊重个性,特别需要一种宽容的氛围和宽容的精神,容忍各种不同的利益关系存在,尊重别人所做出的不同选择,特别要保护少数群体和弱势群体的合法利益,反对幸灾乐祸、落井下石,消除嫉妒仇恨心理。毛泽东说过,在领导班子内部,

"谅解和友谊比什么都重要",这话广泛适用于人际关系的所有领域。

四是充满活力。"充满活力,就是能够使一切有利于社会进步的创造愿望得到尊重,创造活动得到支持,创造才能得到发挥,创造成果得到肯定。"①胡锦涛总书记一连用了四个"创造",这说明社会活力与创造力紧密相连。要使社会充满活力,就要不断增强社会的创造力。

充满活力是社会和谐的重要体现和重要保证。社会是否和谐,在很大程度上无疑取决于有没有一个自由、民主、宽松的社会环境和有利于创造的社会激励机制。如果社会反对冒险冒尖和创新创造,对社会成员的创造活动予以压制和打击,那么,窒息社会创造活力的后果就必然是打击人的积极性,使人心情不畅,痛苦增加,这当然是不利于社会和谐的。在我们的现实生活中,有些单位不但压制人的创造,而且对讲真话的人都打击抱负,这对构建和谐社会当然是极为不利的。

要不断增强社会的创造力,就要全面贯彻尊重劳动、尊重知识、尊重人才、尊重创造的方针,形成与社会主义初级阶段基本经济制度相适应的思想观念和创业机制,营造鼓励人们干事业、支持人们干成事业的社会氛围,放手让一切劳动、知识、技术、管理和资本的活力竞相迸发,让一切创造社会财富的源泉充分涌流。要在全党全社会大力弘扬实事求是、与时俱进、勇于创新的精神,大力营造鼓励创造、尊重创造、保护创造的良好社会氛围,支持人们进行理论创新、制度创新、科技创新和其他方面的创新,使我国经济

---

① 《构建社会主义和谐社会大参考》,红旗出版社2005年3月第1版,第60页。

社会发展始终充满蓬勃的创造活力。

五是安定有序。"安定有序,就是社会组织机制健全,社会管理完善,社会秩序良好,人民群众安居乐业,社会保持安定团结。"①社会主义和谐社会应当是安定有序的社会,而不应是动荡混乱的社会。安定有序既是社会和谐的突出表现,也是达到社会和谐的重要条件。

安定团结是社会和谐的重要标志。安定是相对动荡、动乱而言的。一个动荡不定、动乱不已的社会,决不能使人们安居乐业、和睦相处,也决不会使社会平稳发展。社会安定包括政治安定、经济安定、人心安定等内容,其中政治安定是核心,经济安定是基础,人心安定是前提。社会安定不是说没有矛盾冲突,矛盾冲突在任何社会都是不可避免的。社会动荡是社会不同群体矛盾激化的表现,是社会冲突得不到化解的结果;而社会安定就是社会矛盾不至于激化、社会冲突能够得到较好缓解的一种状态。社会安定的基本前提是合理的阶层结构、健全的社会管理体制、全社会共同的价值认同、逐步成熟的社会心理等。要维护社会安定,就要主动缓和与化解社会生活中的各种利益矛盾,妥善处理新的历史条件下的人民内部矛盾,及时消除各种不安定因素;对可能出现的影响政治和社会稳定的问题,要及早做好预案,解决在基层和萌芽状态;对已经发生的突发事件,要做到清醒判断,从容应对,及时采取补救措施,避免造成更大损失和引起连锁反应。

规范有序是社会安定的重要前提。有序是相对混乱、无序而言的。一个混乱无序、上下颠倒的社会,是没有安定、稳定可言的。

---

① 《构建社会主义和谐社会大参考》,红旗出版社2005年3月第1版,第62页。

社会有序,就是社会各成员和群体各居其位、各司其职、各尽其能、各得其所,社会生活井然有序。社会秩序是靠法制、道德、传统和习惯等来维系的。要做到社会有序,首先要制定相应的社会规范,建立健全管理制度和机制,使经济、政治、思想、文化、社会生活各方面都有章可循。其次要严格执行这些规范、制度,保持其连续性和权威性,防止和克服无政府主义。再次要随着社会前进和时代条件变化,及时完善、更新这些制度、规范,使其与新的社会生活实际相适应。

六是人与自然和谐相处。"人与自然和谐相处,就是生产发展,生活富裕,生态良好。"①人与自然和谐相处是社会和谐的重要条件。如果资源耗竭,环境破坏,自然灾害频繁,必然会引起生产停滞,生态恶化,进而引发各种社会矛盾和问题,社会和谐就不可能出现。

要使人与自然和谐相处,就要努力建设资源节约型和环境友好型社会。必须加快转变经济发展方式,充分考虑到资源和环境的承载能力,坚决纠正和克服以牺牲环境、过度消耗资源为代价的粗放式经济增长模式。必须把节约资源、保护环境作为基本国策,坚持资源开发节约并重,加大环境污染治理和生态保护力度。要大力"建设生态文明,基本形成节约能源资源和保护生态环境的产业结构、增长方式、消费模式。"②既要大力发展循环经济,又要在全社会牢固树立生态文明理念。

---

① 《构建社会主义和谐社会大参考》,红旗出版社 2005 年 3 月第 1 版,第 64 页。

② 胡锦涛:《高举中国特色社会主义伟大旗帜,为夺取全面建设小康社会新胜利而奋斗》,人民出版社 2007 年 10 月第 1 版,第 20 页。

三、构建社会主义和谐社会的指导思想、 目标任务和基本原则

党的十六届六中全会通过的《中共中央关于构建社会主义和谐社会若干重大问题的决定》,科学判断国内外形势的发展变化,深刻总结我们党促进社会和谐的历史经验,全面分析构建社会主义和谐社会的有利条件和不利因素,明确提出了构建社会主义和谐社会的指导思想、目标任务和基本原则,为推动社会主义和谐社会建设指明了方向。

(一)构建社会主义和谐社会的指导思想

构建社会主义和谐社会,必须坚持正确的指导思想。《决定》提出:"我们要构建的社会主义和谐社会,是在中国特色社会主义道路上,中国共产党领导全体人民共同建设、共同享有的和谐社会。必须坚持以马克思列宁主义、毛泽东思想、邓小平理论和'三个代表'重要思想为指导,坚持党的基本路线、基本纲领、基本经验,坚持以科学发展观统领经济社会发展全局,按照民主法治、公平正义、诚信友爱、充满活力、安定有序、人与自然和谐相处的总要求,以解决人民群众最关心、最直接、最现实的利益问题为重点,着力发展社会事业、促进社会公平正义、建设和谐文化、完善社会管理、增强社会创造活力,走共同富裕道路,推动社会建设与经济建设、政治建设、文化建设协调发展。"①

①　《中共中央关于构建社会主义和谐社会若干重大问题的决定》,新华社北京 2006 年 10 月 18 日电。

　　《决定》关于构建社会主义和谐社会的指导思想,重点明确了马克思列宁主义、毛泽东思想、邓小平理论和'三个代表'重要思想在社会主义和谐社会建设中的指导地位,同时还明确了社会主义和谐社会的性质、社会主义和谐社会的特征、构建社会主义和谐社会的切入点这三个事关社会主义和谐社会建设全局的基本问题。

　　一是明确了社会主义和谐社会的社会主义性质。《决定》指出,我们要构建的社会主义和谐社会,是在中国特色社会主义道路上,中国共产党领导全体人民共同建设、共同享有的和谐社会。我国是一个发展中的社会主义大国,目前正处于工业化、城镇化、市场化、国际化加速推进的历史阶段,经济体制、社会结构、利益格局和思想观念都在发生着极其深刻的变化。我们面临着前所未有的发展机遇,也面对着前所未有的各种挑战。在这样的关键阶段构建社会主义和谐社会,必须坚持党的领导,必须走中国特色社会主义道路,必须从中国国情出发,以经济建设为中心,坚持四项基本原则,坚持改革开放。在推进这项伟大事业的过程中,其建设者是全体中国人民,其享有者也是全体中国人民。这就明确了和谐社会建设的道路、体制、动力和目的,从根本上明确了社会主义和谐社会的社会主义性质。

　　二是明确了社会主义和谐社会的特征。构建社会主义和谐社会,必须按照民主法治、公平正义、诚信友爱、充满活力、安定有序、人与自然和谐相处的总要求加以推进。民主法治,就是社会主义民主得到充分发扬,依法治国基本方略得到切实落实,各方面积极因素得到广泛调动;公平正义,就是广大人民群众的各项权益得到保障,利益分配的机会和过程公平,社会各方面利益关系得到妥善协调;诚信友爱,就是全体人民都要诚实守信、相互帮助,各族人民平等友爱、融洽相处;充满活力,就是通过合理的制度、体制和机制创新,使各种有利于经济发展和社会进步的创造活力、创造才能得到尊重和发挥,每个社会成员的积极性、主动性得以调动;安定有序,就是社会基本道德规范得到广泛认同,经济和社会秩序井井有条,人民群众安居乐业;人与自然和谐相处,就是生产发展、生活富裕、生态良好,人类生产活动与自然生态活动处于良性循环之中。这个总要求包含的六个方面内容就是社会主义和谐社会的基本特征,是社会和谐与否的基本价值取向和主要衡量标准,也是推进社会主义和谐社会建设的目标参考系。

三是明确了构建社会主义和谐社会的切入点。构建社会主义和谐社会具有鲜明的实践性,必须从执政为民的根本执政理念出发,从经济社会发展的全局高度,从各种错综复杂的矛盾中抓住主要矛盾,选准切入点。这就是:以解决人民群众最关心、最直接、最现实的利益问题为重点,着力发展社会事业、促进社会公平正义、建设和谐文化、完善社会管理、增强社会创造活力。人民的利益高于一切。在治国理政过程中,必须把实现好、维护好、发展好最广大人民的根本利益作为推进和谐社会建设的根本出发点和落脚点,把发展的目的真正落实到满足人民需要、实现人民利益、提高人民生活水平上。在利益主体多元化的条件下,不同社会群体和个人的利益是存在差异的,是现实的、具体的。必须以解决人民群众最关心、最直接、最现实的利益问题为重点,着力发展人民群众关切的社会事业,特别是加快教育、医疗、住房、就业和社会保障等事业的发展;必须大力促进社会公平正义,解决好收入分配秩序混乱和司法不公等突出矛盾;必须建设和谐文化,满足广大人民群众的文化需求,形成更加良好的人际关系;必须努力增强社会创造活力,大力推进自主创新和节能降耗,推进社会组织和管理方式创新,解决好人与自然环境、国内发展与对外开放方面出现的新矛盾和新问题。同时,从这些切入点推动和谐社会建设,要坚持走共同富裕道路,推动社会建设与经济建设、政治建设、文化建设协调发展。只有这样,才能使我国经济社会发展的总体水平实现新的跃升,才能更充分地体现我们党最根本的执政理念。

(二)构建社会主义和谐社会的目标任务

构建社会主义和谐社会,必须提出切合实际的阶段性目标和任务,有重点、分步骤地持续推进。本世纪头20年是我国全面建设小康社会的历史阶段,也是构建社会主义和谐社会的重要时期。准确把握未来发展趋势,认真分析面临的矛盾和问题,是提出这一阶段和谐社会建设的目标任务的基本前提。鉴于我国社会领域出现新矛盾、经济增长面临新制约、社会心理出现新变化、改革攻坚出现新特点、和平发展面临新环境,《决定》正确把握我国发展的阶段性特征,科学分析影响社会和谐的矛盾、问题及其产生原因,坚持解放思想、实事求是、与时俱进,从实际出发,本着立足当前、着眼长远的要求,提出了到2020年构建社会主义和谐社会的目标和主要任务。其主要内容是:

第一,社会主义民主法制更加完善,依法治国基本方略得到全面落实,人民的权益得到切实尊重和保障。就是要发展社会主义民主政治,把坚持党的领导、人民当家做主和依法治国有机统一起来,不断用法律形式加以完善;就是要使广大人民群众依法参与经济、政治、文化和社会管理;就是要不断完善法律体系,确保司法公正,维护司法权威,切实尊重和保障人民的经济、政治、文化和社会权益,保护人权和产权。

第二,城乡、区域发展差距扩大的趋势逐步扭转,合理有序的收入分配格局基本形成,家庭财产普遍增加,人民过上更加富足的生活;社会就业比较充分,覆盖城乡居民的社会保障体系基本建立。就是要做到:城乡、区域发展二元结构强化的势头得到扭转,高收入和低收入者比重较小、中等收入者比重不断扩大的"橄榄型"收入分配格局以及确保这个格局的分配秩序逐步形成,按劳分配为主体、多种分配方式并存的社会主义分配制度进一步规范,机会和过程公平的分配秩序使分配结果趋于合理,全体社会成员的人均收入水平普遍提高,走共同富裕的道路取得新的进展,广大人民群众的家庭财产普遍增加。通过经济结构调整和体制创新实现充分就业,在提高城市社会保障水平和统筹层次的基础上,基本建立覆盖城乡居民的社会保障体系。

第三,基本公共服务体系更加完备,政府管理和服务水平有较大提高。就是要做到:政府的公共财政体制框架进一步完善,各级政府的事权和财权更加合理,城乡居民逐步享有均等化的基本公共服务,教育、医疗、就业、社保等公共产品的质量显著提高,符合社会主义市场经济体制要求的政府职能转变有较大进展,政府的经济调节、市场监管、社会管理和公共服务水平更适应广大人民群众日益增长的物质文化需要。

第四,全民族的思想道德素质、科学文化素质和健康素质明显提高,良好道德风尚、和谐人际关系进一步形成。就是要做到:社会主义核心价值观深入人心,爱国、敬业、诚信、友善的道德规范取得广泛共识,九年义务教育得到普及,广大人民群众的生理健康和心理健康水平明显提高,人人为我、我为人人的社会风气蔚然成风。

第五,全社会创造活力显著增强,创新型国家基本建成;社会管理体系更加完善,社会秩序良好。就是要做到:全社会更加团结和睦,公平竞争机制更加完善,现代产权制度进一步健全,全社会的创造能量充分释放,创新成果不断涌现,社会生产力得到不断解放和发展。在整合社会管理资源的基础上,形成政府与市场分工明确、上级政府与基层政府分工合理、各类社会组织服务功能完善的互补型网状结构,更好地适应社会结构转型的需要,不断增强人民群众的方便感和安全感。

第六,资源利用效率显著提高,生态环境明显好转。就是要做到:加快转变经济增长方式,全面降低能源和其他资源的消耗水平,以切实解决危害群众健康和影响可持续发展的环境和生态问题为重点,使广大人民群众喝上干净的水、呼吸上新鲜的空气、享用上安全的食物,在建设资源节约型、环境友好型社会方面取得新的进展。

在明确提出这些主要任务的基础上,《决定》强调,要经过全党和全国各族人民的持续努力,实现全面建设惠及十几亿人口的更高水平的小康社会的目标,努力形成全体人民各尽其能、各得其所而又和谐相处的局面。

(三)构建社会主义和谐社会的基本原则

推进社会主义和谐社会建设,必须遵循正确的原则。《决定》首先提出了两个非常重要的判断。一是构建社会主义和谐社会是一个不断化解社会矛盾的持续过程。我们构建社会主义和谐社会,不是不承认矛盾,而是要坚持按客观规律办事,积极主动地正视矛盾,努力化解矛盾,最大限度地增加和谐因素,最大限度地减少不和谐因素,使发展更平衡、利益更兼容、关系更融洽。二是构建社会主义和谐社会是贯穿中国特色社会主义事业全过程的长期历史任务和全面建设小康社会的重大现实课题。要从实际出发,量力而行,尽力而为,有重点分步骤地持续推进。这就要求我们既从财力物力的可能出发,解决人民群众最关心的矛盾和问题,又不能超越经济发展阶段和生产力发展水平,作出不切实际的承诺。总之,要本着实事求是的原则,以对人民高度负责的精神,扎扎实实地加以推进。在这两个重要判断的基础上,《决定》提出了构建社会主义和谐社会需要遵循的六条重要原则:

一是必须坚持以人为本。这是构建社会主义和谐社会的根本出发点和落脚点。必须实现好、维护好、发展好最广大人民的根本利益,不断满足人民日益增长的物质文化需要,做到发展为了人民、发展依靠人民、发展成果由人民共享,促进人的全面发展。可以看出,《决定》的指导思想突出了人民利益的问题,目标和主要任务围绕的核心问题也是人民利益,同时又把坚持以人为本作为构建社会主义和谐社会需要遵循的首要原则,这充分体现了我们党和政府的执政理念,体现了社会主义的生产目的,体现了科学发展观的本质要求。

二是必须坚持科学发展。发展是我们党执政兴国的第一要务。只有经济社会发展了,社会财富增加了,才能形成构建社会主义和谐社会的雄厚物质基础。随着我国经济发展环境和制约因素的变化,坚持发展是硬道理就必须坚持科学发展,科学发展才是硬道理,这是我们党在新世纪新阶段发展观念的与时俱进。坚持科学发展,必须坚持"五个统筹",加快转变经济增长方式,推进节约发展、清洁发展、安全发展,转变发展观念、创新发展模式、提高发展质量,真正实现经济社会全面协调可持续发展。

三是必须坚持改革开放。构建社会主义和谐社会,要以改革为动力,要坚持社会主义市场经济的改革方向。这就要求:适应我国社会发展的需要,在推进经济、政治、文化管理体制改革的同时,加快社会领域改革的步伐,大胆进行制度创新;提高改革决策的科学性和改革措施的协调性,逐步形成体现公平正义的社会公平保障体系,建立健全充满活力和富有效率的体制机制,使和谐社会建设获得坚实的制度支撑;提高对外开放的质量和水平,以开放促改革、促发展、促和谐,建立健全充满活力、富有效率、更加开放的体制机制。

四是必须坚持民主法治。这是实现社会公平正义的客观要求,也是促进社会和谐的重要保障。必须加强社会主义民主政治建设,全面实施依法治国方略,加快建设社会主义法治国家;树立社会主义法治理念,增强全社会的法律意识,稳步推进国家管理行为的法制化、规范化;适应社会生产力发展和经济基础发生的新变化,不断完善社会主义法律体系;更广泛地发展社会主义民主,使广大人民群众依据法律更大程度地参与到构建社会主义和谐社会的进程中。

五是必须坚持正确处理改革发展稳定的关系。构建社会主义和谐社会,不改革就没有动力,不发展就没有物质基础。但在改革发展过程中,必须高度重视社会稳定,妥善处理好各方面的关系,把改革的力度、发展的速度和社会可承受的程度统一起来,维护社会安定团结,做到以改革促进和谐、以发展巩固和谐、以稳定保障和谐,确保人民安居乐业、社会安定有序、国家长治久安。

六是必须坚持在党的领导下全社会共同建设。党的领导是我们事业成功的根本保证。和谐社会建设是为了人民,和谐社会建设要依靠人民。在构建社会主义和谐社会的过程中,必须发挥党的领导核心作用,坚持科学执政、民主执政和依法执政,提高党的执政能力和执政水平。必须维护广大人民群众作为和谐社会建设者和享有者的主体地位,充分调动广大人民群众的积极性和主动性,团结一切可以团结的力量,发展最广泛的爱国统一战线,真正形成促进和谐人人有责、和谐社会人人共享的生动局面。

"六个必须"的原则是一个整体,它们以科学发展观为指导,明确了未来15年构建社会主义和谐社会的出发点和落脚点、方向和路径、动力和机制以及需要把握的重大关系。我们必须按照这些原则的要求,扎实工作,开拓进取,努力推动社会主义和谐社会建设不断取得新进展。

四、以改善民生为重点推动建设和谐社会

社会和谐程度的高低与民生问题的解决水平有着密切关系。民生问题突出,社会不可能达到较高水平的和谐。由于我国社会存在的不和谐现象在很大程度上是由民生问题解决不好造成的,所以,要构建社会主义和谐社会,就必须加快推进以改善民生为重点的社会建设。可以说,改善民生既是社会建设的重点,也是构建和谐社会的重点。胡锦涛总书记说得好:"社会建设与人民幸福安康息息相关。必须在经济发展的基础上,更加注重社会建设,着力保障和改善民生,推进社会体制改革,扩大公共服务,完善社会管理,促进社会公平正义,努力使全体人民学有所教、劳有所得、病有所医、老有所养、住有所居,推动建设和谐社会。"[①]加快推进以改善民生为重点的社会建设,抓住了维护和实现社会公平正义的关键,抓住了解决经济社会发展不平衡和影响社会稳定和谐问题

---

① 胡锦涛:《高举中国特色社会主义伟大旗帜,为夺取全面建设小康社会新胜利而奋斗》,人民出版社2007年10月第1版,第37页。

的关键。只有大力改善民生,认真解决人民群众最关心、最直接、最现实的各种利益问题,着力发展社会事业,促进社会公正,完善社会管理,增强社会活力,推动社会建设与经济建设、政治建设、文化建设协调发展,才能形成全体人民各尽其能、各得其所而又和睦相处的局面,把人们的积极性、主动性、创造性充分发挥出来,万众一心地推进中国特色社会主义事业。

(一)优先发展教育、建设人力资源强国

教育是民族振兴的基石,教育公平是社会公平的重要基础。发展教育是把我国巨大人口压力转化为巨大人力资源优势的根本途径。必须坚持把教育放在优先发展的战略位置,办好人民满意的教育。

全面贯彻党的教育方针。要坚持育人为本、德育为先,实施素质教育,提高教育现代化水平,培养德智体美全面发展的社会主义建设者和接班人。发展教育的根本任务是培养人,提高全体国民素质,包括思想道德素质、科学文化素质、身体素质、心理素质和劳动技能素质。特别要切实加强德育工作,把思想道德素质放在首要位置,促进学生养成良好的思想品德和行为习惯,做一个全面发展的人。

优化教育结构。要坚持按照教育发展规律和经济社会发展需要,优化教育资源配置,促进义务教育均衡发展,加快普及高中阶段教育,大力发展职业教育,提高高等教育质量,重视学前教育,关心特殊教育,形成各级各类教育全面协调可持续发展的良好格局。

推进教育改革创新。要着眼于构建现代国民教育体系,提高学生综合素质,大力实施素质教育。关键是更新教育观念,改进人才培养模式,深化教学内容方式、考试招生制度、质量评价制度等改革,减轻中小学生课业负担,全面提高教育质量和水平。特别要推进教育教学与生产劳动和社会实践的紧密结合,使学生得到主动和生动活泼的发展,注重培养学生的独立思考能力、创造能力和就业能力、创业能力。

坚持教育公益性质。教育是关系社会公共利益,对全体国民、对国家和民族现在和未来具有重大影响的公共事业,政府负有义不容辞的重要责任,必须加大财政对教育的投入,规范教育收费,健全公共财政投入和保障机制,为全体国民提供接受良好教育的机会和条件。要扶持贫困地区、少数民族地区教育,健全学生资助制度,保障经济困难家庭、进城务工人员子女平等接受义务教育。

推动我国教育改革和发展,还必须加强教师队伍建设,全面提高教师队伍特别是农村教师素质,必须在全社会进一步弘扬尊师重教的良好风气,把广大教师的积极性、主动性、创造性更好地发挥出来。教师应当为人师表,忠诚于人民教育事业。必须鼓励和规范社会力量兴办教育,发展远程教育和继续教育,建设全民学习、终身学习的学习型社会。只有通过这些工作全面发展教育事业,才能促进教育公平正义和社会和谐。

(二)实施扩大就业的发展战略、促进以创业带动就业

就业是民生之本,是保障和改善人民生活的重要条件。我国劳动力资源十分丰富,这是促进经济持续较快发展的有利条件。同时,扩大就业的压力很大,就业形势严峻将是我国今后较长时期面临的一个重大课题。因此,必须把扩大就业放在经济社会发展的突出位置。要坚持实施积极的就业政策,坚持劳动者自主择业、市场调节就业、政府促进就业的方针,多渠道扩大就业。

千方百计增加就业岗位。坚持发展经济与促进就业互动,积

极发展经济和调整结构,以发展促进就业,扩大就业规模,改善就业结构。这就需要在大力发展技术密集型产业的同时大力发展劳动密集型产业,发展劳动力吸纳能力较强的各类服务业和各类中小企业,发展有利于扩大就业的新行业和新产业,鼓励、支持、引导非公有制经济发展,推进小城镇建设,加快县域经济发展,尽可能多地增加就业岗位。

鼓励自主创业、自谋职业。促进以创业带动就业,是解决就业问题的一个重大方针。创业不仅是创业者自己实现就业,还可以通过发展多元化创业主体和多种创业形式,创造更多的就业岗位,带动更多的人就业。要完善支持自主创业、自谋职业的政策,加强就业观念教育,营造自主创业的社会环境。运用好财税、金融政策,增加融资渠道,放宽市场准入限制,加强技能培训和信息服务,积极培育创业主体,使更多劳动者成为创业者,推动创业型社会建设,扩大就业容量。

推进就业体制改革创新。要统筹城市就业和农村劳动力转移就业,建立统一规范的人力资源市场,形成城乡劳动者平等就业的制度,健全覆盖城乡的就业服务体系。要完善面向所有困难群众的就业援助制度,及时帮助零就业家庭解决就业困难。积极做好高校毕业生就业工作,鼓励和引导大学生面向农村、面向基层就业。

规范和协调劳动关系,依法维护劳动者权益,发展和谐劳动关系。要规范企业行为,认真实施工时、休息休假、最低工资、劳动保护等方面的标准。要认真落实国家为解决农民工平等就业、工资支付、劳动保护、社会保障、子女上学等问题而制定的政策,还要针对具体问题进一步完善相关政策。要加强劳动执法监督,特别要解决好非法用工、超时加班、劳动条件差等问题,维护劳动者合法权益,发展和谐劳动关系。

(三)深化收入分配制度改革、增加城乡居民收入

合理的收入分配制度是社会公平的重要体现。改革开放以来,我国收入分配制度改革不断深化,打破了平均主义"大锅饭"制度,形成了按劳分配为主体、多种分配方式并存的分配制度,有力地促进了经济社会发展,同时也出现了城乡、地区、行业和部分居民之间收入差距持续拉大的现象。可以说,解决收入差距过大和分配不公、规范收入分配秩序,是当前我国推进社会公平和构建和谐社会的核心问题。社会经济关系和谐是整个社会和谐的基础,而公平分配社会成员的经济利益则是社会经济关系和谐的核心和根本。必须深化收入分配制度改革,调整国民收入分配结构,整顿和规范分配秩序,加快形成合理有序的收入分配格局。为此,党的十六届六中全会提出了总体性要求,这就是"坚持按劳分配为主体、多种分配方式并存的分配制度,加强收入分配宏观调节,在经济发展的基础上,更加注重社会公平,着力提高低收入者收入水平,逐步扩大中等收入者比重,有效调节过高收入,坚决取缔非法收入,促进共同富裕。"

坚持和完善按劳分配为主体、多种分配方式并存的分配制度,健全劳动、资本、技术、管理等生产要素按贡献参与分配的制度。这是与社会主义初级阶段基本经济制度相适应的分配制度,目的在于放手让一切劳动、知识、技术、管理和资本的活力竞相迸发,让一切创造社会财富的源泉充分涌流,以造福于人民。在这里,合理兼顾效率和公平,是一个重要的理论和实践问题。一个时期以来,人们往往关注初次分配解决效率问题、再分配解决公平问题,实际上目前许多分配不公问题产生于初次分配领域。党的十七大报告

强调,初次分配和再分配都要处理好效率和公平的关系,再分配更加注重公平。这是对我国收入分配制度内涵的丰富和完善,具有很强的现实针对性。这既有利于提高经济效率,不断增加社会财富,又有利于促进社会公平正义,充分发挥各方面的积极性。

逐步提高居民收入在国民收入分配中的比重,提高劳动报酬在初次分配中的比重。提高这"两个比重",是对国民收入分配格局的重要调整。一个时期以来,在我国国民收入分配中,政府和企业所占比重持续提高,而居民收入所占比重明显偏低,劳动报酬在初次分配中的比重偏低。这是多年来固定资产投资增长过快、投资率持续偏高,消费增长缓慢、消费率偏低的重要原因。提高这"两个比重",有利于理顺国家、企业和个人三者的分配关系,有利于增加广大劳动者收入,维护劳动者权益,也有利于合理调整投资与消费关系,促进经济社会协调健康发展。

加大个人收入分配调节力度,合理调整收入分配格局。总的原则是"提低、扩中、调高、打非"。"提低",就是着力提高低收入者收入。要强化支农惠农政策,促进农民持续增收,建立企业职工工资正常增长机制和支付保障机制,逐步提高扶贫标准和最低工资标准,使城乡居民特别是低收入者收入随着经济发展逐步较多地增加。"扩中",就是努力扩大中等收入者比重。要通过采取多种措施,创造条件让更多群众拥有财产性收入,使更多低收入者进入中等收入者行列。"调高",就是切实对过高收入进行有效调节。要正确运用税收手段,使过高收入者的一部分收入通过税收等形式由国家集中用于再分配。要不断完善市场体制,引入竞争机制,打破经营垄断,切实规范垄断性企业资本收益的收缴和使用办法,合理分配利润,切实规范垄断行业收入,解决好人民群众普遍诟病的垄断性行业从业人员的高收入和高福利问题。"打非",

就是取缔非法收入。要严格执法,对偷税漏税、侵吞公有财产、权钱交易等各种非法收入依法取缔和惩处。总之,要通过改革和发展,扩大转移支付,强化税收调节,打破经营垄断,创造机会公平,整顿分配秩序,逐步扭转收入分配差距扩大趋势,防止两极分化,使全体社会成员逐步共同致富。

(四)加快建立覆盖城乡居民的社会保障体系、保障人民基本生活

健全的社会保障体系,历来被称为人民生活的"安全网"、社会运行的"稳定器"和收入分配的"调节器",是国家的一项重要社会制度,是维护社会稳定和国家长治久安的重要保障。改革开放以来特别是近些年来,我国社会保障体系建设取得了重要进展,但总的看来还不够完善,存在覆盖面小、保障水平低、制度不健全等问题。在新的形势下,必须加快完善社会保障体系。总的要求是:坚持广覆盖、保基本、多层次、可持续的指导方针,以社会保险、社会救助、社会福利为基础,以基本养老、基本医疗、最低生活保障制度为重点,以慈善事业、商业保险为补充,加快建立覆盖城乡居民的社会保障体系。为此,需要着重抓好以下几个方面的工作:一是完善基本养老保险制度。要促进城镇职工基本养老保险制度规范化,完善社会统筹与个人账户相结合的企业职工基本养老保险制度,促进企业、机关、事业单位基本养老保险制度改革,探索建立农村养老保险制度。二是完善基本医疗保险制度。要全面推进城镇职工基本医疗保险、城镇居民基本医疗保险、新型农村合作医疗制度建设,使基本医疗保险制度覆盖城乡全体居民。三是完善最低生活保障制度。在城市要继续健全最低生活保障制度,做到应保尽保。在农村要将符合条件的贫困人口全部纳入最低生活保障范

围,切实解决他们的基本生活问题。要逐步提高城乡居民最低生活保障水平。

此外,完善社会保障体系还要大力发展社会救助与慈善事业,因为社会救助与慈善事业也是中国特色社会保障体系的重要组成部分,具有不可替代的促进社会和谐的特殊功能。应该健全社会救助体系,做好优抚安置工作。发扬人道主义精神,发展残疾人事业。加强老龄工作。强化防灾减灾工作。大力发展慈善事业,积极鼓励单位和个人踊跃奉献爱心。要完善失业、工伤、生育保险制度,特别要积极发挥商业保险的补充作用。商业保险能够满足人们更高层次和多样化的社会保障需要,应该支持其加快发展。同时,要采取多种方式充实社会保障基金,搞好基金投资运营,实现保值增值;加强基金监管,杜绝非法侵占、挪用,确保社保基金安全。要逐步提高社会保险统筹层次,制定全国统一的社会保险关系转续办法,这有利于发挥社会保障制度的功能,也有利于促进劳动人口在全国范围的流动就业。

住房是重要的民生问题,也是当前人民群众十分关注的重大现实问题,应当把解决住房问题摆在重要位置,加快建立适应全体居民需要的多层次住房保障体系,特别要健全廉租住房制度。廉租住房制度是解决城市低收入家庭住房困难的重要制度,要合理确定廉租住房保障标准,健全廉租住房保障方式,加大廉租住房建设力度。

(五)建立基本医疗卫生制度、提高全民健康水平

健康是国民素质的重要体现,是人全面发展的基础,关系千家万户幸福。多年来,我国医疗卫生事业取得了显著成就,但与人民群众对医疗卫生的需求仍然差距较大,存在着看病难、看病贵的问

题。大力发展医疗卫生服务,是广大人民群众的迫切愿望。要加快建立基本医疗卫生制度,实现人人享有基本医疗服务的目标。总的原则和要求是:坚持公共医疗卫生的公益性质,坚持预防为主、以农村为重点、中西医并重,实行政事分开、管办分开、医药分开、营利性和非营利性分开,强化政府责任和投入,完善国民健康政策,鼓励社会参与,建设覆盖城乡居民的公共卫生服务体系、医疗服务体系、医疗保障体系、药品供应保障体系,为群众提供安全、有效、方便、价廉的医疗卫生服务。这是我国基本医疗卫生制度建设的基本框架和主要目标,要围绕这个框架和目标,加快推进医疗卫生事业改革和发展。同时,要完善重大疾病防控体系,提高突发公共卫生事件应急处置能力。加强农村三级卫生服务网络和城市社区卫生服务体系建设。要以深化公立医院改革为突破口,深化医疗卫生管理体制、医疗机构运行机制、卫生投入体制、医疗服务和药品价格形成机制改革。建立国家基本药物制度,保证群众基本用药。扶持中医药和民族医药事业发展。加强医德医风建设,提高医疗服务质量。确保食品药品安全。要坚持计划生育的基本国策,稳定低生育水平,提高出生人口素质。开展爱国卫生运动,发展妇幼卫生事业。做好这些工作,对于提高全民健康水平、增强健康体魄、促进社会和谐,无疑具有重要意义。

(六)完善社会管理、维护社会安定团结

社会稳定是人民群众的共同心愿,是改革发展的重要前提。随着改革开放不断深入和社会主义市场经济不断发展,我国的经济体制、社会结构、利益格局和人们的思想观念发生深刻变化。这种空前的社会变革,既给我国经济社会发展带来巨大活力,又带来这样那样的矛盾和问题,增加了社会管理的难度和复杂性,必须把

完善社会管理作为改善民生与促进社会和谐的重要任务。

推进社会管理体制改革创新。要健全党委领导、政府负责、社会协同、公众参与的社会管理格局,健全基层社会管理体制。坚持以人为本,创新社会管理理念和管理方式,在服务中实施管理,在管理中实现服务,最大限度地激发社会创造活力,最大限度地增加和谐因素,最大限度地减少不和谐因素。

妥善处理人民内部矛盾。要完善信访制度,健全党和政府主导的维护群众权益机制,统筹协调各方面利益关系,有效预防和化解各类社会矛盾。

重视社会组织建设和管理。社会组织具有提供服务、反映诉求、规范行为的积极作用,把它们的作用利用好、保护好、发挥好,有利于降低政府社会管理成本,有利于增强公民的社会认同感。要支持各类社会组织承担社会事务,参与社会管理和服务。

强化安全生产管理和监督。要坚持安全第一、预防为主、综合治理的方针,完善安全生产体制机制,健全安全生产责任制度,维护安全生产秩序,有效遏制重特大安全事故,维护人民生命财产安全。要完善突发事件应急管理机制,提高保障公共安全和处置突发事件的能力;全面加强综合减灾能力建设,提高防范和应对自然灾害的能力。

健全社会治安防控体系。要加强社会治安综合治理,深入开展平安创建活动,改革和加强城乡社区警务工作,依法防范和打击违法犯罪活动,保障人民生命财产安全。完善国家安全战略,健全国家安全体制,高度警惕和坚决防范各种分裂、渗透、颠覆活动,切实维护国家安全。

加快推进以改善民生为重点的社会建设,是发展中国特色社会主义的重大任务,关系社会主义现代化建设的全局和长远发展,在指导思想和实际工作中必须正确认识和处理好以下几个重要关系：

正确认识和处理经济建设与社会建设的关系。经济建设是社会建设的前提和基础，是社会建设的重要保障；社会建设是经济建设的重要目的，为经济建设提供强大动力和支撑。我们必须坚持合理统筹和协调推进经济建设和社会建设，既要毫不动摇地坚持以经济建设为中心，不断增强国家经济实力，增加社会财富，为改善民生、加快社会建设奠定雄厚的物质基础；又要高度重视和加强社会建设，为经济建设提供强大动力和支撑。鉴于当前我国社会建设滞后于经济建设的问题比较突出，不少涉及人民群众切身利益的问题亟待解决，必须在经济建设的基础上，更加注重加快社会建设，更加注重改善民生。

正确认识和处理尽力而为与量力而行的关系。我国是一个发展中的大国，人口多、底子薄，仍处于并将长期处于社会主义初级阶段，目前经济发展水平总体不高且发展很不平衡。因此，解决民生问题和发展社会事业需要作长期不懈的努力。我们既要积极进取，尽最大努力加快社会建设，抓紧解决群众关心的突出问题，又要从实际出发，充分考虑各方面的条件和承受能力。要立足当前、着眼长远，随着经济发展逐步解决问题，稳步提高社会事业发展和社会保障水平。要坚持从办得到的事情做起，一步一个脚印地做好工作。在今后相当长的时间里，必须始终提倡和坚持艰苦创业，发扬勤俭节约、勤俭办一切事业的精神，坚决反对各种奢侈浪费现象。

正确认识和处理政府主导和社会参与的关系。改善民生，加快社会建设，必须正确发挥政府和社会各方面的积极性。社会事业具有明显的公益性质，直接关系社会公众利益福祉，直接关系社会公平正义。推进社会事业必须切实强化政府职责,充分发挥政府主导作用。同时要充分发挥各类市场主体和社会组织的作用,对能够实行市场运作的公共服务,应该发挥市场机制的作用。我们现在的问题是:有些社会事业的发展,政府还没有履行好该由政府承担的责任;有些该由市场和社会组织解决的问题,政府却包揽过多。必须按照政事分开、经营性与非经营性分开的原则,加快事业单位分类改革,积极引导和支持各类市场主体和社会组织参与社会管理和公共服务,建立公共服务供给的社会参与机制。要把那些适合或可以通过市场、社会提供的公共服务,以适当的方式交给社会组织、中介机构、社区等基层组织承担,引进竞争激励机制,以扩大公共服务的供给,并降低服务成本,提高服务效率和质量。

正确认识和处理增加投入与深化改革的关系。加快发展社会事业,既要靠增加投入,又要靠深化改革。必须进一步调整国民收入分配结构和财政支出结构,切实增加对社会建设的投入。要实行有利于加快社会事业发展的财税、金融政策,鼓励和引导社会力量增加对社会发展领域的投入。既要扩大公共服务供给总量,又要大力调整供给结构,特别要注重向农村、困难地区和中西部倾斜,努力改变公共服务设施分布不合理的状况。必须针对管理体制、运行机制存在的弊端,加大社会体制改革力度,推进体制机制和制度创新。如果不深化改革,增加投入的效果就会大打折扣,就难以有效地转化为公共服务,难以实现社会事业的持续健康发展。

"要按照民主法治、公平正义、诚信友爱、充满活力、安定有序、人与自然和谐相处的总要求和共同建设、共同享有的原则,着力解决人民最关心、最直接、最现实的利益问题,努力形成全体人民各尽其能、各得其所而又和谐相处的局面,为发展提供良好社会环境。"①让我们按照党的十七大的战略部署,为构建社会主义和谐社会,促进中国特色社会主义事业更好更快发展作出自己应有的最大努力和贡献。

---

① 胡锦涛:《高举中国特色社会主义伟大旗帜,为夺取全面建设小康社会新胜利而奋斗》,人民出版社 2007 年 10 月第 1 版,第 17 页。

第四专题

建设社会主义新农村

　　建设社会主义新农村是党的十六届五中全会提出的我国现代化进程中的重大历史任务。2006 年一号文件即《中共中央国务院关于推进社会主义新农村建设的若干意见》对推进社会主义新农村建设作出了具体部署。党的十七大报告又对"统筹城乡发展，推进社会主义新农村建设"①提出了新要求。建设社会主义新农村是我们党从贯彻落实科学发展观、构建社会主义和谐社会的战略高度提出的重大战略思想、重大理论观点和重大工作部署，是在我国新的历史起点上加快农业农村发展、缩小城乡差距的重大战略举措，反映了农村改革发展的新要求和广大农民群众的新企盼，对加快农村小康社会建设和社会主义现代化进程必将产生重大而深远的影响。

---

　　①　胡锦涛:《高举中国特色社会主义伟大旗帜,为夺取全面建设小康社会新胜利而奋斗》,人民出版社 2007 年 10 月第 1 版,第 23 页。

一、建设社会主义新农村的重大意义

　　农业、农村、农民问题,始终是关系我国经济社会发展全局的重大问题,是全党全国工作的重中之重。实现全面建设小康社会和社会主义现代化,重点和难点都在农村。正如胡锦涛总书记所说:"我国有13亿人口,农村人口占大多数,农业和农村发展搞不上去,农民生活得不到显著改善,我们就不能实现全面建设小康社会的目标,不能实现全国的现代化,不能实现全国人民共同富裕,不能实现国家长治久安。"①党的十六届五中全会提出的"建设社会主义新农村"这一重大战略思想和重大战略任务,是我们党对我国经济社会发展规律、发展阶段和发展任务的科学把握,是新世纪新阶段"三农"工作指导思想的深化、升华和发展,充分表明了中央统筹城乡发展、解决"三农"问题的决心和信心,深刻反映了落实科学发展观与构建社会主义和谐社会的时代要求和时代特征,集中代表了亿万农民群众的强烈愿望和根本利益,具有重大的现实意义和深远的历史意义。

(一)建设社会主义新农村是我国进入工业化中期阶段的必然要求

　　按照通常的国际标准,人均GDP超过1500美元,第一产业即农业的比重低于20%、其从业人员低于45%,城市化率超过40%就意味着进入工业化中期阶段。2005年,我国人均GDP已达到

---

① 《人民日报》2006年1月27日,第1版。

1700 美元,第一产业的比重已下降到 13%、其从业人员已下降到
44%,城镇化率已上升到 43%,这表明我国已进入工业化中期阶
段。进入工业化中期阶段就为推进新农村建设提供了历史机遇。
胡锦涛总书记在党的十六届四中全会作出的"两个趋向"重要论
断对此作出了很好的说明。他指出:"纵观一些工业化国家发展
的历程,在工业化初始阶段,农业支持工业、为工业提供积累是带
有普遍性的趋向;但在工业化达到相当程度以后,工业反哺农业、
城市支持农村,实现工业与农业、城市与农村协调发展,也是带有
普遍性的趋向。"简单说来,在工业化初期,农业应该支持工业、为
工业提供积累;在工业化中期阶段,工业应该反哺农业、城市应该
支持农村。由此可见,建设社会主义新农村正是我国进入工业化
中期阶段的必然要求。

　　经过 30 年的改革开放特别是"十五"以来的发展,我国经济
实力显著增强,党和政府以及社会各界对"三农"问题的认识不断
提高,从而为推进新农村建设提供了诸多有利条件。一是国家财
政实力显著增强。2003 年、2004 年、2005 年三年,国家财政收入
连续突破 2 万亿元、2.5 万亿元和 3 万亿元大关,2006 年、2007 年
更分别达到近 4 万亿和近 5 万亿元。相对于过去捉襟见肘的"吃
饭财政",现在已经基本具备建立公共财政的条件,具备一定的工
业反哺农业、城市带动农村的能力。二是中央支农惠农政策力度
逐步加大。由于国家财力增强,近年来中央的支农惠农政策力度
逐步加大,制定了两减免、三补贴等一系列直接、有力的支农惠农
政策。农民从各种支农惠农政策中受惠越来越多。三是加快农村
发展已成全社会共识。广大农民盼望加快农村发展,各级党委和
政府支持农村发展,社会各界关心农村发展,这一切共同构成了推
进新农村建设的良好社会氛围。四是农村建设已有一定基础。近

年来,国家加大对农村公共事业的支持力度,农村教育、卫生、文化等社会事业发展加快,道路、饮水、电网、通信等基础设施开始改善,生态建设和环境保护得到加强。一些地方大胆探索统筹城乡发展的路子,积累了宝贵的实践经验。

(二)建设社会主义新农村是贯彻落实科学发展观、统筹协调城乡发展的迫切需要

改革开放以来,我国农业农村发生了巨大变化、农民生活得到了很大提高。但我们必须清醒地看到,随着我国工业化、城镇化、市场化、国际化步伐明显加快,农村土地、资金、人才等资源和要素的流失也在加剧,加上制约农业农村发展的深层次矛盾尚未根本消除,长期形成的工农关系失调、城乡关系失衡的机制尚未根本改变,农业基础脆弱、农村发展滞后、农民增收缓慢的问题依然突出,城乡经济社会发展的差距依然很大,有些方面还呈扩大之势。

我国城乡经济社会发展的明显反差突出表现在以下六个方面:

一是城乡居民收入和消费水平存在明显反差。农民增收困难,是农业农村经济发展进入新阶段以来的一个突出问题。虽然近几年农民收入增长较快,但仍低于城镇居民收入增长速度,城乡居民收入的相对差距和绝对差距都在继续扩大。2005 年,城乡居民收入比达到 3.22∶1,绝对额相差 7328 元,如果考虑到住房、教育、卫生、文化等公共产品的差距,我国城乡居民的收入差距最少为六倍。占总人口 60% 的农村居民只购买了不到 1/3 的消费品、储蓄额还不到居民储蓄总额的 1/5。我国城乡居民消费水平总体上至少相差十年。

二是城乡社会事业发展存在明显反差。农村上学难、看病贵、社会保障水平低等问题相当突出。2004 年,占总人口 60% 的农村人口,只占有 23% 的全国义务教育经费,仅享有 25% 的全国公共卫生资源。在我国广大农村,多数学校软硬件条件远低于城市,农民受教育年限远短于市民,农村文化、体育和卫生场所设施普遍缺乏。整体来说,农村文化事业相当落后,农民文化生活相当贫乏。

三是城乡基础设施和面貌存在明显反差。改革开放以来,我国城市建设步伐加快,城市面貌日新月异。农村尽管也有很大发展,但仍显得明显滞后。"5 亿人口的城市像欧洲、8 亿人口的农村像非洲",就是人们对此现状的形象化描述。目前还有一些农村通不了公路、打不了电话、看不上电视、喝不上干净水。2004 年,我国有 46% 的村不通自来水、有 4% 的村不通汽车、有 7% 的村不通电话,至于没有卫生厕所、没有粪便无害化处理设施更是普遍现象。

四是城乡财政支出存在明显反差。近几年财政用于"三农"的支出增加较多,但同财政收入的增长速度相比,同农村发展的客观需要相比,仍然存在较大差距。《中国统计年鉴》数据显示,1990 年至 2004 年的 15 年间,国家财政用于农业的支出增长率有 10 年低于国家财政支出增长率。国家财政用于农业的支出占财政支出的比重,1990 年至 1994 年在 9% 至 10% 之间,1995 年至 1997 年下降至 8% 左右,2000 年至 2003 年继续下降至 7% 左右。有一种说法,叫"中央财政蒸蒸日上,省级财政喜气洋洋,县级财政勉勉强强,乡镇财政空空荡荡",这或许就能从一定意义上说明农村财政状况的严重性。

五是城乡信贷存在明显反差。长期以来,农村资金大量流入城市,农村信贷资金投入严重不足,农民和乡镇企业贷款难,已成为制约农业和农村经济发展的突出问题。2005 年底,农业贷款余额仅占金融机构贷款余额的 7.8%,乡镇企业贷款余额仅占金融机构贷款余额的 4.4%,均远低于它们在国民经济中所占的份额。

六是城乡投资存在明显反差。近些年,城市建设资金迅速增加,城乡投资差距不断扩大,农业和农村发展后劲不足。1997 年至 2005 年,农村固定资产投资增长率连续 9 年低于城镇;农村与城市投资比连年递减,从 1996 年的 0.30∶1 下降到 2005 年的 0.18∶1;农村投资占总投资的份额连年递减,从 1996 年的 23.3% 下降到 2005 年的 15.2%。2003 年,城市公用设施人均投资 1320 元,农村只有 67 元,相差竟然达 20 倍。

正是城乡之间的明显反差凸显了推进我国社会主义新农村建设的现实紧迫性。建设社会主义新农村,正是贯彻落实科学发展观的重大举措,是解决我国城乡发展明显反差、统筹协调我国城乡发展的迫切需要。

（三）建设社会主义新农村是确保我国经济长效发展的有效途径和可靠保证

要确保我国经济长效发展,就需要不断开拓市场。我们当然不能忽视国外市场的开拓,但更应重视国内市场的开拓。因为我们是第一人口大国,扩大国内需求应是我国经济发展的长期战略方针和基本立足点。我国农村人口占多数,是我国数量最多、潜力最大的消费群体,农村市场无疑是我国经济增长最可靠、最持久的动力源泉。我国需要开拓的最大市场空间就是发展相对滞后的广大农村,最应启动内需的地方就是广大农村。

目前我国农村市场的开拓主要受两大因素的制约:一是过低的收入水平抑制了农民的购买力。农民的整体低购买力水平无疑是由其整体的低收入水平决定的。二是欠缺的消费环境抑制了农民的购买力。尽管不少农民有能力购买某些产品,但农村基础设施欠缺却限制了农民的消费,无法把潜在消费变成现实消费。道理其实很简单,消费家电就必须有电,消费洗衣机就必须有自来水,上网就必须布置网线。而我国农村基础设施的整体严重不足不可避免地抑制了农村的市场空间。

而增加农民收入和改善农村消费环境就要依赖新农村建设的大力推进。只有推进新农村建设,大力发展现代农业和农村公共事业,才能加快农村经济发展,增加农民收入,改善农村消费环境,提高农民购买力,使亿万农民的潜在购买意愿转化为巨大的现实消费需求,从而拉动整个经济的持续增长。可以说,推进新农村建设正是提高农民购买水平、扩大国内需求和促进我国经济长效发展的有效途径和可靠保证。

当然,新农村建设拉动的不单单是农民的生活消费,而且还必然拉动巨大的投资消费。据专家测算,仅改善农村基础设施就需要投资 4 万亿元。如果到 2020 年实现,平均每年就需投资 2700多亿。通过改善农村基础设施拉动农村巨大消费就是帮助城市消化过剩生产能力,从而为企业生产和投资提供新的发展空间。推进新农村建设无疑是带动我国新一轮投资和促进我国经济发展的巨大契机。

(四)建设社会主义新农村是实现我国经济社会发展战略目标的内在要求

我国本世纪头 20 年的发展战略目标是全面建设小康社会,本世纪中叶的发展战略目标是基本实现社会主义现代化,而全面小康社会和社会主义现代化的实现皆离不开新农村建设的大力推动。

　　建设社会主义新农村是全面建设小康社会的重点任务。尽管我国人民生活从总体上达到了小康水平,我国总体上已进入小康社会,但现在达到的小康还是低水平的、不全面的、发展很不平衡的小康,农村小康的实现程度还是相当低的。国家统计局的一项研究表明,按照一系列指标测算,如果未来全面小康社会的实现为100%,那么,东部农村地区目前全面小康的实现程度只有30.8%,中部农村地区目前全面小康的实现程度只有14.1%,西部农村地区目前全面小康的实现程度只有9.8%。另据资料显示:在我国近70万个行政村中,大部分村干部是初中文化程度,甚至还有文盲、半文盲。当前我国农民的平均受教育年限不足七年,4.8亿农村劳动力中,小学文化程度和文盲、半文盲占40.31%,初中文化程度占48.07%,高中以上文化程度仅占11.62%,大专以上只有0.5%。城乡之间在收入消费、社会事业、劳动力素质、基础设施、财政、信贷和投资等方面的巨大反差说明,全面建设小康社会的重点在农村,难点也在农村。我们正在全面建设的小康社会,是惠及城乡所有居民的小康社会,没有农民的小康就不可能有全国人民的小康。如果不能较好地解决农民的吃穿难、卖农产品难、上学难、行路难、饮水难、看病难、社会保障难等现实紧迫问题,如果不能大力提高农民素质,培养大批有文化、懂技术、会经营的新型农民,如果农村经济得不到较大的发展,我国城乡二元结构的局面就不可能从根本上改变,全面建设小康社会的目标就不可能实现。

　　建设社会主义新农村是确保我国现代化建设顺利实现的必然要求。现代化国家的实践已经证明,一个国家的现代化一定是整个民族的现代化,是城乡一体化的过程;不能说有几个现代化的橱窗就算现代化了。我们要推进的现代化,是包括城乡在内的整个国家的现代化,没有农村的现代化就不可能有整个国家的现代化。要推进我国现代化,就必须大力推进新农村建设。一方面,只有推进新农村建设,才能让农民走进现代化。改革开放以来,我国城镇化加快,城镇化率已从1978年的17.9%提高到2005年的43%,这无疑是一个很大的进步。但在可预见的未来,我国城镇不可能容纳庞大的农民群体。据专家研究,即使到2030年我国城镇化率提高到60%,按当时总人口15亿计算,我国农村仍有6亿人口。这无疑仍是一个庞大的人口群体。为了这6亿农民有更好的生产生活条件,我们也应该推进新农村建设。换句话说,如果不推进新农村建设,我国广大农民就无法走进现代化。另一方面,只有推进新农村建设,才能推动城市的现代化。随着生活水平的提高,城市居民对食品质量和安全的要求越来越高,而只有大力推进新农村建设才能为城市居民提供优质、生态和安全的食品;我国早已由过去的卖方市场发展到现在的买方市场,许多行业都不同程度地存在着产品滞销和过剩的问题,只有推进新农村建设,才能消化城市相对过剩的生产能力,为城市企业发展提供新的发展空间;城市现代化的推进是与城镇化相伴而生的,只有推进新农村建设,才能顺利推进我国城镇化,让更多农民享受到城市文明。所以,我国要成为真正意义上的现代化国家,就必须大力推进新农村建设,把农业农村发展纳入整个现代化进程,让亿万农民共享改革发展和现代化的成果。

(五)建设社会主义新农村是构建我国和谐社会的重要基础和应有选择

　　和谐农村是和谐社会的重要内容和重要标志。要构建和谐社会就必须把农村的事情办好,努力构建和谐农村,使农民安居乐业、和睦相处,使农村安定有序、充满活力。没有农村的稳定和谐,就不可能有整个社会的稳定和谐。正所谓"农村稳,则社稷稳;农村固,则江山固"。

当前,我国农村总体是稳定和谐的,党群关系和干群关系是好的,但也存在许多不容忽视的影响稳定和谐的突出矛盾和问题。特别是土地承包、征地拆迁、环境污染和农民工工资拖欠等引发的纠纷屡屡发生,有的甚至引发群体性事件和恶性事件,影响了一些地方的社会稳定与和谐。当然,农村内部的贫富分化对农村的稳定和谐也造成了不小的冲击。不过,影响农村稳定和谐的最大问题就是农村的整体贫困。从某种意义上说,正是由于农村的整体贫困,才造成了农村相当严峻和不容乐观的治安形势。

而要促进农村乃至整个社会的稳定和谐,就需要新农村建设的有力作为。一是新农村建设有利于构建和谐农村。道理其实很简单,只有推进新农村建设,才能增加农民收入,促进农民共同富裕,化解农村内部矛盾。二是新农村建设有利于构建和谐城乡关系。有不少市民都曾抱怨说,是进城农民冲击了城市的稳定,不少刑事犯罪为进城务工人员所为。这种抱怨当然是有一定事实支撑的。问题是,城乡发展的明显反差、农民与市民之间的贫富悬殊、进城农民工十分弱势和窘迫的生活状态,势必使农民和农民工产生严重的不平衡感,这对构建和谐城乡关系当然是极为不利的。贫困不单是经济问题,还是政治问题和社会问题。鲁迅先生说过,曾经有钱的人想复古,已经有钱的人想维持现状,还不曾有钱的人则想变革。农民作为我国最大的人口群体,如果其收入长期远低于市民,那后果将是非常可怕的。只有大力推进新农村建设,才能使城乡之间在互动中实现良性发展,才能逐渐缩小城乡差距、化解城乡矛盾和冲突,才能增进城乡关系和谐,实现城乡之间的和谐相处与共赢发展。

需要强调和说明的是,在构建和谐城乡关系的实践过程中,要特别重视公正公平问题。可以说,在一个现代社会当中,最为重要的规则体系就是制度设计和安排要有公正公平的基本价值理念。众所周知,水平不流,人平不语。事不公则心不平,心不平而气不顺,气不顺而难和谐。如果制度设计和安排缺乏应有的公正公平,就没有宏观的社会和谐可言。大家知道,我国在计划经济体制下长期实行城乡有别的制度,形成了"城乡分治、一国两策"的二元社会结构。有专家认为,我国农村人口在户籍制度、产权制度、财税制度、金融制度、社会保障制度、劳动保护制度、人才制度、教育制度、医疗制度、就业制度、兵役制度、婚姻制度、住宅制度、代表制度等方面没有享受应有的国民待遇。可以说,在今后的现代化建设实践中逐渐还农民国民待遇既是新农村建设的重要价值目标,亦是构建和谐城乡关系的内在要求。

二、建设社会主义新农村的目标要求

党的十六大以来,以胡锦涛为总书记的党中央领导集体更加重视农业、农村和农民问题。在 2003 年初召开的中央农村工作会议上,胡锦涛同志鲜明地提出要把"三农"问题作为全党工作的重中之重,放在更加突出的位置;同年 10 月召开的十六届三中全会,不仅明确提出了内含"统筹城乡发展"[1]的"五个统筹"的新要求,

---

[1]　《中共中央关于完善社会主义市场经济体系若干问题的决定》,人民出版社 2003 年 10 月第 1 版,第 12 页。

而且首次提出了"坚持以人为本,树立全面、协调、可持续的发展观"①即科学发展观。2004年9月胡锦涛在党的十六届四中全会上明确提出了"两个趋向"的重要论断,认为我国总体上已进入以工促农、以城带乡的发展阶段。正是在这一系列加强"三农"工作新理念和新举措的基础上,2005年10月,党的十六届五中全会明确提出了"建设社会主义新农村"的重大时代命题、重大战略思想和重大工作部署,提出了"生产发展、生活宽裕、乡风文明、村容整洁、管理民主"②这一社会主义新农村建设的主要内容和目标要求。

(一)生产发展

所谓新农村建设中的"生产发展",简单地说,就是要使农村经济得到较快发展,使农业生产效率和农民人均产值得到较大提高,使农村生产力水平不断迈上新台阶。生产发展,是新农村建设的首要任务和中心环节,是实现新农村建设其他目标任务的物质基础。建设社会主义新农村就好比修建一幢大厦,经济就是这幢大厦的基础或底座,基础不牢,大厦就无从建起。如果经济不发展,再美好的蓝图也无法变成现实。生活宽裕、乡风文明、村容整洁、管理民主,从根本上都依赖于农业生产和农村经济的发展。

实现农村生产发展的基础、中心和关键就是发展现代农业。发展现代农业的过程,就是转变农业增长方式、促进农业又好又快发展的过程。总的思路和目标是:用现代物质条件装备农业,用现

---

① 《中共中央关于完善社会主义市场经济体系若干问题的决定》,人民出版社2003年10月第1版,第13页。

② 《中共中央关于制定国民经济和社会发展第十一个五年规划的建议辅导读本》,人民出版社2005年10月第1版,第8页。

代科学技术改造农业,用现代产业体系提升农业,用现代经营形式
推进农业,用现代发展理念引领农业,用培养新型农民发展农业,
提高农业水利化、机械化和信息化水平,提高土地产出率、资源利
用率和农业劳动生产率,提高农业素质、效益和竞争力。其基本要
求是:

一要大力提高农业科技创新和转化能力。深化农业科研体制
改革,加快建设国家创新基地和区域性农业科研中心,在机构设
置、人员聘任和投资建设等方面实行新的运行机制。鼓励企业建
立农业科技研发中心,国家在财税、金融和技术改造等方面给予扶
持。改善农业技术创新的投资环境,发展农业科技创新风险投资。
加强农业高技术研究,继续实施现代农业高技术产业化项目,尽快
取得一批具有自主知识产权的重大农业科技成果。加快农作物和
畜禽良种繁育、动植物疫病防控、节约资源和防治污染技术的研发
和推广。把农业科研投入放在公共财政支持的优先位置,提高农
业科技在国家科技投入中的比重。继续安排农业科技成果转化资
金和国外先进农业技术引进资金。加强种质资源和知识产权保
护。加快农业技术推广体系改革和建设,积极探索对公益性职能
与经营性服务实行分类管理的办法,完善农技推广的社会化服务
机制。深入实施农业科技入户工程,扩大重大农业技术推广项目
专项补贴规模。鼓励各类农科教机构和社会力量参与多元化的农
技推广服务。加强气象为农业服务,保障农业生产和农民生命财
产安全。大力推进农业机械化,提高重要农时、重点作物、关键生
产环节和粮食主产区的机械化作业水平。

二要加强农村现代流通体系建设。积极推进农产品批发市场
升级改造,促进入市农产品质量等级化、包装规格化。鼓励商贸企
业、邮政系统和其他各类投资主体通过新建、兼并、联合、加盟等方

式,在农村发展现代流通业。积极发展农产品、农业生产资料和消费品连锁经营,建立以集中采购、统一配送为核心的新型营销体系,改善农村市场环境。继续实施"万村千乡市场工程",建设连锁化"农家店"。培育和发展农村经纪人队伍。加快农业标准化工作,健全检验检测体系,强化农业生产资料和饲料质量管理,进一步提高农产品质量安全水平。供销合作社要创新服务方式,广泛开展联合、合作经营,加快现代经营网络建设,为农产品流通和农民生产生活资料供应提供服务。继续完善全国鲜活农产品"绿色通道"网络,实现省际互通。

三要稳定发展粮食生产。确保国家粮食安全是保持国民经济平稳较快增长和社会稳定的重要基础。必须坚持立足国内实现粮食基本自给的方针,稳定发展粮食生产,持续增加种粮收益,不断提高生产能力,适度利用国际市场,积极保持供求平衡。坚决落实最严格的耕地保护制度,切实保护基本农田,保护农民的土地承包经营权。继续实施优质粮食产业工程和粮食丰产科技工程,加快建设大型商品粮生产基地和粮食产业带,稳定粮食播种面积,不断提高粮食单产、品质和生产效益。坚持和完善重点粮食品种最低收购价政策,保持合理的粮价水平,加强农业生产资料价格调控,保护种粮农民利益。继续执行对粮食主产县的奖励政策,增加中央财政对粮食主产县的奖励资金。

四要积极推进农业结构调整。按照高产、优质、高效、生态、安全的要求,调整优化农业结构。加快建设优势农产品产业带,积极发展特色农业、绿色食品和生态农业,保护农产品知名品牌,培育壮大主导产业。继续实施种子工程。大力发展畜牧业,扩大畜禽良种补贴规模,推广健康养殖方式,安排专项投入支持标准化畜禽养殖小区建设试点。加强动物疫病特别是禽流感等重大疫病防控的基础设施建设,完善突发疫情应急机制,加快推进兽医管理体制改革,稳定基层兽医队伍。积极发展水产业,扩大优质水产品养殖,发展远洋渔业,保护渔业资源,继续做好渔民转产转业工作。提高农产品国际竞争力,扩大园艺、畜牧、水产等优势农产品出口,加强农产品对外贸易磋商,提高我国农业应对国际贸易争端的能力。

五要发展农业产业化经营。要着力培育一批竞争力、带动力强的龙头企业和企业集群示范基地,推广龙头企业、合作组织与农户有机结合的组织形式,让农民从产业化经营中得到更多的实惠。各级财政要增加扶持农业产业化发展资金,支持龙头企业发展,并可通过龙头企业资助农户参加农业保险。发展大宗农产品期货市场和"订单农业"。通过创新信贷担保手段和担保办法,切实解决龙头企业收购农产品资金不足的问题。开展农产品精深加工增值税改革试点。积极引导和支持农民发展各类专业合作经济组织,加快立法进程,加大扶持力度,建立有利于农民合作经济组织发展的信贷、财税和登记等制度。

六要加快发展循环农业。要大力开发节约资源和保护环境的农业技术,重点推广废弃物综合利用技术、相关产业链接技术和可再生能源开发利用技术。制定相应的财税鼓励政策,组织实施生物质工程,推广秸秆气化、固化成型、发电、养畜等技术,开发生物质能源和生物基材料,培育生物质产业。积极发展节地、节水、节肥、节药、节种的节约型农业,鼓励生产和使用节电、节油农业机械和农产品加工设备,努力提高农业投入品的利用效率。

(二)生活宽裕

所谓新农村建设中的"生活宽裕",是指农民的衣食住行有大的改善,农民的生活水平和生活质量有大的提高。生活宽裕是我国社会主义新农村建设的根本目的或根本价值取向。推进社会主义新农村建设,归根到底是为了增加农民收入,改善农民消费结构,提高农民生活质量,使农民生活水平实现新的提高。只有农民收入上去了,衣食住行改善了,生活水平提高了,新农村建设才算取得实实在在的成效。作为新农村建设的根本目的,生活宽裕自然也是衡量各级党委和政府新农村建设工作效果的基本尺度。

实现农民生活宽裕就要促进农民持续增收,千方百计增加农民收入。其基本要求是:

一要拓宽农民增收渠道。要充分挖掘农业内部增收潜力,按照国内外市场需求,积极发展品质优良、特色明显、附加值高的优势农产品,推进"一村一品",实现增值增效。要加快转移农村劳动力,不断增加农民的务工收入。鼓励和支持符合产业政策的乡镇企业发展,特别是劳动密集型企业和服务业。着力发展县城和在建制的重点镇,从财政、金融、税收和公共品投入等方面为小城镇发展创造有利条件,外来人口较多的城镇要从实际出发,完善社会管理职能。要着眼兴县富民,着力培育产业支撑,大力发展民营经济,引导企业和要素集聚,改善金融服务,增强县级管理能力,发展壮大县域经济。

二要保障务工农民的合法权益。进一步清理和取消各种针对务工农民流动和进城就业的歧视性规定和不合理限制。建立健全城乡就业公共服务网络,为外出务工农民免费提供法律政策咨询、就业信息、就业指导和职业介绍。严格执行最低工资制度,建立工资保障金等制度,切实解决务工农民工资偏低和拖欠问题。完善劳动合同制度,加强务工农民的职业安全卫生保护。逐步建立务工农民社会保障制度,依法将务工农民全部纳入工伤保险范围,探索适合务工农民特点的大病医疗保障和养老保险办法。认真解决务工农民的子女上学问题。

三要稳定、完善、强化对农业和农民的直接补贴政策。要加强国家对农业和农民的支持保护体系。继续稳定、完善和强化对农民的减免和补贴政策。粮食主产区要将种粮直接补贴的资金规模提高到粮食风险基金的50%以上,其他地区也要根据实际情况加大对种粮农民的补贴力度。增加良种补贴和农机具购置补贴。适应农业生产和市场变化的需要,建立和完善对种粮农民的支持保护制度。

四要加强扶贫开发工作。要因地制宜地实行整村推进的扶贫开发方式,加大力度改善贫困地区的生产生活条件,抓好贫困地区劳动力的转移培训,扶持龙头企业带动贫困地区调整结构,拓宽贫困农户增收渠道。对缺乏生存条件地区的贫困人口实行易地扶贫。继续增加扶贫投入,完善管理机制,提高使用效益。继续动员中央和国家机关、沿海发达地区和社会各界参与扶贫开发事业。切实做好贫困缺粮地区的粮食供应工作。

(三)乡风文明

乡风文明,是指农民的思想、文化、科技和道德水平得到较大提高,精神状态乐观向上,农村形成互助合作和谐的社会氛围和健康有益的生活方式。乡风文明是新农村建设的核心内容和关键所在。乡风文明,是农民素质的反映,是农村精神文明建设的结果和要求。中央和地方各级财政的大力支持、全社会的积极参与对推进新农村建设当然十分重要,但新农村建设的主体毕竟是广大农民群众。只有广大农民的思想、文化、科技、道德素质不断提高,形成崇尚文明、崇尚科学、家庭和睦、民风淳朴、互助合作、稳定和谐的良好社会氛围,新农村建设才能获得强大的智力支持和精神动力。

实现乡风文明,必须加强农村精神文明建设,加快发展农村社会事业,提高农民整体素质,培养造就有文化、懂技术、会经营的新型农民。其基本要求是:

一要加快发展农村义务教育。要着力普及和巩固农村九年制义务教育。对全部农村义务教育阶段学生要全部免除学杂费,对其中的贫困家庭学生免费提供课本和补助寄宿生生活费。要继续实施国家西部地区"两基攻坚"工程和农村中小学现代远程教育工程。建立健全农村义务教育经费保障机制,进一步改善农村办学条件,逐步提高农村中小学公用经费的保障水平。加强农村教师队伍建设,加大城镇教师支援农村教育的力度,促进城乡义务教育均衡发展。加大力度监管和规范农村学校收费,进一步减轻农民的教育负担。

二要大规模开展农村劳动力技能培训。提高农民整体素质,培养造就有文化、懂技术、会经营的新型农民,是新农村建设的迫切需要。要继续支持新型农民科技培训,提高农民务农技能,促进科学种田。要扩大农村劳动力转移培训阳光工程实施规模,提高补助标准,增强农民转产转岗就业的能力。加快建立政府扶助、面向市场、多元办学的培训机制。各级财政要将农村劳动力培训经费纳入预算,不断增加投入。要整合农村各种教育资源,发展农村职业教育和成人教育。

三要积极发展农村卫生事业。2008年要在全国农村基本普及新型农村合作医疗制度,提高国家补助标准,适当增加农民个人缴费,规范基金管理,完善补偿机制,扩大农民受益面,并不断完善医疗救助制度。各级政府要不断增加投入,加强以乡镇卫生院为重点的农村卫生基础设施建设,健全农村三级医疗卫生服务和医疗救助体系。有条件的地方可对乡村医生实行补助制度。建立与农民收入水平相适应的农村药品供应和监管体系,规范农村医疗服务。加大农村地方病、传染病和人畜共患疾病的防治力度。增加农村卫生人才培养的经费预算,组织城镇医疗机构和人员对口支持农村,鼓励各种社会力量参与发展农村卫生事业。加强农村计划生育服务设施建设,继续稳定农村低生育水平。

四要繁荣农村文化事业。各级财政要增加对农村文化发展的投入,加强县文化馆、图书馆和乡镇文化站、村文化室等公共文化设施建设,继续实施广播电视"村村通"和农村电影放映工程,发展文化信息资源共享工程农村基层服务点,构建农村公共文化服务体系。推动实施农民体育健身工程。积极开展多种形式的群众喜闻乐见、寓教于乐的文体活动,保护和发展有地方和民族特色的优秀传统文化,创新农村文化生活的载体和手段,引导文化工作者深入乡村,满足农民群众多层次、多方面的精神文化需求。扶持农村业余文化队伍,鼓励农民兴办文化产业。加强农村文化市场管理,抵制腐朽落后文化。

五要逐步建立农村社会保障制度。按照城乡统筹发展的要求,逐步加大公共财政对农村社会保障制度建设的投入。进一步完善农村"五保户"供养、特困户生活救助、灾民补助等社会救助体系。探索建立与农村经济发展水平相适应、与其他保障措施相配套的农村社会养老保险制度。落实军烈属优抚政策。积极扩大对农村部分计划生育家庭实行奖励扶助制度试点和西部地区计划生育"少生快富"扶贫工程实施范围。有条件的地方,要积极探索建立农村最低生活保障制度。高度重视农村残疾人事业,多为农村残疾人做好事、解难事、办实事。认真研究解决农村外出务工农民家庭留守老人、儿童、妇女的有关问题,使他们生活有帮助、生产有扶持、教育有保障。

六要倡导健康文明新风尚。大力弘扬以爱国主义为核心的民族精神和以改革创新为核心的时代精神,激发农民群众发扬艰苦奋斗、自力更生的传统美德,为建设社会主义新农村提供强大的精神动力和思想保证。加强思想政治工作,深入开展农村形势和政策教育,认真实施公民道德建设工程,积极推动群众性精神文明创建活动,开展和谐家庭、和谐村组、和谐村镇创建活动。用社会主义荣辱观引领农村社会风尚,引导农民崇尚科学,抵制迷信,移风易俗,破除陋习,树立先进的思想观念和良好的道德风尚,提倡科学健康的生活方式,在农村形成文明向上的社会风貌。

(四)村容整洁

村容整洁,是指农村脏乱差的状况从根本上得到治理、人居环境明显改善。村容整洁是新农村建设的直观体现。村容整洁,是展现农村新貌的窗口,是实现人与环境和谐发展的必然要求。社会主义新农村呈现在人们眼前的,应该是村庄整齐划一、脏乱差状况从根本上得到治理、人居环境明显改善、硬化净化绿化美化效果明显、农民安居乐业的景象。

实现村容整洁,必须大力加强农村的硬环境建设。其基本要求是:

一要加快乡村基础设施建设。要着力加强农民最急需的生活基础设施建设。在巩固人畜饮水解困成果基础上,加快农村饮水安全工程建设,优先解决高氟、高砷、苦咸、污染水及血吸虫病区的饮水安全问题。有条件的地方可发展集中式供水,提倡饮用水和其他生活用水分质供水。要加快农村能源建设步伐,在适宜地区积极推广沼气、秸秆气化、小水电、太阳能、风力发电等清洁能源技术。要大幅度增加农村沼气建设投资规模,有条件的地方要加快普及户用沼气,支持养殖场建设大中型沼气。以沼气池建设带动农村改圈、改厕、改厨。尽快完成农村电网改造的续建配套工程。加强小水电开发规划和管理,扩大小水电代燃料试点规模。要进一步加强农村公路建设,到“十一五”期末基本实现全国所有乡镇通油(水泥)路,东、中部地区所有具备条件的建制村通油(水泥)路,西部地区基本实现具备条件的建制村通公路。要积极推进农业信息化建设,充分利用和整合涉农信息资源,强化面向农村的广播电视电信等信息服务,重点抓好“金农”工程和农业综合信息服务平台建设工程。引导农民自愿出资出劳,开展农村小型基础设施建设,有条件的地方可采取以奖代补、项目补助等办法给予支持。按照建管并重的原则,逐步把农村公路等公益性基础设施的管护纳入国家支持范围。

二要加强村庄规划和人居环境治理。随着生活水平提高和全面建设小康社会的推进,农民迫切要求改善农村生活环境和村容村貌。各级政府要切实加强村庄规划工作,安排资金支持编制村庄规划和开展村庄治理试点;可从各地实际出发制定村庄建设和人居环境治理的指导性目录,重点解决农民在饮水、行路、用电和燃料等方面的困难,凡符合目录的项目,可给予资金、实物等方面的引导和扶持。加强宅基地规划和管理,大力节约村庄建设用地,向农民免费提供经济安全适用、节地节能节材的住宅设计图样。引导和帮助农民切实解决住宅与畜禽圈舍混杂问题,搞好农村污水、垃圾治理,改善农村环境卫生。注重村庄安全建设,防止山洪、泥石流等灾害对村庄的危害,加强农村消防工作。村庄治理要突出乡村特色、地方特色和民族特色,保护有历史文化价值的古村落和古民宅。要本着节约原则,充分立足现有基础进行房屋和设施改造,防止大拆大建,防止加重农民负担,扎实稳步地推进村庄治理。

(五)管理民主

新农村建设所要求的"管理民主",是指尊重农民意愿,让农民在新农村建设中当家做主。管理民主,是新农村建设的政治保证。管理民主,显示了对农民群众政治权利的尊重和维护。只有进一步扩大农村基层民主,完善村民自治制度,健全和完善民主选举、民主决策、民主管理、民主监督等村民自治机制,不断增强农民群众自我教育和自我管理的能力,使广大农民群众真正拥有知情权、参与权、选择权、监督权,真正让农民群众当家做主,才能增强农民群众的主人翁责任感,才能调动农民群众的积极性,真正建设好社会主义新农村。

实现新农村建设中的管理民主,就要加强农村民主政治建设,完善建设社会主义新农村的乡村治理机制。其基本要求是:

一要不断增强农村基层党组织的战斗力、凝聚力和创造力。以乡镇党委、村支部为核心的农村基层政权组织,是党和国家联系农民群众的桥梁和纽带,是整合农民利益关系、调处农村各种矛盾的"第一道防线",也是社会主义新农村建设的具体组织者和实施者。必须充分发挥农村基层党组织的领导核心作用,为建设社会主义新农村提供坚强的政治和组织保障。必须以改革创新精神全面加强农村基层党组织建设,增强基层组织带领群众发展生产、共建和谐的能力。进一步规范和完善党员推荐、群众推荐、党内选举"两推一选"的办法,选好配强村党组织领导班子。要以建设社会主义新农村为主题,在全国农村不断加强共产党员先进性教育活动,引导广大农村党员学习贯彻党章,坚定理想信念,坚持党的宗旨。要结合农村实际,有针对性地开展正面教育,解决党组织和党员队伍中存在的突出问题,解决影响改革发展稳定的主要问题,解决群众最关心的重点问题,务求取得实效。要创新农村基层党组织设置和活动方式,加强和改进对流动党员的服务和管理。加强农村基层组织的阵地建设,继续搞好农村党员干部现代远程教育,加大政策理论、法律法规和实用技术培训力度,引导农村基层干部发扬求真务实、踏实苦干的工作作风,广泛联系群众,增强带领群众增收致富的能力。关心和爱护农村基层干部,继续开展农村党的建设"三级联创"活动,加强基层党风廉政建设,巩固党在农村的执政基础。充分发挥农村共青团和妇联组织的作用。

二要切实维护农民的民主权利。健全村党组织领导的充满活力的村民自治机制,进一步完善村务公开和民主议事制度,让农民群众真正享有知情权、参与权、管理权、监督权。完善村民"一事一议"制度,健全农民自主筹资筹劳的机制和办法,引导农民自主开展农村公益性设施建设。开展村务公开民主管理示范活动,推动农村基层志愿服务活动。加强农村法制建设,深入开展农村普法教育,增强农民的法制观念,提高农民依法行使权利和履行义务的自觉性。妥善处理农村各种社会矛盾,加强农村社会治安综合治理,打击"黄、赌、毒"等社会丑恶现象,建设平安乡村,创造农民安居乐业的社会环境。

三要全面加强农村基层干部队伍建设。农村基层领导干部队伍是社会主义新农村建设的决策者和组织领导者。推动新农村建设,必须全面加强农村基层领导干部队伍建设。要按照办事公道、作风正派、能带领群众致富的要求,注重从农村知识青年、退伍军人、外出务工返乡农民、农村致富带头人中培养选拔村级组织骨干力量。制定鼓励政策,引导高校毕业生和选派县乡年轻干部到乡村任职。继续加大从优秀村干部中考录乡镇公务员、选任乡镇领导干部的工作力度。推广农村基层党组织领导班子成员由党员和群众公开推荐与上级党组织推荐相结合的办法,逐步扩大农村基层党组织领导班子直接选举范围。普遍开展农村党员干部现代远程教育,稳定农村基层干部队伍,探索建立农村基层干部激励保障机制,逐步健全并落实村干部报酬待遇和相应的社会保障制度。

四要培育农村新型社会化服务组织。在继续增强农村集体组织经济实力和服务功能、发挥国家基层经济技术服务部门作用的同时,要鼓励、引导和支持农村发展各种新型的社会化服务组织。推动农产品行业协会发展,引导农业生产者和农产品加工、出口企业加强行业自律,搞好信息服务,维护成员权益。鼓励发展农村法律、财务等中介组织,为农民发展生产经营和维护合法权益提供有效服务。支持和帮助乡镇企业建立工会基层组织。发挥民兵组织在新农村建设中的作用。不断增强社会自治功能,创新农村社区管理和服务模式,优先在城市郊区开展农村社区建设实验工作,加强农村警务和消防工作,搞好农村社会治安综合治理,努力把农村社区建设成管理有序、服务完善、文明祥和的社会生活共同体。

总之,社会主义新农村建设是一个全面完整的系统工程。"生产发展、生活宽裕、乡风文明、村容整洁、管理民主"的目标要求,既包含了农村经济的发展,又包含了农民收入和生活质量的提高;既包含了农村整体面貌和环境的变化,又包含了农民素质的提升和农村基层民主建设。可以说,我们要建设的新农村,是社会主义经济建设、政治建设、文化建设、社会建设和党的建设协调推进的新农村,是农村物质文明、政治文明、精神文明和社会文明共同发展的新农村,是富裕、民主、文明、和谐的新农村,是新产业、新农民、新社区、新组织、新设施、新机制、新风貌有机统一的新农村。

　　需要说明的是,同历史上所提到过的新农村建设不同,我们党今天所提出的社会主义新农村建设包含着一系列"新意"。一是背景新。以往强调的新农村建设,是在工业化初期即在实行城乡分割的二元结构和体制格局下进行的新农村建设,更多的还是要农业支持工业、农村支持城市。现阶段是在我国总体进入以工促农、以城带乡的发展阶段,实行城乡统筹战略的背景下推进新农村建设。同时,农村生产力有了持续发展,农村经营体制不断完善,新农村建设有了新的起点。二是理念新。现阶段的新农村建设体现了科学发展与和谐社会的理念。过去体现的是农业支持工业、农村支持城市的理念,造成的是城乡差别扩大。三是方针新。中央提出了"多予、少取、放活"和"工业反哺农业、城市支持农村"等一系列促进新农村建设的指导思想和方针政策。四是目标新。建设社会主义新农村,总体要求是生产发展、生活宽裕、乡风文明、村容整洁、管理民主,这是全面建设小康社会目标在农村的具体反映,体现了经济建设、政治建设、文化建设、社会建设和党的建设协调统一的发展要求,内容丰富,重点突出,使农村经济社会发展的目标和布局更加全面。五是任务新。中央明确提出了六条具体任务即发展农村生产力,促进农村经济繁荣;着力促进农民增收,提高农民生活水平;加强民主法制建设,保障农民民主权利;加强精神文明建设,培育造就新型农民;推进和谐社会建设,保持农村社会稳定;全面深化农村改革,增强农村发展活力。六是机制新。强调建立支持和有利于新农村建设的投入机制、发展机制、工作机制、协调机制和参与机制。七是举措新。中央从克服体制障碍、激发农民热情、加强基层组织建设等方面对推进社会主义新农村建设做出了具体部署。八是要求新。《中共中央国务院关于推进社会主义新农村建设的若干意见》对社会主义新农村建设提出了"五个坚持"和"五要五不"的总体性要求,即"必须坚持以发展农村经济为中心;坚持农村基本经营体制不动摇;坚持以人为本,着力解决农民群众生产生活中最迫切的实际问题;坚持科学规划,因地制宜、分类指导;坚持调动各方面积极性,依靠农民群众的辛勤劳动、国家扶持和社会力量广泛参与"①,"要注重实效,不搞形式主义;要量力而行,不盲目攀比;要民主商议,不强迫命令;要突出特色,不强求一律;要引导扶持,不包办代替。"②

三、建设社会主义新农村的动力源泉

党的十七大报告鲜明地指出:"改革开放是发展中国特色社会主义的强大动力"③。推进中国特色社会主义新农村建设当然也要通过体制改革和创新寻找动力和出路。只有改革僵化旧体制,创新充满生机和活力的新体制,社会主义新农村建设才能有效促动。毋庸置疑,推进我国社会主义新农村建设需要从全面深化农村改革与建立以工促农、以城带乡长效机制两大方面寻找动力源泉和必由之路。

---

① 《中共中央　国务院关于推进社会主义新农村建设的若干意见》,新华网北京 2006 年 2 月 21 日电。
② 《中共中央　国务院关于推进社会主义新农村建设的若干意见》,新华网北京 2006 年 2 月 21 日电。
③ 胡锦涛:《高举中国特色社会主义伟大旗帜,为夺取全面建设小康社会新胜利而奋斗》,人民出版社 2007 年 10 月第 1 版,第 1 页。

（一）全面深化农村改革

深化农村改革是强化农业基础地位、促进城乡均衡发展、推进社会主义新农村建设的根本动力和活力源泉。深化农村体制机制创新,必须抓住制约农村经济社会发展的突出矛盾和问题,统筹规划,加强指导,协调推进,使农村各项改革措施有机衔接、相互促进,为新农村建设提供动力源泉和体制保障。农村改革和体制创新主要包括以下十个方面的内容:

一要推进农村产权制度改革。要从法律上赋予农户物权性质的农用土地承包权。要给农民稳定和有保障的土地使用权,允许其自由转让、出租、抵押、入股、继承。稳定和完善以家庭承包经营为基础、统分结合的双层经营体制,健全在依法、自愿、有偿基础上的土地承包经营权流转机制,有条件的地方可发展多种形式的适度规模经营。加快集体林权制度改革,促进林业健康发展。推进小型农田水利设施产权制度改革。要给农民私有和集体所有的房产颁发房地产权证,允许上市交易和抵押。要积极推进社区股份使用制,把村级集体经济组织的资产量化为其成员的股份,明晰集体资产的产权,促进集体资产保值增值。

二要推进农产品流通体制改革。建立农产品市场交易制度的关键在于消除农产品特别是粮食产品流通的国家垄断。要逐步建立一批上规模的农产品中转市场、拍卖市场以及期货交易市场。要从供应链的角度构建农产品流通平台,通过标准化和信息化提高农产品的流通效率。要通过农产品购销企业改革、市场调控管理、进出口调节等工作,不断提高农产品流通的质量和效益。要完善粮食流通体制,深化国有粮食企业改革,建立产销区稳定的购销关系,加强国家对粮食市场的宏观调控。

三要推进农村土地征用制度改革。征地制度改革事关农业持续发展和农民切身利益,关系工业化和城镇化的健康推进。要围绕明确界定土地征用范围、健全对被征地农民的合理补偿机制和规范征地程序等方面,加快制订改革方案。一是对"公共利益的需要"做出明确的司法解释,坚决杜绝借公共利益名义低价侵占农民耕地的现象。二是对于城市工商企业经营等用地,要在确保土地资源合理利用的前提下,积极探索通过市场化的方式来解决,而不应再实行由国家先征用后转让的办法,以彻底杜绝土地征用过程中的寻租现象发生。三是要充分考虑土地既是农民的基本生产资料又是农民的基本生活保障的双重功能,完善对被征地农民的合理补偿机制,大幅度提高国家征地的补偿费和安置费标准,使"失地农民"能够获得在第二、第三产业就业和在城镇居住的必要资本,为"失地农民"提供能够参加失业、医疗、养老保险的基本费用。四是加强对被征地农民的就业培训,拓宽就业安置渠道,健全对被征地农民的社会保障。五是政府通过土地使用权的出让或拍卖获得的土地净收益,应按一定的比例返还农村,用于发展村级集体经济和解决"失地农民"的福利。六是在土地征用过程中,政府应给予村集体组织一定比例的非农建设用地,允许其自用或入市交易。

四要推进农村户籍制度改革。户籍制度改革的根本目的是确保公民的平等国民待遇、保障公民迁徙和居住的自由。改革的第一步就是要在全国范围内彻底取消户籍制度的身份内涵,取消农业和非农业、城镇和农村的严格户口限制。第二步就是要允许国民跨区和跨乡流动。第三步就是建立全国性的劳动就业保障制度。改革必须由国家根据宏观社会需要进行强制性制度变迁,彻底消除城乡居民的身份差别,赋予农民完整的人权地位,使农民在社会化的竞争中能够享受制度和人文环境的平等对待。

五要推进农村金融体制改革。改革的重点是对农业银行、农业发展银行和农村信用社重新进行功能定位和调整,建立一个更加完善和更有活力的真正为"三农"服务的农村金融体系。一是改革农村信用社,解决农村信用社普遍存在的所有权不清晰、法人治理结构不完善、管理水平不高以及缺乏有效激励机制等问题。二是更好地发挥农业银行支持农业和农村经济发展的作用。三是改革农业发展银行。调整农业发展银行职能定位,拓宽业务范围和资金来源,将农业发展银行改建成为农业产业化服务的政策性银行,保障农业产业化发展的资金需求,并利用改革后的农村信用社网络,发展委托业务。四是国家应建立政策性的农业保险公司。稳步推进农业政策性保险试点工作,加快发展多种形式、多种渠道的农业保险。切实改变农业保险无人问津的局面,对风险较大的农业项目进行保险,以保护投资者和生产者的利益。此外,还要扩大邮政储蓄资金的自主运用范围,引导邮政储蓄资金返还农村。国家开发银行要支持农村基础设施建设和农业资源开发。县域内各金融机构在保证资金安全的前提下,应将一定比例的新增存款投放当地,支持农业和农村经济发展。在保证资本金充足、严格金融监管和建立合理有效的退出机制的前提下,鼓励在县域内设立多种所有制的社区金融机构,允许私有资本、外资等参股。大力培育由自然人、企业法人或社团法人发起的小额贷款组织。引导农户发展资金互助组织,规范民间借贷。各地可通过建立担保基金或担保机构等办法,解决农户和农村中小企业贷款抵押担保难的问题,有条件的地方政府可给予适当扶持。

六要推进农村劳动就业制度改革。一是构建农村劳动力转移支持体系,包括对劳动密集型产业的发展采取政策扶持措施;建立农村剩余劳动力就业培训体系;消除对农村剩余劳动力的各种歧视政策与措施。二是构建农村劳动力转移保障体系,包括对失地农村剩余劳动力,在其过去拥有土地使用权的有效期内为农民提供相当于每年土地获益水平的失业最低生活保障;农村剩余劳动力的医疗保险制度;农村剩余劳动力子女教育保障制度。

七要推进农村义务教育体制改革。建立和完善各级政府责任明确、财政分级投入、经费稳定增长、管理以县为主的农村义务教育管理体制。中央和省级政府要更多地承担起发展农村义务教育的责任。同时要深化农村学校人事和财务等制度改革。

八要推进农村社会保障制度改革。必须改革原来主要涉及国有单位的福利保障制度,扩大社会保障面,逐步建立农民与市民、各种所有制企业职工平等一致的、覆盖全社会的包括养老保险、失业保险和医疗保险等在内的社会保障体系,为社会主义新农村建设编织社会安全网。

九要推进公共财政支农改革。认真贯彻中央"工业反哺农业、城市支持农村"的方针,更加自觉地调整国民收入分配格局,更加自觉地扩大公共财政覆盖农村的范围,建立健全财政支农资金稳定增长机制,加大对农村公共教育、公共卫生、公共设施、公共安全和社会保障等方面的人力、物力和财力投入,努力解决农村行路难、饮水难、用电难、上学难、就医难、就业难、通讯难等实际问题,保证农村广大群众共享改革发展成果。要把国家对基础设施建设投入的重点转向农村。完善县乡财政体制,增强基层财政实力,建立健全村级组织运转经费保障机制。有条件的地方可加快推进"省直管县"财政管理体制和"乡财县管乡用"财政管理方式的改革。各地要对乡村债务进行清理核实,化解乡村债务,妥善处理历年农业税尾欠,完善涉农税收优惠方式,确保农民直接受益。

进一步加大政府财政对农业的投入,提高对农业的综合支持力度,同时,通过运用财政政策工具,吸引和带动全社会增加对农业的投入。

十要推进乡镇综合改革。一是转变政府职能,塑造新型乡镇政府。结合农村税费改革后建设社会主义新农村的实际,新阶段乡镇的基本职能大体可以明确为执行政策法规、推动经济发展、搞好社会管理、强化公共服务和维护和谐稳定五个方面。二是加快乡镇机构改革,提高乡镇行政效能。乡镇机构改革,应该严守机构编制只减不增和确保社会稳定两条"底线",本着相对减事、绝对减员的要求,精简办事机构,整合事业站所。同时相应减少乡镇领导职数,实行兼职和党政领导交叉任职,简化工作环节,提高运行效率。要妥善安置分流人员,确保社会稳定。要按照强化公共服务、严格依法办事和提高行政效率的要求,认真解决机构臃肿的问题,切实加强政府社会管理和公共服务的职能。三是创新财政体制,保障乡镇政权运转。按照乡镇政府职能的新界定,乡镇主要应承担保证其政权正常运转和履行基本服务职能的相关支出,生产和建设性等项目支出主要应由县级承担,切实减轻乡镇的财政压力。要尽快建立乡村财力基本保障机制,确保乡镇政权和村级组织正常运转。建立健全"乡财乡用县监管"和"村财民理乡代管"制度,规范乡村财政财务管理,努力从源头上控制支出的无序增长。四是强化公共服务,改善群众生产生活。加快乡村公益性基础设施建设,尽快形成较为完善的农村基础设施体系;加快农村社会事业发展,有效解决农村孩子上学难、农民群众就医难的问题;加快基层服务体系建设,建立健全各类农业服务体系。五是完善社会管理,促进社会和谐稳定。

（二）建立以工促农、以城带乡长效机制

全面实施城乡统筹发展是建设社会主义新农村的关键。如果不打破城乡二元结构，就无法实现城乡统筹、城乡互动、城乡和谐、城乡共赢，我国社会主义新农村建设就只能是一句空话。推进社会主义新农村建设当然需要农村各项改革的及时跟进，但还必须按照科学发展观的要求，理性统筹城乡发展，按照党的十七大精神的要求，努力"建立以工促农、以城带乡长效机制，形成城乡经济社会发展一体化新格局。"①城乡经济社会发展一体化新格局的主要内容包括以下五个方面：

一要着力推进城乡发展规划一体化。统筹城乡发展规划和布局是形成城乡经济社会发展一体化新格局的前提。不少地方由于在发展过程中没有把城乡作为一个整体来通盘考虑，城市和农村各搞各的，其结果是城市虽然发展较快，但农村发展滞后且乡村建设散乱无序，城乡差距越来越大。这种状况不仅使广大农村居民的生活水平提升较慢，而且使城市的发展特别是经济发展的后劲不足，最终将制约整个国民经济增长。要改变这种状况，就必须按照城乡发展规划一体化的要求，把农村和城市作为一个有机整体，在统一制定土地利用总体规划的基础上，明确分区功能定位，统一规划基本农田保护区、居民生活区、工业园区、商贸区、休闲区、生态涵养区等，使城乡发展能够互相衔接、互相促进。

二要着力推进城乡基础设施建设一体化。城乡发展的差距在基础设施方面尤为明显，要形成城乡经济社会发展一体化新格局，

---

① 胡锦涛：《高举中国特色社会主义伟大旗帜，为夺取全面建设小康社会新胜利而奋斗》，人民出版社 2007 年 10 月第 1 版，第 23 页。

必须在推进城乡基础设施建设方面统一考虑、统一布局、统一推进。要针对目前城乡基础设施差异大、各种功能布局不合理、设施共享性差等突出问题，坚持把城市和农村作为一个有机整体，着眼强化城乡设施衔接和互补，加大对农村基础设施投入的力度。特别要增加对农村道路、水、电、通信和垃圾处理设施等方面的建设投入，提高这些设施的质量和服务功能，并与城市有关设施统筹考虑，实现城乡共建、城乡联网、城乡共享。

三要着力推进城乡公共服务一体化。缩小城乡之间公共服务水平的差距，是扭转城乡发展差距扩大趋势的基础。近年来，随着中央一系列支农惠农政策的贯彻实施，农村社会事业有了较快发展，公共服务水平有了明显提高。但由于长期以来农村公共服务方面欠账太多，目前城乡公共服务水平仍然存在较大差距，特别是教育、医疗卫生、文化、社会保障等方面差距更为明显。为了促进城乡协调发展，必须按照有利于逐步实现基本公共服务均等化的要求，加快完善公共财政体制，加大公共财政向农村教育和公共卫生等方面的转移支付，尤其要加大中央和省级政府的投入力度。在大力提高农村公共服务水平的同时，还要注意从体制机制上推进城乡公共服务一体化。为了实现城乡公共服务一体化，必须从现在起就做好规划、留好接口、逐步靠拢，一待条件成熟，就真正实现城乡公共服务一体化运作。

四要着力推进城乡劳动力就业一体化。近年来农民收入之所以保持较快的增长速度，一个重要因素是外出务工和从事二、三产业的农民越来越多，农民的非农收入持续较快增长。农民在非农产业和城镇就业已成为当前农民增收最直接、最有效的途径。逐步实现城乡就业和劳动力市场一体化，不仅是增加农民收入的重要途径，也是发育要素市场、支持城市经济发展的必然要求。尽管与过去相比,现行的城镇户籍制度和就业制度已有了较大改进,但当前农村劳动力进入城镇就业仍受到许多不合理的限制。应将农民就业问题纳入整个社会的就业体系中,有关部门要逐步把对城镇失业人员在就业和培训等方面的优惠政策落实到农村富余劳动力身上,促进他们到二、三产业和城镇转移就业。要进一步完善和规范对劳动力市场的管理,清理对农民进城务工的不合理限制政策和乱收费。加快建立适应农民工特点的社会保障制度。要把农民工及其所携家属在城镇的计划生育、子女教育、劳动就业、妇幼保健等工作列入各有关部门和相关社区的管理责任范围,并将相应的管理经费纳入财政预算。

五要着力推进城乡社会管理一体化。要建立有利于统筹城乡经济社会发展的政府管理体系,改变一些地方政府重城市、轻农村,重工业、轻农业,重市民、轻农民的做法,充分发挥政府在协调城乡经济社会发展和建立相关制度方面的作用。要加大户籍制度改革力度,进一步放宽农民进城落户的条件。要改革农村征地制度,引入市场机制并完善法规,切实解决好失地农民的就业和生活保障问题。

总之,要有效推进我国社会主义新农村建设,就要加快建立以工促农、以城带乡的投入机制,加快建立改变城乡二元结构的发展机制,加快建立促进城乡统筹发展的工作机制①,努力形成或构建城乡经济社会发展一体化新格局。只有努力构建城乡一体化发展新格局,还农村以公平的发展环境,给农民以公平的国民待遇,我国"三农"问题的解决才能真正走向坦途,社会主义新农村的建设才能顺利推进。

---

① 回良玉:《扎实推进社会主义新农村建设》,在 2005 年 12 月 28 日中央农村工作会议上的讲话,《求是》2006 年第 5 期。

第五专题

建设创新型国家

2005年10月,胡锦涛总书记在党的十六届五中全会上,明确提出了建设创新型国家的重大战略思想。2006年1月,在新世纪召开的第一次全国科学技术大会上,他发出了到2020年把我国建设成为创新型国家的伟大号召。党的十七大报告在阐述"促进国民经济又好又快发展"时提出的第一条要求就是"提高自主创新能力,建设创新型国家。"①建设创新型国家,是党中央、国务院在科学分析我国发展形势和战略需求基础上作出的重大战略决策,是党的创新理论的重大成果,是中国特色社会主义理论最新成果的重要组成部分,对我国经济社会发展必将产生广泛而深远的影响。深刻认识和科学把握建设创新型国家的提出背景、重大意义、科学内涵、主要特征、指导方针、基本要求和有利条件,是推动我国建设创新型国家伟大实践的前提条件和内在要求。我们必须从新

---

① 胡锦涛:《高举中国特色社会主义伟大旗帜,为夺取全面建设小康社会新胜利而奋斗》,人民出版社2007年10月第1版,第22页。

世纪新阶段我国经济社会发展的战略全局出发,深刻认识加快我国科技事业发展和建设创新型国家的重大意义,切实贯彻落实好《国家中长期科学和技术发展规划纲要(2006—2020 年)》和《中共中央国务院关于实施科技规划纲要,增强自主创新能力的决定》,不断为建设创新型国家而努力奋斗。

一、创新型国家的科学内涵和我国的创新现状

建设创新型国家,首先必须对创新型国家的科学内涵及我国的创新现状有一个正确的认识和把握。

(一)创新型国家的科学内涵

创新是指创造出不同于过去的新东西,包括提出新理论、发明新技术、采用新方法、建立新制度、制定新政策、组建新组织、构筑新机制、提供新产品、获得新原料、开拓新市场、开辟新文化、创造新艺术等许多方面。其中,理论创新、制度创新、机制创新和科技创新是几种最重要的创新。创新是人不同于动物的最基本特征,既是人类文明不断提升的根本保证,又是民族进步的灵魂和国家兴旺发达的不竭动力。

在国际学术理论界,一般把那些将科技创新作为基本战略、大幅度提高科技创新能力、形成日益强大竞争优势的国家称之为创新型国家。

二战以后的半个多世纪以来,世界上众多国家都在各自不同的起点上,努力寻求实现工业化和现代化的道路。从各国发展道

路来看,主要有三种发展类型的国家:第一种是资源型国家或资源消耗型国家。即主要依靠自身丰富的自然资源增加国民财富的国家,如某些中东产油国家。第二种是依附型国家。即主要依附于发达国家的资本、市场和技术来发展的国家,如一些拉美国家。第三种就是创新型国家。即把科技创新作为基本战略、大幅度提高科技创新能力、形成日益强大竞争优势的国家。现在,世界公认的创新型国家已超过 20 个,包括美国、英国、法国、德国、日本、丹麦、芬兰、瑞典、韩国和新加坡等国。毋庸置疑,当今世界的发展主要是由这些创新型国家主导和推动的,它们在创新投入、知识产出、创新产出和以我为主的创新能力等方面,远远高于其他国家。

　　作为创新型国家,至少应该具备以下四个方面的基本特征:一是创新资金投入高。国家的研究与开发资金投入占国内生产总值的比例必须达到 2% 以上。2002 年,日本和美国的比例就分别达到了 3.35% 和 2.79%。二是创新综合指数高。科技创新必须成为促进国家发展的主导战略,科技进步贡献率一般达到 70% 以上。三是自我创新能力强。对外技术依存度降到 30% 以下。芬兰和韩国,利用自主创新,在 10 到 15 年的时间内,就实现了经济增长方式的根本转变。在绝大多数领域,引领未来的科技制高点主要被创新型国家控制。四是创新产出高。目前 20 多个创新型国家所拥有的发明专利总数占到全世界专利总数的 99%,所获得的三方专利(即美国、欧洲和日本授权的专利)数也占世界的绝大多数,在国际技术贸易收支方面,它们也获得全球技术转让和许可收入的 98%。

　　我们必须清醒地认识到,创新型国家的核心内涵就是自主创新。因为自主创新能力在国家发展过程中起着关键作用。正如胡锦涛总书记在全国科技大会上指出的:"建设创新型国家,核心就是把增强自主创新能力作为发展科学技术的战略基点,走出中国特色自主创新道路,推动科学技术的跨越式发展;就是把增强自主创新能力作为调整产业结构、转变增长方式的中心环节,建设资源节约型、环境友好型社会,推动国民经济又快又好发展;就是把增强自主创新能力作为国家战略,贯穿到现代化建设各个方面,激发全民族创新精神,培养高水平创新人才,形成有利于自主创新的体制机制,大力推进理论创新、制度创新、科技创新,不断巩固和发展中国特色社会主义伟大事业。"①自主创新能力是国家竞争力的核心,是我国应对未来挑战的重大选择,是统领我国未来科技发展的战略主线,是实现建设创新型国家目标的根本途径。建设创新型国家,关键是增强自己的自主创新能力,努力走出一条有中国特色自主创新之路。

自主创新包含原始创新、集成创新和引进消化吸收再创新三个方面的内容:

一是原始创新,就是我们通常理解的独立自主地去完成科学新发现和技术新发明。原始创新是根本的、最为重要的自主创新,因为它是创新的源头和增强国力的源泉。原始创新包括科学研究和技术开发。科学研究或基础研究就是寻求新的科学知识,即新的理论、新的规律、新的技术和新的方法,它是新生产力的主要来源,其重要结果就是发现,这无疑需要最高水平;技术开发也需要高水平,它是把科学知识转化为实物,即新的仪器、新的设备、新的产品和新的处理方法,其重要结果就是发明创造,这是新生产力的实现。科学研究和技术开发两者常被并称为研究与开发或研发。

---

① 胡锦涛:《坚持走中国特色自主创新道路,为建设创新型国家而努力奋斗》,《求是》2006 年第 2 期。

发现要及时公开发表,保护知识产权;发明则要注册专利,以免被人抢注。同一问题,无论是研究或开发,其答案可能都不是唯一,"条条大路通罗马",有时要比较几种不同的方案,以求得最佳方案。研究的道路很宽,开发的道路更宽。一般来讲,在整个社会里,开发的规模要比研究大得多,如美国贝尔实验室里只有一个科学研究实验室,但却有九个技术开发实验室。当然,一般技术改革的规模可能更大,甚至比研究大几十甚至上百倍。研究开发的规模和成就标志着国家的最高科学水平,也是提高国家经济水平的根本保证。

原始创新一般是个人行为。20 世纪 80 年代,知识经济学家在联合国项目《多学科综合研究应用于发展》中深入研究的结果是,几乎所有的重大科学理论发现都是个人创新为主,从牛顿三定律到爱因斯坦相对论莫不如此。在传统工业化时代,许多重大技术创新也是以个人为主的创新,例如珍妮纺纱机和瓦特蒸汽机。有些创新尽管是多人的小组创新,但也是以一个人为主而其他人为辅。因此,我们应该高度重视个人的原创性,要尊重人才,尊重创造。因为个人原创是国家创新体系的细胞,只有创新人才得到重视、尊敬、保护和支持,原始创新才能出现,国家创新体系才能建立,创新型国家才能形成。当然,自主创新并不仅仅是原始创新和"100% 的产权",它还应该包含集成创新和引进消化吸收再创新。

二是集成创新,就是把各种已有的相关技术有机融合起来的创新活动。换句话说,集成创新就是为了一个综合性的创新目标,在特定的系统内集成相关的成熟技术和创新成果来实现的创新。集成创新是原始创新的集成,它通过有机融合各种相关技术可以形成重大产品或产业。计算机技术和宇航技术就是这方面的典型例子。由于科学技术日新月异地发展,科学技术门类层出不穷,重大现代技术创新已难以由个人完成,而要在不同领域原始创新基础上实现集成创新。例如载人航天飞行技术是由航天技术、信息技术、材料技术、能源技术、生物技术、气象技术和系统科学技术等多种技术构成的,缺一不可。"神五"、"神六"、"神七"等重大项目的成功,不是哪一种技术的原始创新,而是多种技术的集成创新。如果要说其中起突出作用的,则是系统科学技术,是系统工程技术使各种技术创新的集成达到最优化,从而实现了载人航天飞行的圆满成功。因此,我们应该高度重视系统工程管理科学这门创新学科,高度重视组织管理创新型人才,这种人才的群体得到重视,是集成创新能够得以实现的基础。

集成创新的对象往往是非常重要的技术,加以强调很有必要。早期电视发展中,彩色电视机的生产不过关,美国 RCA 公司组织了四位工程师,定好标准,按射频、中频、声频、视频、整体等几部分分工研制,后来组装成世界第一台彩色电视机,领先于其他公司。集成创新越来越重要。氢燃料电池汽车非常有前途,可以根本解决燃料问题。国外开发已达到较高水平,我国也在跟踪。但氢气很贵,车还不能用。如果氢气制备成本能够大大降低(估计可能需要十年),氢燃料汽车就能与汽油内燃汽车一比高下。现在正是我们的机遇,要奋起直追。如果在廉价氢气出现以前,我国氢燃料汽车开发能达到优质水平,我国就可能建起新汽车工业,否则就要受制于人。同时,氢气制备作为集成创新的一个方面,降低成本意义更大。需要集成创新的一般是比较重大的项目,而且涉及不同部门,需要国家掌握。

三是引进消化吸收再创新,是指在消化吸收国外先进技术基础上进行的创新。它是某一个创新群体引进、消化、吸收他人的创新成果,在此基础上的再创新,它是原始创新和集成创新的必要补充,目前主要是指在引进国外技术基础上的创新。任何一个国家,包括美国在内,都不可能在科学技术的所有领域内进行原始创新,因此,所有国家特别是发展中国家都有必要引进外来技术和再创新。在技术引进中关键在于如何消化、吸收和再创新,有这种能力的国家才是一个创新型国家;否则只能停留在引进生产线和制造产品上,那就只能是一个依附型国家,会给国家发展带来诸多负面问题。温家宝总理说得好:"在激烈的国际竞争中,真正的核心技术是市场换不来的,是花钱买不到的。"①核心技术既然无法引进,途径只能是自己去创造。所以,引进消化吸收再创新不能代替原始创新,原始创新才是根本。消化、吸收和再创新的核心还是人才,要有懂技术、学贯中西、有创新欲望的人才群体,由他们科学决策,不失时机地再创新。以我国的汽车工业为例,目前引进已过20 年,2005 年产量已达592 万辆,居世界第三位,应该说已经到了再创新的阶段,关键是组合再创新的人才群体。

创新型国家的建立在于自主创新的能力建设,而自主创新的能力建设则在于创新人才的培养和使用。我们既要有原始创新的原创型人才,又要有集成创新的系统组织型人才,还要有引进消化吸收再创新的集技术、贸易和中西文化于一身的复合型人才。只有大力实施科教兴国和人才强国战略,为自主创新提供法律、制度、政策、资金、资源和市场的保证,才能培养充足的各类创新人才,才能确保我国早日进入创新型国家的行列,并以此为基础如期实现我国的现代化和中华民族的伟大复兴。

　温家宝:《认真实施科技发展规划纲要,开创我国科技发展的新局面》,《人民日报》2006 年 1 月 13 日,第 2 版。

（二）我国自主创新的现状

正确认识和把握我国自主创新和科技发展的利弊现状,是推动建设创新型国家伟大实践的内在需要。实施自主创新战略,努力建设创新型国家,对当代中国政府和中国人民既是光荣的使命,也是巨大的挑战。我们既要看到我国创新能力与世界先进水平的较大差距,增强建设创新型国家的忧患意识和责任感紧迫感,又要看到我国已经具备的良好基础和有利条件,增强自信心和自豪感,以实际行动推动创新型国家建设的伟大实践。

一方面,我国的创新能力与世界先进水平还有较大差距、与建立创新型国家的要求还有很多不相适应之处。第一,关键技术自给率低,发明专利数量少。在我国注册的专利特别是高新技术专利中,还是以外国人为主。我国每年上千亿美元的进口产品中,大部分都是购买外国的生产线和自动化装备。我们的高精尖数控机床、仪器仪表、电视发射机、摄像机、精细化工的生产设备、各种科学研究的精密仪器等高科技含量的关键装备大部分依赖进口。我国科技创新能力不强,获取专利数量不仅与发达国家有很大差距,甚至不如韩国等新兴工业化国家。目前我国的对外技术依存度超过50%,而创新型国家则低于30%,美国、日本仅为5%左右。这种高度依存使我国产业发展严重受制于人,而许多重点领域特别是国防领域的对外技术依赖,会对国家安全构成严重威胁。第二,在一些地区特别是中西部农村,技术水平仍比较落后。一是自主创新成果少。我国自主创新的知识产权主要集中在水稻、小麦、油菜等粮油作物上,在其他粮食作物、多种经济作物、蔬菜、果树、花卉等领域自主知识产权少。二是科技转化能力弱、生产贡献率低。已有成果能转化为现实生产力的不足40%,形成规模的不到

20%。三是农业科技投入严重不足。不到农业总产值的 0.5%。四是研究条件差,手段落后,基础性研究薄弱,过度依赖农业院校科技创新体系,没有形成强大的农业科技企业研发体系。五是人才流失严重。农业科技人员因待遇菲薄、工作条件艰苦而出现大量"跳槽"现象。第三,高技术产业在整个经济中所占的比例不高。尽管有了较大发展,但目前我国高新技术产业只占加工业的 10%左右,在信息、生物、新材料等关系未来发展的关键领域,我国许多核心技术仍依赖追踪、模仿和引进国外技术,自主创新能力明显不足。第四,企业自主创新能力差,核心竞争力不强。一是企业对科技创新不够重视,创新投入低。我国两万多家大中型企业中有研发机构的仅占25%,有研发活动的仅占30%。大中型企业研发经费只占销售额的 0.39%,高新技术企业也只占 0.6%,而发达国家达到 2.5%以上。二是企业技术创新能力低。发达国家 80%的科研是在大企业中完成的,而我国企业尚未成为科技开发的主体,从事技术开发的高质量人才严重缺乏,拥有自主知识产权核心技术的企业仅为 3‰。三是企业消化吸收再创新能力弱。消化吸收费用平均不到引进项目费用的 10%,远远低于发达国家和很多发展中国家的水平。第五,科学研究实力不强,优秀拔尖人才比较匮乏。虽然人才规模很大,但我国适用人才短缺。在电子技术、生物工程、航天技术、海洋利用、新能源、新材料等领域都急需专门人才。科技人员特别是优秀拔尖人才短缺的现状与我国人口大国的地位极不匹配,已成为掣肘我国科技发展的重要因素。第六,科技投入不足,体制机制还存在不少弊端。研发经费占国内生产总值的比重不仅与发达国家有较大差距,也低于国际平均水平。激励创新的体制机制还存在不少弊端,创新政策的杠杆作用有待进一步发挥。由于科技管理体制的部门、单位分割和封闭,既造成大量技术开发人力的重复劳动,又造成资源的分散和浪费。体制机制的不顺既不利于科技资源的整合,也不利于科技人才积极性的发挥和科技成果的应用开发。

另一方面,我国已经具备了建设创新型国家的良好基础和有利条件。第一,学科体系完整。经过 50 多年几代人的努力,我国已经建成了大多数国家尚不具备的比较完整的学科体系,拥有专业门类齐全的科研队伍,这是进行自主创新和建设创新型国家的重要基础。第二,科技人员资源相对充足。我国科技人力资源和研发人员分别位居世界第一和第二。这是任何其他国家都无法比拟的,也是我国走创新型国家道路独具的最大优势。第三,科技基础和科技实力较强。虽然我国 2003 年人均 GDP 刚刚突破 1000美元,但科技创新综合指标已经相当于人均 GDP 5000 美元至6000 美元国家的水平。我们取得了一批以"两弹一星"、载人航天、杂交水稻、陆相成油理论和应用、高性能计算机、人工合成牛胰岛素、基因组研究为标志的重大科技成就,在生物、纳米、航天等重要领域的研究开发能力已跻身世界先进行列,在生物工程药物、通信设备、高性能计算机、中文信息处理平台、人工晶体、光电子材料与器件等国际高技术竞争的热点领域,具有了我国自主知识产权的产品,造就了一批拥有自主知名品牌的优秀企业,全社会科技水平显著提高。第四,经济实力走强。改革开放以来,随着经济持续快速增长,我国的经济总量和财政实力不断增强。这既为科技创新提供了丰厚的经济基础,又为科技创新提供了不竭的动力。第五,创新环境改善。以市场为导向、以企业为主体、产学研相结合的技术创新体系建设正在不断推进。目前我国几乎每个行业都有一些企业的技术装备和创新能力处于国际先进水平。相当一部分大型企业及企业集团已形成研究与开发投入和承担创新风险的体制和机制,创新环境逐步改善。第六,对外交流活跃。我国长期坚持对外开放基本国策,国际科技交流与合作日趋活跃,使我们能分享新科技革命成果,在高起点上进行科技创新。第七,创新文化独特。我国有着悠久的历史文化传统,中华民族重视教育、辩证思维、集体主义精神和丰厚的文化积累,有利于形成独特的创新文化,这可以为我国未来的创新创造多样化的路径选择。第八,政治优势显著。我国具有社会主义制度的政治优势,能够把集中力量办大事的政治优势和发挥市场机制有效配置资源的基础性作用结合起来,为科技创新和科技事业发展提供重要的制度保证。

二、建设创新型国家的重大意义

建设创新型国家,既反映了我们党对世界经济科技发展趋势和内在规律的准确把握,又反映了对我国发展现实矛盾问题、战略目标和战略需求的科学分析,是顺应时代要求、符合我国实际的重大战略思想,具有重大的现实指导意义和深远的历史意义。

(一)建设创新型国家是实现全面建设小康社会和现代化发展战略目标的重大举措和内在要求

我国本世纪中叶的发展战略目标是基本实现社会主义现代化,而作为现代化的一个重要阶段,本世纪头 20 年的发展战略目标是全面建设小康社会。建设创新型国家,正是贯彻落实科学发展观,实现我国全面建设小康社会和社会主义现代化战略目标的重大举措和内在要求。

要实现党的十六大提出的国内生产总值到 2020 年比 2000 年

翻两番这一全面小康社会的经济发展基本目标,就必须使国内生产总值年增长率超过7%。党的十七大更提出了实现人均国内生产总值到2020年比2000年翻两番的更高目标。而要实现这一较快发展目标,归根到底要靠科技进步和科技创新的有力支持。据测算,"如果我们继续保持40%的投资率,要如期实现翻两番的目标,那么科技进步贡献率必须由当前的39%提高到60%"①,这就需要不断向创新型国家行列迈进。众所周知,党的十六大是从经济、政治、文化和生态四个方面规划全面建设小康社会的奋斗目标的。而四大奋斗目标无不与科技发展和科技创新密切相关。优化产业结构,提高经济效益,增强综合国力和国际竞争力,必须依靠科技进步和科技创新;完善社会主义民主,健全社会主义法制,推进决策民主化科学化,要求广大领导干部必须坚持求真务实的科学精神和科学态度,掌握基本的科学方法和丰富的科学技术知识;提高全民族的思想道德素质、科学文化素质和健康素质,形成比较完善的现代国民教育体系、科技和文化创新体系、全民健身和医疗卫生体系,要求我们必须加强科学知识和科学技术普及,努力形成全民学习、终身学习的学习型社会;改善生态环境,提高资源利用效率,促进人与自然和谐共处,必须建立在科学技术充分发展和广泛利用的基础之上。当前,日趋激烈的国际科技竞争、日见加紧的知识产权垄断和日益严重的能源资源约束,对我国全面建设小康社会的实践构成了严峻的挑战,我们已经到了必须更多依靠增强自主创新能力和提高劳动者素质推动经济社会发展的历史阶段,建设创新型国家毋庸置疑成为全面建设小康社会的必然要求和现

---

① 《让"中国制造"成为"中国创造"》,《2006理论热点面对面》,学习出版社、人民出版社2006年7月第1版。

实选择。

同样道理,我国要到本世纪中叶基本实现富强、民主、文明、和谐的社会主义现代化,推动物质文明、政治文明、精神文明和社会文明实现新的发展和新的跃升,须臾离不开科教兴国战略和人才强国战略的大力推动,须臾离不开全民族创新意识的不断增强和国家整体创新能力的不断提高,一句话,须臾离不开创新型国家实践的大力推动和大力建设。

总之,要解决我国全面建设小康社会和现代化建设过程中的诸多问题,实现经济社会全面协调可持续发展,必须依靠科技进步和创新找出路、找办法。没有科技的发展和创新,就不可能真正走上科学发展的道路。要如期实现全面建设小康社会和社会主义现代化建设的目标,就必须研究科学技术怎么支撑、怎么引领的问题。

(二)建设创新型国家是解决我国发展突出矛盾和问题、走新型工业化道路和转变经济发展方式的必然选择

时代形势的变化与我国战略目标的推进迫切要求我们走出传统的工业化道路而选择新型的工业化道路。要走科技含量高、经济效益好、资源消耗低、环境污染少、人力资源优势得到充分发挥的新型工业化道路,就必须发挥科学技术作为第一生产力的重要作用,实现经济发展方式由"高投入、高消耗、高污染、低产出"的粗放型向"低投入、低消耗、低污染、高产出"的集约型转变,注重依靠科技进步和提高劳动者素质,改善经济发展的质量和效益。而我国当前发展面临的一系列突出矛盾和问题说明我国转变经济发展方式的任务十分艰巨、走新型工业化道路充满诸多挑战,而建设创新型国家正是解决我国当前发展突出矛盾和问题的紧迫要求,是走新型工业化道路和转变经济增长方式的必然选择。

改革开放近30年来,我国取得了举世瞩目的伟大成就,经济保持年均9%以上的稳定快速增长,一跃而成为世界第四大经济体,生产力、综合国力、人民生活和国际地位得到了较大程度的提高。但我们必须清醒地看到,我国目前还是一个总体落后和欠发达的发展中国家,经济总量虽然很大,但人均收入水平仍然很低,人多地少水少油少的问题将在长时间里制约着我们的发展;我国经济社会发展中还存在一系列因粗放式经济增长带来的突出矛盾和问题。从总体上看,我国经济增长严重依赖资金和劳动力高投入的状况没有根本改变,严重依赖资源和能源高消耗的状况没有根本改变,严重依赖引进技术的状况没有根本改变,部分核心技术和关键技术受制于人的状况没有根本改变。与欧美发达国家相比,我国每创造一美元国内生产总值的能源消耗量是它们的 4 至 10 倍,33 种主要产品的单位资源消耗量比国际平均水平高出 46%。与此同时,我国经济相对较快的增长付出了过于昂贵的环境代价。这种不计资源和环境成本代价的经济发展模式当然是难以为继的,也是难以参与国际分工和竞争的。而造成这种局面的根本原因就在于我国的科技创新能力不强、科技水平不高。据测算,"目前我国的对外技术依存度高达50%,设备投资60%以上依靠进口,科技进步贡献率只有 39% 左右。由于不掌握核心技术,我们不得不将每部国产手机售价的 20%、计算机售价的 30%、数控机床售价的 20% 到 40% 拿出来向国外专利持有者支付专利费"①。我国的科技进步贡献率远低于发达国家 70% 以上的水平。虽然我国早已成为所谓的"世界工厂",但"中国制造"不等于

---

① 邓楠:《提高全民科学素质,建设创新型国家》,《求是》2006 年第 2 期。

"中国创造"，我们在许多高科技行业或产品方面从整体上还处在给外国人打工的状态。因此，只有进一步加大研究开发投入力度，大幅度提高自主创新能力，努力掌握拥有自主知识产权的核心技术和关键技术，推动经济增长实现由资源驱动、资本驱动向创新驱动的战略性转变，才能解决我国经济社会发展过程中面临的一系列突出矛盾和问题，才能通过走新型工业化道路而实现经济社会又好又快的发展。

（三）建设创新型国家是缩小与发达国家技术差距和提高我国国际竞争力的迫切需要

科学技术是第一生产力，是先进生产力的集中体现和主要标志，是人类文明进步的根本动力。当今时代，人类社会步入了一个科技创新不断涌现的重要时期，步入了一个经济结构加快调整的重要时期。发轫于20世纪中叶的新科技革命及其带来的科学技术的重大发现发明和广泛应用，推动世界范围内生产力、生产方式、生活方式和经济社会发展观发生了前所未有的深刻变革，也引起全球生产要素流动和产业转移加快，经济格局、利益格局和安全格局发生了前所未有的重大变化。进入21世纪，世界新科技革命发展的势头更加迅猛，正孕育着新的重大突破。信息科技将进一步成为推动经济增长和知识传播应用进程的重要引擎，生命科学和生物技术将进一步对改善和提高人类生活质量发挥关键作用，能源科技将进一步为化解世界性能源和环境问题开辟途径，纳米科技将进一步带来深刻的技术变革，空间科技将进一步促进人类对太空资源的开发和利用，基础研究的重大突破将进一步为人类认知客观规律、推动技术和经济发展展现新的前景。

在世界新科技革命推动下，知识在经济社会发展中的作用日益突出,国民财富的增长和人类生活的改善越来越有赖于知识的积累和创新。新科技革命的迅猛发展不断引发新的创新浪潮,科技成果转化和产业更新换代的周期越来越短,科技作为第一生产力的地位和作用越来越突出。科技力已成为国际核心竞争力,科技竞争已成为综合国力竞争的焦点。当今时代,谁在知识和科技创新方面占据优势,谁就能够在发展上掌握主动。世界各国尤其是发达国家纷纷把推动科技进步和创新作为国家战略,大幅度提高科技投入,加快科技事业发展,重视基础研究,重点发展战略高技术及其产业,加快科技成果向现实生产力转化,以利于为经济社会发展提供持久动力,在国际经济和科技竞争中争取主动权。

众所周知,新中国成立以来特别是改革开放以来,我国的科技事业得到了很大发展,科技水平显著提高,但我国科技总体水平同世界先进水平相比仍有较大差距。其主要表现就是:关键技术自给率低,自主创新能力不强,特别是企业核心竞争力不强;农业和农村经济的科技水平还比较低,高新技术产业在整个经济中所占的比例还不高,产业技术的一些关键领域存在着较大的对外技术依赖,不少高技术含量和高附加值产品主要依赖进口;科学研究实力不强,优秀拔尖人才比较匮乏;科技投入不足,体制机制还存在不少弊端。可以说,我国科技事业发展的状况,与完成调整经济结构、转变经济发展方式的迫切要求还不相适应,与把经济社会发展切实转入以人为本、全面协调可持续的轨道的迫切要求还不相适应,与实现全面建设小康社会、不断提高人民生活水平的迫切要求还不相适应。新的科技革命既给我们带来了难得的发展机遇,也使我们面临更加严峻的挑战。国际竞争从根本上说是科技的竞争,是自主创新能力的竞争。我国仍然面临发达国家在经济科技上占优势的巨大压力。面对世界科技发展的大势,面对日趋激烈的国际竞争,面对我国科技创新和科技发展的相对劣势,我们只有紧紧把握世界科技发展的趋势,把科学技术真正置于优先发展的战略地位,高度重视自主创新能力建设,抢抓机遇,迎接挑战,真抓实干,急起直追,奋发有为,加快科技发展,才能把握先机,尽快缩小与发达国家的技术差距,大大提升我国的国际竞争力,赢得发展的主动权。

三、建设创新型国家的基本要求

建设创新型国家是一项多元复杂艰巨的系统工程,其要求毋庸置疑是多方面的,需要政府、企业、学校、科研院所、公民个人的多方努力和相互配合。按照胡锦涛总书记在全国科技大会上的讲话精神以及《国家中长期科学和技术发展规划纲要(2006—2020年)》和《中共中央国务院关于实施科技规划纲要增强自主创新能力的决定》,建设创新型国家应该在实施正确指导方针、提高自主创新能力、深化科技体制改革、推进国家创新体系建设、完善科技投入体系、加强科技基础条件平台建设、培养造就创新人才、营造创新文化氛围、利用全球科技资源、加强组织领导等多方面加以努力。有些内容是相互交叉和相互渗透的。下面重点就实施正确指导方针、提高自主创新能力、推进国家创新体系建设、完善科技投入体系、培养造成创新人才、营造创新文化氛围六个方面加以分析说明。

(一)实施正确指导方针

建设创新型国家、走中国特色自主创新道路,核心就是要坚持自主创新、重点跨越、支撑发展、引领未来的指导方针。这一方针，是我国半个多世纪科技事业发展实践经验的概括总结，是面向未来、实现中华民族伟大复兴的重要抉择，必须贯穿于我国科技事业发展的全过程。

自主创新，就是从增强国家创新能力出发，加强原始创新、集成创新和引进消化吸收再创新。原始创新最为重要，我们必须高度重视提高原始创新能力，要有更多的科学发现和技术发明，在关键领域掌握更多的自主知识产权，在科学前沿和战略高技术领域占有一席之地。集成创新能力是一个国家创新能力的重要标志。我们必须注重提高国家集成创新能力，使各种相关技术有机融合，形成具有市场竞争力的重大产品和产业。在引进技术的基础上消化吸收再创新也是创新。要继续把对引进技术的消化吸收再创新，作为增强国家创新能力的重要方面。自主创新是科技发展的灵魂，是民族发展的不竭动力，是支撑国家崛起的筋骨。没有自主创新，我们就难以在国际上争取平等地位，就难以获得应有的国家尊严，甚至难以自立于世界民族之林。在激烈的国际竞争中，真正的核心技术是市场换不来的，是花钱买不到的，引进技术设备并不等于引进创新能力。我们的发展必须主要依靠自己的力量，必须把增强自主创新能力作为国家战略和科学技术发展的战略基点，作为调整经济结构、转变增长方式的中心环节，贯彻到各个产业、行业和地区，贯彻到现代化建设的各个方面，唯有如此，才能把我国建设成为创新型国家。

重点跨越，就是坚持有所为有所不为，选择具有一定基础和优势、关系国计民生和国家安全的关键领域，集中力量、重点突破，实现跨越式发展。通过关键领域的突破实现技术跨越，一直是后进国家赶超先进国家的重要方式。重点跨越是加快我国科技发展的重要途径。我们既要看到现在的经济基础和科技实力同过去相比有很大增强，又要看到我国仍然是一个发展中国家，必须把有限的资源用在刀刃上。实施重点跨越，就要紧紧把握当代科技革命的历史机遇，从需要和可能两个方面考虑，围绕经济社会和科技发展目标，选准突破口和主攻方向，走出一条有中国特色的创新之路。

支撑发展，就是从现实的紧迫需求出发，着力突破重大关键技术和共性技术，支撑经济社会全面协调可持续发展。支撑发展是我国科技进步的根本任务。我国经济发展，面临着保持平稳较快增长和提高质量效益的双重任务，面临着提升传统产业和发展新兴产业的双重使命，面临着扩大国内需求和开拓国际市场的双重要求。同时，改变社会发展相对滞后的状况，突破能源资源和环境对可持续发展的制约，也都要依靠科技进步和创新。科学技术必须解决经济社会发展和人民生活面临的突出问题，为全面建设小康社会和推进现代化提供保障。

引领未来，就是着眼长远，超前部署前沿技术和基础研究，创造新的市场需求，培育新兴产业，引领未来经济社会发展。引领未来是科技工作的神圣使命。当代科学技术的一个突出特点，是不断为人们的生产和生活指出新方向、开辟新领域。特别是科学理论越来越走在技术和生产的前面，为技术和生产发展引领新的道路。我们应当前瞻未来发展和长远利益，在基础科学和前沿技术研究若干领域超前部署，不断探索新的发展方向，提高持续创新能力，使科学技术成为经济社会发展的主导力量。

（二）提高自主创新能力

自主创新能力是国家竞争力的核心，是我国应对未来挑战的重大选择，是统领我国未来科技发展的战略主线，是实现建设创新型国家目标的根本途径。世界科技发展的实践告诉我们:一个国家只有拥有强大的自主创新能力,才能在激烈的国际竞争中把握先机、赢得主动。特别是在关系国民经济命脉和国家安全的关键领域,真正的核心技术和关键技术是买不来的,必须依靠自主创新。尽管已有良好基础,但我国自主创新能力与世界先进水平还有较大差距。要建设创新型国家,就必须把提高自主创新能力摆在全部科技工作的首位,在若干重要领域掌握一批核心技术,拥有一批自主知识产权,造就一批具有国际竞争力的企业,大幅度提高国家竞争力。

提高自主创新能力必须紧紧把握科技发展的战略重点。提高自主创新能力,要紧紧扭住为经济社会发展服务这一中心任务,把握科技发展的战略重点,着力解决制约经济社会发展的重大科技问题。要把发展能源、水资源和环境保护技术放在优先位置,下决心解决制约经济社会发展的重大瓶颈问题;抓住信息科技更新换代和新材料科技迅猛发展的难得机遇,把掌握装备制造业和信息产业核心技术的自主知识产权作为提高我国产业竞争力的突破口;把生物科技作为未来高技术产业迎头赶上的重点,加强生物科技在农业、工业、人口和健康等领域的应用;加快发展空天和海洋科技,和平利用太空和海洋资源;加强基础科学和前沿技术研究,特别是交叉学科的研究,加强我国科技创新的基础和后劲。

提高自主创新能力必须明确重点领域和优先主题。要在统筹安排、整体推进的基础上,把在国民经济、社会发展和国防安全中重点发展、亟待科技提供支撑的产业和行业作为重点领域,把在重点领域中急需发展、任务明确、技术基础较好、近期能够突破的技术群作为优先主题,加快突破瓶颈制约,掌握关键技术和共性技术,解决重大公益性科技问题,提高国家安全保障能力。要努力实现以下目标:一是掌握一批事关国家竞争力的装备制造业和信息产业核心技术,使制造业和信息产业技术水平进入世界先进行列。二是农业科技整体实力进入世界前列,促进农业综合生产能力的提高,有效保障国家食物安全。三是能源开发、节能技术和清洁能源技术取得突破,促进能源结构优化,主要工业产品单位能耗指标达到或接近世界先进水平。四是在重点行业和重点城市建立循环经济的技术发展模式,为建设资源节约型、环境友好型社会提供科技支持。五是重大疾病防治水平显著提高,新药创制和关键医疗器械研制取得突破,具备产业发展的技术能力。六是国防科技基本满足现代武器装备自主研制和信息化建设的需要,为维护国家安全提供保障。七是涌现出一批具有世界水平的科学家和研究团队,在科学发展的主流方向上取得一批具有重大影响的创新成果,信息、生物、材料和航天等领域的前沿技术达到世界先进水平。八是建成若干世界一流的科研院所和大学以及具有国际竞争力的企业研究开发机构,形成比较完善的中国特色国家创新体系。

提高自主创新能力必须确立企业技术创新的主体地位。自主创新是全社会共同的责任,而企业作为市场经济的主体,应该成为自主创新的主体。因为企业熟悉市场需求,有实现技术成果产业化的基础条件,可以为持续的技术创新提供资金保证,能够形成创新与产业化的良性循环。只有以企业为主体,才有可能坚持技术创新的市场导向,迅速实现科技成果的产业化应用,真正提高市场竞争能力。在发达国家,自主创新唱主角的都是企业。100多年的世界产业发展史表明,真正起巨大推动作用的技术几乎都来自企业。如汽车领域中的福特,发明了生产流水线;航空领域中的波音,将金属疲劳知识应用于新飞机的开发,使喷气式飞机投入商业化运营;化工领域中的杜邦,发明了尼龙;计算机领域中的微软,发明了视窗操作系统……这些公司都是技术创新的领头羊。今天在国际上展现国家竞争实力的恰恰是企业,国际上有 6 万多家跨国企业,控制了世界技术转移的 90%、投资的 80%。发达国家 80% 的科研工作是在大企业中完成的。

近些年我国企业在自主创新中已经发挥着越来越重要的作用,形成了以华为、海尔为代表的一批拥有自主知名品牌的优秀企业,促进了一批高新技术产业群的迅速崛起。比如,"国家 863 计划的 1/4、国家 973 计划的 1/3 都是由中关村的企业承担科研攻关的。在深圳,90% 以上的研发机构在企业,90% 以上的研发人员集中在企业,90% 以上的研发资金来源于企业,90% 以上的职务发明专利出自于企业。"①但长期以来,我国的科技活动主要集中在科研院所,而企业研发投入严重不足,创新能力薄弱,要真正成为自主创新的主体,还有很长的路要走。目前我国企业研发投入不到销售收入的 0.5%,远低于发达国家 2% 以上的水平,拥有自主知识产权核心技术的企业仅为 3‰,75% 的企业没有专职人员从事研发活动,2.8 万多家大中型企业中拥有研发机构的只占 25%。这种状况不加改变就很难在日趋激烈的国际竞争舞台上立足。

企业成为技术创新的主体,既要靠企业自身的努力,又需要政府以及社会各方面的支持。从企业来说,一要树立强烈的自主创新意识,把创新置于企业战略的最重要位置。对总体实力偏弱的我国企业,不走创新之路,就难以在日趋激烈的国内外市场竞争中生存下去。二要加快建设现代企业制度,形成完善有效的创新激励机制,增强企业自主创新的内在动力。把技术创新能力作为国

---

① 《让"中国制造"成为"中国创造"》,《2006 理论热点面对面》,学习出版社、人民出版社 2006 年 7 月第 1 版。

有企业考核的重要指标,把技术要素参与分配作为高新技术企业产权制度改革的重要内容。坚持应用开发类科研机构企业化转制的方向,深化企业化转制科研机构产权制度等方面的改革,形成完善的管理体制和合理有效的激励机制,使之在高新技术产业化和行业技术创新中发挥骨干作用。三要舍得投入,把企业各方面的资源集中到创新上来,建立完善的研发机构,加大在新技术、新产品研发上的投入。从政府来说,主要是创造和完善有利于企业创新的大环境。一要制定和完善促进技术创新的法律法规,保护和规范企业的创新行为。二要推出鼓励和支持企业自主创新的财税、金融、政府采购、产业、高新技术产业开发、知识产权保护等配套政策。要引导企业增加研发投入,推动企业特别是大企业建立研发机构。依托具有较强研究开发和技术辐射能力的转制科研机构或大企业,集成高等院校、科研院所等相关力量,组建国家工程实验室和行业工程中心。鼓励企业与高等院校、科研院所建立各类技术创新联合组织,增强技术创新能力。三要特别加大对重点企业、龙头企业和骨干企业的扶持力度,支持这些企业承担国家研发任务,主持或参与重大科技攻关。国家科技计划要更多地反映企业重大科技需求,更多地吸纳企业参与。在具有明确市场应用前景的领域,建立企业牵头组织、高等院校和科研院所共同参与实施的有效机制。四要重视扶持创新型中小企业。中小企业最富有创新活力。美国企业创新产品中就有82%来自中小企业。要通过创业投资、政策支持等方式,支持中小企业的技术创新活动,发挥中小企业在自主创新中的独特作用。中小企业特别是科技型中小企业是富有创新活力但承受创新风险能力较弱的企业群体。要为中小企业创造更为有利的政策环境,在市场准入、反不正当竞争等方面,起草和制定有利于中小企业发展的相关法律和政策;积极发展支持中小企业的科技投融资体系和创业风险投资机制；加快科技中介服务机构建设，为中小企业技术创新提供服务。

（三）推进国家创新体系建设

推进自主创新、建设创新型国家，必须以科技体制改革为动力。而深化科技体制改革的目标就是推进和完善国家创新体系建设。国家创新体系是以政府为主导、充分发挥市场配置资源的基础性作用、各类创新主体紧密联系和有效互动的社会系统。它是经济社会科学发展的基础和引擎，是培养和造就高素质人才的摇篮，是综合国力和国际竞争力的支柱和后盾。要通过进一步深化科技体制改革，充分发挥政府的主导作用，充分发挥市场在科技资源配置中的基础性作用，充分发挥企业在技术创新中的主体作用，充分发挥国家科研机构的骨干和引领作用，充分发挥大学的基础和生力军作用，努力建设技术创新体系、知识创新体系、国防科技创新体系、区域创新体系、科技中介服务体系，进一步形成科技创新的整体合力，为建设创新型国家提供良好的制度保障。

一是要建设以企业为主体、产学研相结合的技术创新体系。这是全面推进国家创新体系建设的突破口。一方面，技术创新体系必须坚持以企业为主体。要使企业真正成为研究开发投入的主体、技术创新活动的主体和创新成果应用的主体，全面提升企业的自主创新能力。因为企业熟悉市场需求，有实现技术成果产业化的基础条件，可以为持续的技术创新提供资金保证，能够形成创新与产业化的良性循环。坚持以企业为主体就能坚持技术创新的市场导向，就能迅速实现科技成果的产业化应用，真正提高市场竞争能力。因此，抓住了企业为主体的技术创新体系这个突破口，就抓住了进一步深化科技体制改革的主线，就可以形成科技发展新的战略安排和科技资源配置的新框架,一些多年未能解决的体制和政策问题就有可能理顺并得到解决。尽管新时期以来有了长足发展,但从总体上看,我国企业技术创新能力还比较薄弱。目前全国规模以上企业开展科技活动的仅占25%,研究开发支出占企业销售收入的比重仅占0.56%,大中型企业仅为0.71%;只有3‰的企业拥有自主知识产权。依靠我国企业目前的技术实力和能力,要与基础雄厚的跨国公司进行技术创新较量,难度可想而知。另一方面,技术创新体系必须坚持产学研相结合。因为只有产学研结合,才能有效配置科技资源,激发科研机构的创新活力,并使企业获得持续创新的能力。必须在大幅度提高企业自身技术创新能力的同时,建立科研院所和高等院校积极围绕企业技术创新需求服务、产学研多种形式结合的新机制。大学和科研机构是科技创新的重要源泉,特别是原始性创新的重要源泉。充分发挥大学和科研机构在技术创新中的作用,是我们必须长期坚持的方针。经过近年来的改革,科研院所的创新能力和科技服务能力显著提升,面向市场、为企业服务的意识和能力显著提高,已经成为技术创新的一支重要力量。总之,建立新的技术创新体系,既要突出企业的主体地位,又必须坚持产学研的结合,两者同等重要。

二是要建设科学研究与高等教育有机结合的知识创新体系。经过几十年发展,我国已经形成了一个庞大的科研机构群体,具有了较强的研究实力。建设创新型国家,要进一步发挥科研机构,特别是国家科研机构在我国科技事业发展中的骨干和引领作用。同时,还要大力发挥高等院校的基础和生力军作用。长期以来,由于计划经济体制的影响,我们对高等院校在科研工作中的作用重视不够,高等院校的巨大潜力没有充分发挥。为此,要特别重视发挥高校的创新作用。高等院校创新人才聚集,有良好的基础设施、自由的学术氛围和多学科交叉的影响,这些特点使高等院校成为产生新知识、新思想的沃土,是培养科技创新人才的主要基地,也是科技知识生产和传播的重要基地。在欧美国家,大学在知识创造中一直起着重要作用。根据 OECD 的统计报告,美国、日本和德国等发达国家,大学是仅次于产业部门的第二大研究开发活动主体。在我国,"十五"期间高等院校研究与开发人员总数保持在 25 万左右。高等院校还承担了 2/3 左右的国家自然科学基金项目和大量的"863"计划等项目,依托高等院校建立的国家重点实验室占全国总数近 2/3。实践已经表明,高等院校已经成为我国实施自主创新战略的一支十分重要的力量。推进国家创新体系建设,要进一步发挥高等院校在知识创造和应用中的基础性作用,建设科学研究与高等教育紧密结合的知识创新体系,支持有条件的高等院校建设高水平的研究型大学。同时,认真解决高等院校学科设置不够合理、科研工作定位不够明晰、科研管理比较薄弱等问题。总的要求,就是以建立开放、流动、竞争、协作的运行机制为中心,高效利用科研机构和高等院校的科技资源,促进科研院所之间、科研院所与高等院校之间的结合和资源集成,稳定支持从事基础研究、前沿高技术研究和社会公益研究的科研机构,集中力量形成若干优势学科领域、研究基地和人才队伍。

三是要建设军民结合、寓军于民的国防科技创新体系。从当今世界科学技术发展趋势看,军民技术日趋融合,高新技术两用化的特征越来越明显。有关统计资料表明,"国外军事装备技术中 85%采用的是民用技术,纯军事技术只占 15%。"[1]建立军民结

----

① 徐冠华:《关于建设创新型国家的几个重要问题》,《科技日报》2006 年 9月 30 日。

合、寓军于民的创新体制,已经成为世界上主要国家共同的政策取向。20世纪80年代以来,美国通过科技政策的调整,推动了国防科技和民用科技的统合,依靠民间科技力量大力发展军民两用技术,在确保军事技术水平提高的同时,促进民用工业技术水平的提高,收到了事半功倍的效果。美国军事装备技术的军民通用性已高达80%以上,全美80%以上的科学家和工程师都在直接或间接地为美国国防服务。经过多年的发展,我国的国防科技工业已经逐渐形成了一个相对独立的研发和生产体系,国防科技已具备了较强的研发能力。但由于长期形成的军民分割的格局没有得到根本解决,军民之间相互结合的研究开发体系尚未形成,造成了不必要的重复和浪费。在今后相当长的历史时期里,我国都将面临发展经济和维护国家安全的双重战略任务。建立军民结合、寓军于民的创新体制,发展军民两用技术,实现军民技术成果的双向转移,不仅关乎国民经济的发展,也关乎国防现代化建设的全局,是新时期国家创新体系建设的一项关键内容。根据"规划纲要"的部署,我们要尽快建立军民结合、寓军于民的国防科技创新体系,从宏观管理、发展战略和计划、研究开发活动、科技产业化等多个方面,促进军民科技的紧密结合,加强军民两用技术的开发,形成全国优秀科技力量服务国防科技创新、国防科技成果迅速向民用转化的良好格局。今后一个时期,要进一步加强军民结合的统筹和协调,建立促进军民结合的科技管理体制;改革相关管理体制和制度,积极鼓励军口科研机构承担民用科技任务,国防研究开发向民口科研机构和企业开放,扩大军品采购向民口科研机构和企业采购的范围;建立军民结合、军民共用的科技基础条件平台,促进资源共享;统筹部署和协调军民基础研究,加强军民高技术研究开发力量的集成,实现军用产品与民用产品研制生产的协调,促进军民科技各环节的有机结合。

四是要建设各具特色和优势的区域创新体系。区域创新能力是国家创新能力的重要基础,区域创新体系建设是建设创新型国家的重要组成部分。我们强调区域创新体系建设,就是要充分发挥地方在推动自主创新方面的重要作用,形成科技事业万马奔腾的局面。近年来,伴随我国区域经济整体水平的显著提升,区域创新活动日趋活跃,一些具有较强竞争力和创新特色的创新区域开始出现,充满活力的高新区和产业集群已经成为区域自主创新的重要基地和载体,已经具备了进一步提高区域创新能力的基础和潜力。全国科技大会后,各地积极制定政策措施,大幅度增加科技投入,形成了推进自主创新、建设创新型国家的热潮。加强对地方科技发展的引导和统筹协调,统筹规划区域创新体系和创新能力建设,整合区域创新资源,增强科技创新对区域经济社会发展的支撑力度,在中央和地方、地方和地方之间形成合力,避免盲目重复投资,日益成为一项更加紧迫的任务。加快区域创新体系建设的重点,其一,要以促进区域内科技资源的合理配置和高效利用为重点,围绕区域和地方经济与社会发展需求,根据区域经济和科技发展的特点和优势,大力培育和发展产业集群,推进高新技术开发区"二次创业",促进区域优势产业的发展。其二,要加强对地方科技工作的指导,集成中央和地方的科技资源,形成中央和地方联动的机制,支持有条件的地方组织实施国家重大科技项目。其三,要把促进中小企业发展放在突出位置,积极建立公共科技研发服务机构,支持生产力促进中心、科技型企业孵化器等机构的建设,共同为中小企业创新提供多方面的服务。其四,要特别重视加强中西部区域科技发展能力建设,切实加强县(市)等基层科技体系建设。

　　五是要建设社会化、网络化的科技中介服务体系。在市场经济条件下,科技中介服务机构是产学研的纽带,是联结科技和经济的桥梁。各类信息服务机构、知识产权机构、资产评估机构、投融资机构、共性技术服务机构以及各种类型的企业孵化器等中介机构,将千千万万个企业和众多大学、研发机构联系起来,形成有利于创新成果应用和产业化的网络,是提高创新效率、降低创新风险的重要途径。在计划经济条件下,科技活动的机制是政府安排项目、科研机构组织研发、再将科技成果转给国有企业,因此不需要中介机构。总结这些年来科技成果转化的经验教训,有些科技成果不能顺利转化并不完全是技术本身的问题,而更多是由于自身管理和项目运作,特别是一些科技人员缺乏把握市场需求和变化的能力,缺乏在市场中有效运作技术项目的能力,缺乏把握金融风险的能力。坚持科技面向经济建设,并不是要所有的大学、科研机构都去干企业的事,而主要是围绕企业的技术创新活动,发挥大学、科研机构的应有作用。在我国,科技中介服务体系是国家创新体系中一个十分薄弱的环节,加强科技中介服务体系建设是各级政府,特别是各级地方政府的一项重要任务。加强中介服务体系建设,政府可以发挥关键性作用。一方面,要制定出台积极的政策,加快有利于科技中介机构发展的软环境建设;另一方面,采取实际措施,推进信息网络、企业孵化器、公共技术服务平台等硬环境的建设。当前,要针对科技中介服务行业规模小、功能单一、服务能力薄弱等突出问题,推进社会化、网络化的科技中介服务体系建设。要加快科技基础条件建设和重点科技服务机构建设,结合科技服务平台建设和科技资源整合,搭建具有区域性、公益性、基础性和战略性的科技服务平台;加强科技服务机构的人才培养,特别是金融、保险、信息等急需人才和复合型人才的培养。总之,要大力培育和发展各类科技中介服务机构,充分发挥高等院校、科研院所和各类社团在科技中介服务中的重要作用,引导科技中介服务机构向专业化、规模化和规范化方向发展。

(四)完善科技投入体系

科技投入是科技创新的重要物质基础,是科技持续发展的重要前提和根本保障。当今发达国家和新兴工业化国家,都把增加科技投入作为提高国家竞争力的战略举措。改革开放以来,我国科技投入不断增长,但与我国科技事业的大发展和全面建设小康社会的重大需求相比,与发达国家和新兴工业化国家相比,我国科技投入的总量和强度仍显不足,缺乏明确的科技投入战略,没有形成稳定的增长机制。存在的主要问题:一是研究开发投入占国内生产总值的比重较低。我国 2005 年全社会研究开发投入占国内生产总值的比重仅为 1.34%,低于世界平均 1.6% 和发达国家一般 2% 以上的水平。1995 年,《中共中央、国务院关于加速科学技术进步的决定》提出到 2000 年研究开发投入占国内生产总值的比例达到 1.5% 的目标,至今仍未实现。二是政府投入比重偏低。我国政府财政研究开发投入占全社会研究开发投入比重从 1995 年的 50% 下降到 2003 年的 29.92%,远低于世界多数国家相应发展阶段政府投入占 50% 左右的水平,更低于印度、巴西 60% 至 70% 的水平。三是科技投入结构不合理。在全部研究开发投入中,基础研究投入比例偏低,影响了原始创新能力的提高;公益类研究投入长期不足,社会公益性科研工作困难局面尚未得到根本改变。四是在科技经费管理中还存在着薄弱环节,存在着科技经费使用效率不高、使用不规范的现象。我们必须审时度势,从增强国家自主创新能力和核心竞争力出发,大幅度增加科技投入,优化投入结构,提高经费使用效率。

一是大幅度增加财政科技投入。确保财政科技投入增幅明显高于财政经常性收入增幅,各级政府在年初预算分配和财政超收分配中财政科技投入增长幅度达到法定增长的要求,从而保证"规划纲要"提出的科技投入目标能够实现。要通过多方面的努力,使我国全社会研究开发投入占国内生产总值的比例逐年提高,到2010年达到2%,到2020年达到2.5%以上。

二是要建立多元化、多渠道的科技投入体系。应确立政府引导、社会投入的新方略。充分发挥政府在投入中的引导作用,通过财政直接投入、税收优惠等多种财政投入方式,增强政府投入调动全社会科技资源配置的能力。在政府直接投入部分体现加大力度、适当超前、重点支持的方针。国家财政投入主要用于支持市场机制不能有效解决的基础研究、前沿技术研究、社会公益研究、重大共性关键技术研究等公共科技活动,并引导企业和全社会的科技投入。中央和地方各级政府要按照《中华人民共和国科学技术进步法》的要求,在编制年初预算和预算执行中的超收分配时,都要体现法定增长的要求,保证科技经费的增长幅度明显高于财政经常性收入的增长幅度,逐步提高国家财政性科技投入占国内生产总值的比例。要结合国家财力情况,统筹安排规划实施所需经费,切实保障重大专项的顺利实施。国家继续加强对重大科技基础设施建设的投入,在中央和地方建设投资中作为重点予以支持。要进一步发展和完善市场经济下的多元化科技投入体系,政府、企业、金融机构在市场资源配置基础上应实现合理分工和协调配合,要强化企业科技投入主体的地位。还应激励个人、非营利性机构、公益性社会团体增加科技投入,提高民间资本投资研发活动的回报率。要综合运用财政拨款、基金、贴息、担保等多种方式吸引社会资金向创新投入;推动创业风险投资事业发展和促进多层次资本市场建设,政府引导金融机构加大对高新技术产业的投入力度。

三是要调整和优化投入结构,提高科技经费使用效益。加强对基础研究、前沿技术研究、社会公益研究以及科技基础条件和科学技术普及的支持。合理安排科研机构(基地)正常运转经费、科研项目经费、科技基础条件经费等的比例,加大对基础研究和社会公益类科研机构的稳定投入力度,将科普经费列入同级财政预算,逐步提高科普投入水平。建立和完善适应科学研究规律和科技工作特点的科技经费管理制度,按照国家预算管理的规定,提高财政资金使用的规范性、安全性和有效性。提高国家科技计划管理的公开性、透明度和公正性,逐步建立财政科技经费的预算绩效评价体系,建立健全相应的评估和监督管理机制。

(五)培养造成创新人才

胡锦涛总书记深刻指出:"建设创新型国家,关键在人才,尤其在创新型科技人才。没有一支宏大的创新型科技人才队伍作支撑,要实现建设创新型国家的目标是不可能的。世界范围的综合国力竞争,归根到底是人才特别是创新型人才的竞争。谁能够培养、吸引、凝聚、用好人才特别是创新型人才,谁就抓住了在激烈的国际竞争中掌握战略主动、实现发展目标的第一资源。"[1]

众所周知,人才资源是第一资源和最重要的战略资源,国际人才争夺战愈演愈烈。围绕人才特别是创新型科技人才展开的争夺,越来越成为国际竞争的焦点,寻找最优秀、最聪慧的人才已经

---

[1] 胡锦涛:《在中国科学院第十三次院士大会和中国工程院第八次院士大会上的讲话》(2006年6月5日)。

演变成一场旷日持久、异常激烈的全球争夺战。对技术和知识产权的争夺,核心就是对人类智力资源的争夺,是对作为人类智力资源载体的科技人才的争夺。越是素质好、层次高、专业成就突出的专门人才,国际流动的频率越高,各国的争夺就越加激烈。目前,发达国家普遍加大了在全世界搜寻、吸引、利用人才的力度,使广大发展中国家人才缺乏的状况更趋严重。统计资料表明,全世界平均每年有1.7万科技专业人才直接定居美国,16.8万科技人才通过H—1B临时签证前往美国工作,18.3万外国学生进入美国大学就读,世界科技移民的40%以上最终进入美国。相比之下,发展中国家在全球人才争夺中处境极为不利,大量在本国接受过高等教育的科技人才源源不断地流入美日欧等发达国家和地区。我国在1978年至2003年间出国留学的70.02万人中,回归率不到30%。

科技创新,关键在人才。杰出科学家和科学技术人才群体,是国家科技事业发展的决定性因素。面对激烈的人才竞争,无论是发达国家还是发展中大国,都把科技人力资源视为战略资源和提升国家竞争力的核心因素,大力加强科技人力资源能力建设。能否源源不断地培养造就大批高素质的具有蓬勃创新精神的科技人才,将直接关系到我国科技事业的前途和创新型国家的构建,直接关系到国家和民族的未来。

应当看到,我国在人才培养方面还存在不少突出问题:一是科学大家和高水平技术人才严重缺乏。尽管我国科技人力资源总量和研发人员总数已位居世界前列,但我国科技人才的创新能力和人才质量不高,特别是尚缺乏世界级的科学家。在158个国际一级科学组织及其所属的1566个主要二级组织中,我国参与领导层的科学家仅占总数的2.26%。二是部分科技人员缺乏创新精神,不能真正做到突破前人,有所前进。三是大量高水平研究人员集中在高校和科研院所,企业极其缺乏合格的工程技术人员,特别是高水平的工程师。"中国的科技工作者67%集中在事业单位,17.3%在国有企业和集体所有制企业,还有将近16%在'三资'企业和民办非企业单位工作。"①四是群众性的技术创新活动不够深入持久,曾经在中华大地上结出丰硕成果的小发明、小创造、小革新、小建议等活动在许多地方已失去了昔日风采,创新型人才培育和成长的群众基础亟待加强和巩固。五是人才成长的环境还存在诸多问题。

　　大力加强科技人才队伍建设,必须从多方面作出努力。一要加快培养造就一批具有世界前沿水平的高级专家。要依托重大科研和建设项目、重点学科和科研基地以及国际学术交流与合作项目,加大学科带头人的培养力度,积极推进创新人才团队建设。注重发现和培养一批战略科学家、科技管理专家。高度关注人才安全,建立人才安全保障机制,对核心技术领域的高级专家要实行特殊政策。进一步破除科学研究中的论资排辈和急功近利现象,抓紧培养造就一批中青年高级专家。加快改进和完善职称制度、院士制度、政府特殊津贴制度、博士后制度等高层次人才制度,规范课题申报制度和各类奖项评奖制度,进一步形成培养选拔高级专家的制度体系,使大批优秀拔尖人才得以脱颖而出。二要充分发挥教育在创新人才培养中的重要作用。加强科技创新与人才培养的有机结合,鼓励科研院所与高等院校合作培养研究型人才。支持研究生参与或承担科研项目,鼓励本科生投入科研工作,在创新实践中培养他们的探索兴趣和科学精神。高等院校要适应国家科

---

①　邓楠:《提高全民科学素质,建设创新型国家》,《求是》2006年第2期。

技发展战略和市场对创新人才的需求,及时合理地设置一些交叉学科、新兴学科并调整专业结构。加强职业教育、继续教育与培训,培养适应经济社会发展需求的各类实用技术专业人才。要深化中小学教学内容和方法的改革,全面推进素质教育,提高科学文化素养。三要支持企业培养和吸引科技人才。国家鼓励企业聘用高层次科技人才和培养优秀科技人才,并给予政策支持。鼓励和引导科研院所和高等院校的科技人员进入市场创新创业。允许高等院校和科研院所的科技人员到企业兼职进行技术开发。引导高等院校毕业生到企业就业。鼓励企业与高等院校和科研院所共同培养技术人才。多方式、多渠道培养企业高层次工程技术人才。允许国有高新技术企业对技术骨干和管理骨干实施期权等激励政策,探索建立知识、技术、管理等要素参与分配的具体办法。支持企业吸引和招聘外籍科学家和工程师。四要加大吸引留学和海外高层次人才工作力度。制定和实施吸引优秀留学人才回国工作和为国服务计划,重点吸引高层次人才和紧缺人才。采取多种方式,建立符合留学人员特点的引才机制。加大对高层次留学人才回国的资助力度。大力加强留学人员创业基地建设。健全留学人才为国服务的政策措施。加大高层次创新人才公开招聘力度。实验室主任、重点科研机构学术带头人以及其他高级科研岗位,逐步实行海内外公开招聘。实行有吸引力的政策措施,吸引海外高层次优秀科技人才和团队来华工作。五要努力创造有利于人才成长的社会环境。要坚持在创新实践中发现人才、在创新活动中培育人才、在创新事业中凝聚人才,造就有利于人才辈出的良好环境。要努力营造鼓励人才干事业、支持人才干成事业、帮助人才干好事业的体制条件和工作生活条件,形成有利于优秀人才脱颖而出的体制机制,最大限度地激发科技人员的创新激情和活力,提高创新效率,特别是要为年轻人才施展才干提供更多的机会和更大的舞台。要倡导拼搏进取、自觉奉献的爱国精神,求真务实、勇于创新的科学精神,团结协作、淡泊名利的团队精神。要激发创新思维,活跃学术气氛,努力形成宽松和谐、健康向上的创新文化氛围。加强科研职业道德建设,遏制科学技术研究中的浮躁风气和学术不良风气。

培养造就创新型科技人才是一项宏大的系统工程,需要各级党委政府和有关部门、高等院校、科研院所以及全社会共同努力。必须突出抓好完善培养体系、不拘一格选用人才、完善制度和政策保障、进行开放式培养、营造鼓励科技创新的社会氛围等重要环节。要着重加强三个层次创新型人才队伍建设:一是加强专业技术人才队伍建设。加快培养创新型科技人才,特别是以中青年为主体的创新型领军人才。有资料表明,目前我国人才资源仅占人力资源总量的5.7%左右,而高层次人才仅占人才资源总量5.5%左右。即便是在高层次人才资源中,能够把握世界科学前沿、做出重大科技创新成果的尖子人才也极为匮乏。二是加强党政人才和企业经营管理人才队伍建设。让中华大地涌现出更多的敢于向世界领先企业叫板、把企业命运与国家发展密切联系在一起的现代企业家,在世界市场上推出更多的中国品牌。三是加强高技能人才和农村实用人才队伍建设。在现代化建设事业中培养一大批工人专家、乡土人才。有了这样一支规模可观、结构合理的创新型人才队伍,建设创新型国家,实现全面建设小康社会的宏伟目标,就有了坚强的人才保证和智力支持。

(六)营造创新文化氛围

加强科技自主创新不仅依赖社会的物质保障,而且需要较高的国民科学素质基础和能够激发创新的文化环境。我国科技产出率不高、重大创新成果匮乏、原始性创新难以涌现的现状,除了受制于投入和人才等方面的硬约束外,与国民科学素质偏低和缺乏创新文化的有效支撑密不可分。国民科学素质是自主创新的前提条件,而国民科技素质的提高离不开社会创新精神的培育和社会创新文化氛围的营造。

提高全民科学素质是创新型人才辈出的重要社会基础。创新型人才植根于综合素质高、科学素质好的国民群体之中。加强科技队伍建设,健全人才激励机制,努力形成一支德才兼备、结构合理、素质优良的科技人才队伍,必须以广大劳动者科学素质的大幅度提高为基础。正如我国乒乓球运动的世界领先水平得益于我们深厚的群众基础一样,没有热爱科学、关注科技、具有较高科学素质水平的宏大公众群体,就不会形成创新型人才辈出的大好局面,自主创新也就失去了源泉和动力。公民具备基本科学素质,首先需要了解基本的科学技术知识,掌握基本的科学方法,树立科学思想,崇尚科学精神,并具有一定的应用科学知识和科学方法处理实际问题、参与公共事务的能力。公民只有具备基本科学素质,才能以求真务实的科学精神、科学态度和科学方法,发现问题、分析问题、解决问题,获得创新性成果,推动社会进步。"调查表明,目前我国公民科学素质还比较低,2003 年具备基本科学素质的人口只占总人口的 1.98%,农村居民则低至 0.7%,与美国 2001 年已经达到的 17% 相去甚远。"①公民科学素质不高,势必严重制约创新型人才的产生和成长。

提高国民科学素质必须营造创新文化氛围、培育创新文化精

---

① 邓楠:《提高全民科学素质,建设创新型国家》,《求是》2006 年第 2 期。

神。创新必须打破常规,需要对自己进行否定和对权威提出质疑,需要巨大的勇气和魄力,没有一个鼓励创新的良好文化氛围就不可能进行创新。中华文化历来包含鼓励创新的丰富内涵,强调推陈出新、革故鼎新。但现实生活中仍有很大影响的封建思想却在很大制度上禁锢着人们创新意识的培育和创新实践的开展。俗话说的"枪打出头鸟"就是其反映。在现实生活中,人们常常把敢于冒尖者视为"冒失",把打破常规者看作"异类",把富有个性者当成"不成熟"。我国不少科研机构的硬件设施堪称世界一流,科研人员素质优秀且待遇不菲,但科研成果却不尽如人意,原因就在于创新文化氛围严重欠缺。

一个创新型国家必然是全体社会成员关注创新、支持创新、参与创新的国家,必然是社会创新文化氛围浓厚、创新文化精神旺盛的国家。营造有利于创新的良好文化氛围,当前最重要的是在全社会大力倡导敢为天下先的精神,形成尊重劳动、尊重知识、尊重人才、尊重创造的社会风尚,努力营造生动、活跃、民主的创新氛围。要引导人们破除那种只防出错、不求出新,只求保险、不担风险的思维定式,克服那种唯书唯上、崇洋崇古、照搬照套的行为惯性,克服官本位思想、门户主义、小团体主义、压制后学、枪打出头鸟、论资排辈、缺乏宽容等各种消极现象。要激发创新思维,活跃学术气氛,提倡理性怀疑和批判,尊重个性,鼓励探索,鼓励冒尖,宽容失败,提倡竞争,倡导合作,敢于独立思考,勇于冲破陈规。要加强科研职业道德建设,遏制科学技术研究中的浮躁风气和学术不良风气,避免陷入研而优则仕的人才使用误区。要在全社会提高知识产权意识,让保护知识产权成为全社会的共同自觉行动。唯有如此,才能不断增强公众的创新意识和创新能力,为建设创新型国家提供良好社会条件。

第六专题

建设社会主义核心价值体系

党的十六届六中全会通过的《中共中央关于构建社会主义和谐社会若干重大问题的决定》,第一次明确提出了"建设社会主义核心价值体系"的重大战略思想和重大战略任务。十七大报告进一步提出了"建设社会主义核心价值体系,增强社会主义意识形态的吸引力和凝聚力"①的新要求。正确认识和准确把握社会主义核心价值体系的丰富内涵、基本要求和重大意义,大力推进社会主义核心价值体系建设,对于推进中国特色社会主义伟大事业,实现中华民族伟大复兴,具有十分重要的现实意义和深远的历史意义。

---

① 胡锦涛:《高举中国特色社会主义伟大旗帜,为夺取全面建设小康社会新胜利而奋斗》,人民出版社 2007 年 10 月第 1 版,第 34 页。

一、建设社会主义核心价值体系的重大意义

建设社会主义核心价值体系,是巩固和发展社会主义制度的内在要求,是增强社会主义意识形态吸引力和凝聚力的当然需要,对于巩固全党全国人民团结奋斗的共同思想基础、团结和引领全体社会成员在思想道德上共同进步、建设社会主义和谐文化、提升国家文化软实力和国家竞争力,具有极其重要的理论意义和现实意义。

(一)建设社会主义核心价值体系是坚持和发展社会主义制度的内在要求

作为人类社会的一种形态,社会主义制度自然有其特殊的深刻内涵,是社会主义经济、政治和文化的三位有机统一体。在经济层面,就是公有制为主体、多种所有制经济共同发展的基本经济制度,按劳分配为主体、多种分配方式并存的分配制度;在政治层面,就是人民当家做主和共产党执政的国家政权制度;在文化层面,就是马克思主义在意识形态占指导地位的思想文化制度。社会主义核心价值体系是社会主义制度的内在精神和生命之魂,是社会主义思想文化的内核,是社会主义制度在价值层面的本质规定,是"社会主义意识形态的本质体现"[①],它揭示了社会主义国家经济、政治、文化、社会的发展动力,体现了富强、民主、文明、和谐的社会主义现代化国家的发展要求,反映了我国各族人民的核心利益和

① 胡锦涛:《高举中国特色社会主义伟大旗帜,为夺取全面建设小康社会新胜利而奋斗》,人民出版社 2007 年 10 月第 1 版,第 34 页。

共同愿望。可以说,建设社会主义核心价值体系,既是坚持和发展社会主义思想文化制度、增强社会主义意识形态吸引力和凝聚力的需要,又是坚持和发展社会主义经济制度和社会主义政治制度的需要。社会主义核心价值体系决定着社会主义的发展模式、制度体制和目标任务,在所有社会主义价值目标中处于统摄和支配地位;如果全社会的思想和行为缺乏社会主义核心价值体系的规范、主导和引领,就会背离社会主义的价值和目标,就不能保证中国特色社会主义的正确发展方向。

众所周知,当前我国的改革和发展进入了机遇和挑战前所未有的关键时期,发展成就显著,发展矛盾凸显,经济体制深刻变革,社会结构深刻变动,利益格局深刻调整,思想观念深刻变化。思想活跃、观念碰撞、文化交融成为思想文化领域的基本态势。这对人们的思想和行为既带来巨大活力,又带来巨大冲击和挑战。在此情势下,如何确保改革和发展的社会主义方向,就成为摆在我们面前的一项十分紧迫的战略任务。建设社会主义核心价值体系,正是巩固和发展中国特色社会主义制度和事业的现实迫切需要。只有建设社会主义核心价值体系,才能坚持马克思主义在意识形态中的指导地位,为中国特色社会主义事业提供科学的理论基础和行动指南;只有建设社会主义核心价值体系,才能树立中国特色社会主义的共同理想,巩固全党和全国各族人民团结奋斗的共同思想基础;只有建设社会主义核心价值体系,才能进一步弘扬以爱国主义为核心的民族精神和以改革创新为核心的时代精神,形成凝聚全民族的精神纽带;只有建设社会主义核心价值体系,才能更好地弘扬社会主义荣辱观,形成全民族共同的思想道德观念和行为规范。总之,只有建设社会主义核心价值体系,才能引领社会思潮、凝聚力量、鼓舞斗志,才能最广泛最充分地调动一切积极因素,形成良好的社会风尚与和谐的人际关系,才能在正视和化解社会矛盾的过程中顺利推进全面小康社会和社会主义现代化建设的伟大实践,使中国特色社会主义事业不断发展壮大,使中国社会主义制度日臻完善和充满活力。

(二)建设社会主义核心价值体系向世人展现了我们党思想上精神上的旗帜

改革开放以来,我们党带领人民成功探索出一条有中国特色社会主义道路,在经济、政治、文化等方面建立了一套比较成熟的制度和体制,使古老的中华民族以崭新的姿态屹立于世界民族之林,中国特色社会主义显示了巨大的优越性。我们坚持中国特色社会主义,从经济方面来说,就是要坚持社会主义市场经济体制,坚持公有制为主体、多种所有制经济共同发展的基本经济制度,坚持按劳分配为主体、多种分配方式并存的分配制度;从政治方面来说,就是要坚持人民民主专政的国体、人民代表大会制度的政体、中国共产党领导的多党合作和政治协商制度的政党制度;从思想文化方面来说,就是要坚持马克思主义在意识形态的指导地位。与这些根本性的制度、体制和要求相适应,必然要有一个主导全社会思想和行为的价值体系即社会核心价值体系。随着改革开放和社会主义市场经济进一步发展,随着中外文化交流和碰撞进一步扩大,随着人们思想活动的独立性、选择性、多变性和差异性进一步增强,对社会主义价值体系的核心内容作出清晰界定并大力倡导就显得越来越迫切。一个人为人处世要受一定价值观的影响和支配;一个国家、一个社会必须要有社会成员普遍认同的价值体系来维系。在这个体系中居核心地位、起主导作用的就是社会核心价值体系,它是维系社会团结和睦的精神纽带、推动社会全面发展的精神动力、指引社会前进方向的精神旗帜。提出建设社会主义核心价值体系,正是鲜明地向世人亮出我们党在思想上精神上的旗帜。这面旗帜昭示人们:不论人们的思想观念和价值取向如何多样多变,我国社会主义意识形态的核心内容即社会主义核心价值体系是必须坚持、倡导和发扬的,是不能改变、不能动摇的。社会主义核心价值体系,反映了社会主义市场经济发展的要求,反映了社会主义民主政治发展的要求,反映了社会主义先进文化建设的要求,反映了构建社会主义和谐社会的要求,抓住了社会主义意识形态的关键,有利于我们更加清醒、更加坚定地把握和坚持社会主义意识形态的本质,有利于我们更加清醒、更加坚定地把握和坚持社会主义先进文化的前进方向,对于我们党团结带领全国各族人民开拓前进,战胜艰难险阻,抵御错误思想,形成全民族奋发向上的精神力量和团结和睦的精神纽带,具有极其重要的引导和推动作用。

(三)建设社会主义核心价值体系是巩固全党全国人民团结奋斗的共同思想基础的需要

共同的思想基础,是一个政党、一个国家、一个民族赖以存在和发展的根本前提。没有共同的思想基础,政党就会瓦解、社会就会动荡、国家就会分裂、民族就会解体。我们党历来重视共同思想基础的建设。毛泽东强调党要有"共同语言",社会主义国家要有"统一意志",讲的是共同思想基础建设。邓小平指出:"我们这么大一个国家,怎样才能团结起来、组织起来呢? 一靠理想,二靠纪律。"①这强调的亦是要加强共同思想基础建设。江泽民指出:"精神文明建设搞好了,人心凝聚,精神振奋,经济建设和其他各项事

---

① 《邓小平文选》第3卷,人民出版社1994年版,第111页。

业就会全面兴盛。精神文明建设搞不好,人心涣散,精神颓废,经济建设和其他各项事业也难以搞好。"①"一个民族、一个国家,如果没有自己的精神支柱,就等于没有灵魂,就会失去凝聚力和生命力。"②这强调的还是共同思想基础建设。胡锦涛总书记多次指出要增强"民族精神"、巩固"精神支柱"、形成"共同理想信念",这强调的仍然是共同思想基础建设。既然共同思想基础建设如此重要,就需要对党和人民在革命、建设和改革的长期奋斗过程中形成的共同思想基础作出科学的概括和清晰的界定,明确其基本内涵和基本要求,使之易于为全党全社会更加全面地理解和更加准确地把握。我们党之所以长期以来一直强调共同思想基础建设,而在今天产生了对共同思想基础作出科学概括和清晰界定的需要,原因就在于:在社会思想观念和价值取向日益多样的情况下,根本的、原则的东西有些时候却容易被自觉或不自觉地疏忽或淡化。提出建设社会主义核心价值体系,就明确揭示了我们共同思想基础的基本内涵和基本要求,将会推动全党全社会更加自觉地维护我们共同的思想基础。

(四)建设社会主义核心价值体系有利于引导全社会在思想道德上共同进步

思想道德是经济基础的反映,不是脱离历史发展的抽象观念。同我国还处在社会主义初级阶段相适应,同我国多种所有制经济并存相适应,同我国多种分配方式并存相适应,同对外开放的复杂环境相适应,人们的思想观念、道德意识、价值取向越来越呈现出

---

① 《江泽民论有中国特色社会主义》(专题摘编),中央文献出版社 2002 年 8 月版,第 382 页。

② 《江泽民论有中国特色社会主义》(专题摘编),中央文献出版社 2002 年 8 月版,第 395 页。

层次性。这种层次性要求我们,在思想道德建设上一定要从实际出发,既要鼓励先进,又要照顾多数,把先进性要求同广泛性要求结合起来,对不同层次的人们提出不同的要求。我们不能因为存在着多层次的思想道德而降低甚至否定先进性的要求,对于共产党员来说,要坚定不移地身体力行共产主义道德。我们也不能不顾人们思想道德的客观差异,用一个标准要求所有的社会成员,而是要倡导积极的,支持有益的,允许无害的,改造落后的,抵制腐朽的。我们必须针对人们思想道德上的层次性,坚持用先进的思想道德来引领全体社会成员在思想道德上不断提升、共同进步。到底用什么样的思想道德来引领人们在思想道德上不断提升和进步? 提出建设社会主义核心价值体系,就集中回答了这个问题。社会主义核心价值体系,既体现了思想道德建设上的先进性要求,又体现了思想道德建设上的广泛性要求;既坚持了先进文化的前进方向,又符合不同层次群众的思想状况;既体现了一致的愿望和追求,又涵盖了不同群体和阶层的愿望和追求。可以说,正是得益于广泛的适用性和包容性,社会主义核心价值体系才具有强大的整合力和引领力,才能成为联结各民族和各阶层的精神纽带,成为引导全社会在思想道德上共同进步的强大精神力量。

(五)建设社会主义核心价值体系是提高国家文化软实力和国家竞争力的迫切需要

国家之间的竞争表现为综合国力之间的竞争。综合国力,包括由经济、科技、军事等因素构成的硬实力和由文化、制度、价值观念等因素构成的软实力两个方面。硬实力是软实力的基础和前提,软实力是硬实力的支撑和保障,两者相互影响,相互促进。提高国家竞争力,必须在加强国家硬实力建设和加强国家软实力建设两个方面共同努力。国际社会的经验昭示我们,软实力在当今综合国力竞争中的作用越来越突出,必须把加强软实力建设摆在更加突出的地位。而加强软实力建设的一个重要方面就是加强文化软实力建设。由于经济全球化使各国经济相互融合不断加深、各种思想文化相互碰撞更加激烈,对国家主权、国家观念和民族认同感造成重大冲击和挑战,软实力尤其是文化软实力的较量和竞争比以往任何时候都更加凸显和激烈。对我们国家来说,加强文化软实力建设,最根本的就是要加强社会主义核心价值体系建设,增强中华民族的凝聚力和向心力,在激烈的国际竞争中维护国家和民族的利益。我国是一个拥有 56 个民族、13 亿多人口的发展中的社会主义大国,只有社会主义核心价值体系才能形成共同的理想信念、强大的精神支柱和基本的道德规范,把全社会的意志和力量凝聚起来。失去社会主义核心价值体系,必然导致人心涣散、社会混乱。所以,要增强国家竞争力,就必须大力提升国家文化软实力,大力加强社会主义核心价值体系建设,用马克思主义指导社会意识形态,用中国特色社会主义共同理想凝聚力量,用民族精神和时代精神鼓舞斗志,用社会主义荣辱观引领风尚,不断增强人们对党的领导、社会主义制度、改革开放事业、全面建设小康社会目标的信念和信心,为实现中华民族的伟大复兴共同奋斗。

(六)建设社会主义核心价值体系是建设和谐文化的根本

构建社会主义和谐社会必须不断发展和建设和谐文化。而"社会主义核心价值体系是建设和谐文化的根本"①、在和谐文化

---

① 《中共中央关于构建社会主义和谐社会若干重大问题的决定》,新华社北京 2006 年 10 月 18 日电。

中居于主导地位。首先,社会主义核心价值体系为和谐文化提供价值指导。建设和谐文化,最根本的就是要确立全社会共同遵循的核心价值体系,打牢社会和谐的思想道德基础,最大限度地形成社会共识,凝聚人心,激发活力,为社会和谐提供文化源泉和精神动力。作为整个社会精神文化的思想内核,社会主义核心价值体系抓住了价值需要、价值创造和价值实现的关键,正是文化建设确保和谐价值取向的根本保证。其次,社会主义核心价值体系引导和谐文化思潮的现实走向。多样化社会思潮既是无法避免的,又是必须加以引领的。如果任其自由发展,就会影响和冲击社会主义的主流意识形态,影响和冲击党和人民团结奋斗的思想政治基础,影响和冲击构建社会主义和谐社会的共同目标取向。只有大力建设社会主义核心价值体系,旗帜鲜明、理直气壮地以社会主义核心价值体系引领社会思潮,建设和谐文化,才能在建设富强民主文明和谐的社会主义现代化国家这个总目标下,不断增进社会思想共识,不断强化民族向心力和凝聚力,把构建社会主义和谐社会由美好理想变为举国上下的共同行动。再次,社会主义核心价值体系是和谐文化建设的主心骨。社会主义核心价值体系主题明确、内涵丰富、体系完整,具有引领社会思潮的先进性特质,是我国各族人民团结奋斗的共同思想基础,是占支配地位的国家主流意识形态,对和谐文化建设具有统摄和导向功能,是社会思潮与和谐文化建设的主心骨。建设社会主义核心价值体系,既是丰富和发展中国特色社会主义理论与实践的需要,又是构建和谐社会、建设和谐文化的必然要求,是我们凝聚和统一社会各阶层、各利益群体的强大思想武器。最后,社会主义核心价值体系是党领导和谐文化建设的基本着力点。在经济社会生活和人们价值取向多样化的条件下,我们党要领导全国各族人民把构建社会主义和谐社会的伟大事业向前推进,就必须立足于执政兴国、执政为民的基本要求,自觉担负起以社会主义核心价值体系为根本建设和谐文化的政治责任。从核心价值体系建设入手,充分发挥核心价值体系的理论指导和实践推动作用,从而实现和谐文化的良性发展,正是我们党领导和谐文化建设的基本着力点和牵头管总的正确道路。总之,我们建设的和谐文化,是以社会主义核心价值体系为根本和内在规定性的和谐文化。在和谐文化建设中,抓住了社会主义核心价值体系这个根本,才能形成全社会共同的理想信念,增强全社会的凝聚力;才能树立全社会的和谐理念,培育全社会的和谐精神;才能形成全社会的良好道德风尚,形成全社会的和谐人际关系;才能营造全社会的和谐舆论氛围,塑造全社会的和谐心态。

二、社会主义核心价值体系的基本内容

马克思曾经深刻指出:"'价值'这个普遍的概念是从人们对待满足他们需要的外界物的关系中产生的。"①通俗地说,价值就是事物的有用性,即客体对主体的有用性。而价值观念是指主体对客体有用性的评价。人们在认识和改造世界、创造和实现价值的过程中,必然会形成一定的价值观念。一个国家、一个民族、一个社会在长期共同的认识和实践过程中,必然会形成一定的价值观念体系。在社会价值体系中居核心地位、起主导和统领作用的就是社会核心价值体系。社会核心价值体系是社会系统得以运转、社会秩序得以维持的基本精神依托,不仅作用于经济、政治、文

---

① 《马克思恩格斯全集》第 19 卷,人民出版社 1963 年版,第 406 页。

化和社会生活的各个方面,是维系社会团结和睦的精神纽带、推动社会全面发展的精神动力、指引社会前进方向的精神旗帜,而且对于每个社会成员的世界观、人生观和价值观都会施加深刻的影响。

那么,什么是社会主义核心价值体系?概括地说,社会主义核心价值体系就是在社会主义社会价值体系中居核心地位、起主导和统领作用的价值体系,是立足于社会主义经济基础的价值认同系统,是社会主义意识形态本质属性的集中体现。党的十六届六中全会深刻指出:"马克思主义指导思想,中国特色社会主义共同理想,以爱国主义为核心的民族精神和以改革创新为核心的时代精神,社会主义荣辱观,构成社会主义核心价值体系的基本内容。"①这四个方面的基本内容是对社会主义核心价值体系深刻内涵的科学揭示,构成社会主义意识形态最重要的组成部分,是从我们党领导人民在长期实践中形成的丰富思想文化成果中提炼和概括出来的思想文化精华,它们各以其特殊内涵和实践要求,在社会主义文化建设和意识形态建设中发挥着不可替代的重要作用。

(一)社会主义核心价值体系的灵魂:马克思主义指导思想

在社会主义核心价值体系中,马克思主义指导思想居于最高层次,决定社会主义核心价值体系的性质和方向,是社会主义核心价值体系的灵魂。因为以马克思主义为指导思想,就是对马克思主义这一我们认识世界和改造世界的最伟大科学理论的价值认同,从根本上说就是对人类社会发展规律的价值认同。众所周知,马克思主义是关于自然界、人类社会和人类思维发展普遍规律的

① 《中共中央关于构建社会主义和谐社会若干重大问题的决定》,新华社北京2006年10月18日电。

科学,是关于工人阶级、劳动人民和全人类解放的科学,是关于建设社会主义和实现共产主义的科学,是我们认识世界和改造世界的科学的世界观和方法论,是我们党和国家的指导思想和行动指南。由于我国是社会主义国家,中国共产党是中国特色社会主义事业的领导核心,马克思主义是我们立党立国的根本指导思想,是社会主义意识形态的灵魂和旗帜,是社会主义核心价值体系的灵魂和旗帜,因此,建设社会主义核心价值体系,最根本的就是要坚持马克思主义的指导地位不动摇。

坚持马克思主义指导思想不动摇必须以科学的态度对待马克思主义。这个科学的态度就是既坚持马克思主义,又发展马克思主义。一方面,必须坚持马克思主义而不能怀疑或否定马克思主义。这是由马克思主义的科学性决定的。马克思主义是迄今为止对自然界、人类社会和思维发展一般规律最为正确的揭示,其基本原理及其立场、观点和方法在任何时候都是正确的,始终不会过时的,永远是我们认识世界和改造世界的强大思想武器。中外社会主义国家的历史和现实一再证明,如果偏离或动摇马克思主义的指导地位,就会造成思想混乱和社会动乱,导致党和国家的巨大灾难。另一方面,必须发展马克思主义而不能教条主义地对待马克思主义。这是由马克思主义的实践性、开放性和创新性的理论品质决定的。马克思主义是对人类文明成果的继承和发展,其科学性正是来源于实践性、开放性和创新性。马克思主义之所以能够成为我们党和国家的指导思想,确保我们党和国家的事业不断向前发展,始终显示出强大生机和活力,原因就在于它总能随着时代、科学、实践的发展而不断丰富和发展自己。可以说,只有正确运用于实践并在实践中不断发展,马克思主义才能显示出强大的生命力,这是一条不可动摇的正确结论。

　　坚持马克思主义指导思想,必须坚持把马克思主义基本原理同中国具体实际相结合,不断推进马克思主义中国化,始终坚持用马克思主义中国化的最新理论成果武装全党、教育人民、指导实践。在推进马克思主义中国化的伟大历史进程中,我们党坚持把马克思主义基本原理同中国具体实际相结合,形成了毛泽东思想和内含邓小平理论、"三个代表"重要思想以及科学发展观等重大战略思想在内的中国特色社会主义理论体系。在当代中国,坚持马克思主义指导地位,就要把马克思列宁主义、毛泽东思想、中国特色社会主义理论体系作为党和国家长期坚持的指导思想,坚持以科学发展观统领经济社会发展全局,坚持用发展着的马克思主义指导改革开放和社会主义现代化建设的伟大实践。

　　坚持马克思主义的指导地位并不排斥社会思想文化的多样化。思想文化的差异和多样是人类社会的常态。而马克思主义从来就是在对各种正确思想文化的学习吸收和对各种错误思想文化的斗争中发展、完善和壮大的,尊重差异、包容多样毋庸置疑是坚持和发展马克思主义的题中应有之义。我们必须清醒地认识到,社会思想文化越是复杂多样,就越是需要坚持马克思主义在意识形态领域的指导地位。只有坚持马克思主义指导思想,才能有效引领和整合社会思潮,在尊重差异中扩大社会认同,在包容多样中形成思想共识,团结不同社会阶层、不同认识水平的人们共同进步。如果动摇了马克思主义的指导地位,就会动摇中国特色社会主义的理论根基,动摇全党全国人民团结统一的思想基础,导致思想混乱和社会动荡。面对经济成分、组织形式、社会阶层、就业形式、分配方式、生活方式多样化必然导致思想文化和价值观念多样化的客观情势,建设社会主义核心价值体系,必须紧紧把握住马克思主义指导思想这个灵魂,坚持不懈地用马克思主义中国化最新成果武装全党、教育人民、指导实践,认真"开展中国特色社会主义理论体系宣传普及活动,推动当代中国马克思主义大众化。"①广大党员特别是各级领导干部,更要做马克思主义特别是中国特色社会主义理论体系的坚定信仰者和自觉实践者。

（二）社会主义核心价值体系的主题:中国特色社会主义共同理想

理想是人们在实践中形成的具有实现可能性的未来目标和愿景。理想具有科学性、时代性、实践性和超前性的特点。理想的科学性是指它符合客观规律,具有实现可能性,在条件具备时就能转化为现实。如果缺乏客观依据,所谓未来目标和追求就只能是空想或幻想。理想的时代性是指任何理想都是一定时代社会历史条件的产物。人们生活的时代不同,所面临的经济条件、政治条件和社会环境有别,所具有的文化素养、认识能力不同,产生的理想自然不同。理想的实践性是指理想与社会实践有密切联系,不付诸社会实践,任何理想都无法实现。理想的超前性是指理想是对未来目标的理性设计。正是由于超前性,理想才能鼓舞人们去奋斗,去追求,对人们的行为产生巨大的指导和鞭策作用。

理想可按不同标准加以划分,其类型是多种多样的。依时间跨度划分,理想可分为近期理想、中期理想和长期(长远)理想;依层次划分,理想可分为共同理想和最高理想;依主体划分,理想可分为个人理想和社会理想;依内容划分,理想可分为社会理想、道德理想、职业理想和生活理想,等等。

---

① 胡锦涛:《高举中国特色社会主义伟大旗帜,为夺取全面建设小康社会新胜利而奋斗》,人民出版社 2007 年 10 月第 1 版,第 34 页。

所谓共同理想,就是人们在一定历史时期的共同向往和追求。中国特色社会主义共同理想就是中国人民在本世纪中叶前的共同奋斗目标和追求愿景。这一奋斗目标和追求愿景就是在本世纪头20年全面建设小康社会,在本世纪中叶基本实现富强民主文明和谐的社会主义现代化,实现中华民族的伟大复兴。这一共同理想之所以是社会主义核心价值体系的主题,是因为我们建设社会主义核心价值体系的根本目的就是要实现中国特色社会主义共同理想,在本世纪头20年全面建成小康社会,本世纪中叶基本实现社会主义现代化,实现中华民族的伟大复兴。

牢固树立中国特色社会主义共同理想意义重大。一方面,中国特色社会主义共同理想是中华民族前进的强大精神力量。理想是个人和社会前进的灯塔和旗帜。共同理想是国家和民族前进的强大精神动力,对人们的行为发挥着导向、凝聚和激励作用。随着社会主义市场经济的深入发展,我国经济成分、组织形式、就业方式、利益关系和分配方式日益多样化,不可避免会出现社会意识的多样化,在此情势下,牢固树立代表广大人民根本利益、为社会各阶层广泛认可和接受、能有效凝聚各方面智慧和力量的中国特色社会主义共同理想,无疑显得更加重要和迫切。为了实现这个共同理想,一切有利于国家富强、社会进步、人民幸福的思想和精神,一切有利于民族团结、祖国统一、人心凝聚的思想和精神,一切用诚实劳动争取美好生活的思想和精神,都应当得到尊重、保护和发扬。改革开放以来,我国社会主义制度在除弊创新中自我完善和发展,经济总量和综合国力大幅度跃升,人民生活总体上实现了历史性跨越,我国的国际地位显著提高。举世瞩目的伟大成就极大地坚定了各族人民实现共同理想的坚定信念,激励着我们为中国特色社会主义的光明前途和中华民族的伟大复兴继续团结奋斗。

另一方面,中国特色社会主义共同理想是建设和谐文化与和谐社会的内在要求。党的十六届六中全会深刻指出,建设和谐文化是构建社会主义和谐社会的重要任务,社会主义核心价值体系是和谐文化的根本。而作为社会主义核心价值体系重要内容的中国特色社会主义共同理想,在和谐文化与和谐社会建设中无疑发挥着重要作用。只有坚持以中国特色社会主义共同理想吸引人、感染人、凝聚人、鼓舞人,才能引导人们树立正确的世界观、人生观、价值观,正确认识国家和民族的前途命运,不断增强对中国共产党领导、社会主义制度、改革开放事业、全面建设小康社会和社会主义现代化目标的信念和信心,这自然是和谐文化建设与社会主义和谐社会建设的内在需要。

中国特色社会主义共同理想充分反映了我国最广大人民的共同愿望、利益和要求。一方面,中国特色社会主义共同理想经过了历史和实践的检验。摆脱贫穷落后,走向富强民主文明和谐,实现中华民族的伟大复兴,是中华儿女世世代代的梦想和追求。鸦片战争以来100多年的历史充分证明,中国共产党的领导,中国特色社会主义道路,是历史的选择、人民的选择;中国特色社会主义共同理想是实现中华民族伟大复兴的必由之路,是全国各族人民团结奋斗的强大动力。改革开放30年来我国经济社会发展取得的巨大成就更是无可辩驳地证明了这一点。另一方面,中国特色社会主义共同理想有着广泛的社会共识。这个共同理想,既实在具体,又鼓舞人心,昭示了我们要在中国特色社会主义道路上,在本世纪头20年全面建设小康社会,到本世纪中叶基本实现现代化,把我国建成富强民主文明和谐的社会主义国家。这个共同理想,既是对中国社会发展规律的正确认识,又是中国人民利益和愿望的根本体现,集中了我国工人、农民、知识分子和其他社会主义劳动者、建设者、爱国者的共同利益和愿望,是保证全体人民在政治上、道义上、精神上团结一致,凝聚各党派、各团体、各民族、各阶层、各界人士的智慧和力量,克服任何困难、创造美好未来的强大精神纽带和动力。这个共同理想,把党在社会主义初级阶段的目标、国家的发展、民族的振兴与个人的幸福紧密联系在一起,把各个阶层、各个群体的共同愿望有机结合在一起,具有令人信服的必然性、广泛性和包容性,具有强大的感召力、亲和力和凝聚力。不论哪个社会阶层、哪个利益群体的人们,都能够也应该认同和接受这个共同理想,并且为这个理想共同奋斗。

(三)社会主义核心价值体系的精髓:以爱国主义为核心的民族精神和以改革创新为核心的时代精神

民族精神是一个民族在长期共同社会实践中形成的民族意识、民族心理、民族品格、民族气质的总和,是一个民族生生不息、薪火相传的精神血脉,是民族文化最本质、最集中的体现。在5000多年的历史发展中,中华民族形成了团结统一、爱好和平、勤劳勇敢、自强不息的伟大民族精神,我们党领导人民在长期革命、建设和改革中不断丰富和发展着这个民族精神。民族精神的核心是爱国主义。在当代中国,爱国主义和社会主义是紧密结合的,因为现实的中国是社会主义的中国,离开了爱社会主义就谈不上爱国。高举爱国主义和社会主义的旗帜,就能最大限度地凝聚和动员全民族的力量,为振兴中华而共同奋斗。

时代精神是一个民族紧跟时代和实践前进步伐所产生的能够指导国家现实实践、推动国家战略目标实现的思想意识和精神品质。改革开放使我国各族人民焕发出巨大的创造活力,形成了解放思想、求真务实、锐意改革、开拓创新的鲜明时代精神。时代精

神的核心是改革创新。创新是民族进步的灵魂。全民族的创造精
神和创新能力，是实现中华民族伟大复兴的不竭动力。与时俱进
的改革和创新毋庸置疑已经成为中国特色社会主义最重要的品
格。只有坚持改革创新，才能冲破一切不合时宜的观念、做法和体
制的束缚，破除教条主义、主观主义和形而上学的桎梏，让一切创
造新生活的活力和源泉竞相迸发、充分涌流。

民族精神和时代精神是相互交融的，它们深深熔铸在民族的
生命力、创造力和凝聚力之中，深深熔铸在社会主义核心价值体系
之中。一个民族，没有优秀的精神品格，就不可能屹立于世界先进
民族之林；一个国家，没有凝聚人心的民族精神和与时俱进的时代
精神，就不会有旺盛的生命力、强大的凝聚力和卓越的创造力。建
设社会主义核心价值体系，一个重要方面，就是要树立在全社会得
到广泛认同的精神旗帜，铸就民族奋发向上的精神支撑，激发引领
全体人民共同奋斗的精神力量，不断增强民族凝聚力、向心力和创
造力。弘扬和培育民族精神和时代精神，既要继承民族优良传统，
从祖国源远流长、博大精深的灿烂文化中汲取营养，又要紧跟时代
前进的步伐，体现时代和社会发展进步的要求；既要以开放的心态
面向世界，虚心学习世界其他民族的长处，又要不断提升自己的文
化软实力，自觉维护国家和民族的利益和尊严，决不能妄自菲薄、
失去斗志朝气。

以爱国主义为核心的民族精神和以改革创新为核心的时代精
神之所以是社会主义核心价值体系的精髓，是由民族精神和时代
精神在社会主义核心价值体系中的地位和功能所决定的。第一，
民族精神和时代精神与马克思主义指导思想在价值诉求方面相契
合。坚持用马克思主义指导实践，必须以实现中华民族的伟大复
兴为价值目标。马克思主义是我们立党立国的指导思想，为我们

提供正确认识世界和改造世界的强大思想武器。但任何旨在推动或指导社会发展的正确理论,都离不开一定的社会氛围、民族土壤和时代条件。马克思主义之所以能够在中国传播和发展,就是因为它同我们的民族精神和时代精神的价值诉求相契合。马克思主义中国化的最终目标是实现中华民族的伟大复兴,弘扬和培育民族精神和时代精神的最终目的也是为了实现中华民族的复兴,两者的目标是一致的。我们正是依靠中国化的马克思主义即毛泽东思想和中国特色社会主义理论体系的正确指导,才使中华民族复兴的伟大事业蓬勃发展。而中国化马克思主义的不断推进离不开以爱国主义为核心的民族精神和以改革创新为核心的时代精神的滋养和推动。第二,民族精神和时代精神与坚持中国特色社会主义共同理想在目标上是一致的。社会主义制度是历史和人民的选择,代表了中国最广大人民的根本利益,为全社会树立共同理想创造了历史前提。我们党在领导人民建设社会主义的过程中,历经艰辛探索,找到了建设中国特色社会主义的正确道路。中国特色社会主义共同理想把党在社会主义初级阶段的目标、国家的发展、民族的振兴与个人的幸福紧密联系在一起,把各个阶层、各个群体的共同愿望有机结合在一起,有着广泛的社会共识。民族精神和时代精神与中国特色社会主义共同理想的目标是完全一致的,建设中国特色社会主义既是全民族的共同利益所在,又是时代精神的内在要求。第三,社会主义荣辱观是民族精神和时代精神在个体行为规范和道德标准上的要求。社会主义荣辱观融合了价值理想、文化素养、公共行为和个人修养等方面的是非判断标准,适应了当代中国社会发展和社会主义市场经济体制建设的客观要求,鲜明地体现了民族精神与时代精神。热爱祖国、服务人民、崇尚科学、辛勤劳动、团结互助、诚实守信、遵纪守法、艰苦奋斗无疑都是民族精神和时代精神的生动体现和内在要求。

以爱国主义为核心的民族精神和以改革创新为核心的时代精神,是凝聚中华民族的重要思想基础,是各族人民团结和睦、共同奋斗的精神纽带。今天,构建社会主义和谐社会,建设富强民主文明和谐的现代化国家,实现中华民族的伟大复兴,这是中华儿女的共同愿望,也是前无古人的伟大事业。伟大的事业呼唤伟大的精神。大力弘扬民族精神和时代精神,牢牢把握社会主义核心价值体系的精髓,唱响和谐文化建设的主旋律,才能传承中华民族历经磨难而不倒、饱经风霜而弥坚的精神实质,不断拓展我们民族自强不息、团结奋进的精神内涵,不断增强我们民族的自尊心、自信心和自豪感,使各族人民始终凝聚在爱我中华、振兴中华的旗帜下。民族精神和时代精神,寄托着民族的希望,昭示着国家的未来。用民族精神和时代精神凝聚力量、激发活力,让伟大的民族精神和时代精神相互激荡、相互砥砺,必将壮大我们民族进步的血脉,增强我们国家发展的动力,激励亿万中国人民继往开来,开拓创新,成就伟业。

(四)社会主义核心价值体系的基础:社会主义荣辱观

众所周知,道德是一种有别于法律的行为规范,是通过社会舆论、教育感化、自身修养、传统习惯调整人们行为的规范体系,是一种依靠自律而非他律调整社会关系、维护公共秩序、保证社会生活安定有序的精神力量。道德不是脱离历史和现实发展的抽象观念,而是经济基础和政治制度的反映,必须服从和服务于社会经济制度和政治制度的发展和完善。作为道德范畴,荣与辱是对人的行为的社会道德价值所作的客观评价和主观体验。荣誉是指人的行为受到社会肯定和赞扬从而在内心深处获得的一种价值认同和情感上的满足;耻辱是指人的行为受到社会舆论谴责和厌恶从而在内心深处所产生的羞愧、内疚和遗憾。荣辱观是人们对荣誉和耻辱的根本看法和根本态度,是社会道德的重要内容,是世界观、人生观、价值观的生动体现。

社会主义荣辱观是社会主义核心价值体系的基础。社会主义荣辱观是社会主义国家对公民思想和行为选择标准的价值认同,是社会主义道德的重要内容。社会主义荣辱观之所以是社会主义核心价值体系的基础,是由社会主义荣辱观在社会主义核心价值体系中的基础地位决定的。道德对人的行为的调节既是基本的又是广泛的,人的任何行为都要受到道德的评判,道德对人的行为的影响可以说是无时不有、无处不在。作为道德范畴的社会主义荣辱观毋庸置疑是检验人的思想行为的基本标准和基本尺度,是人的思想素养和精神风貌的基石和支点,在道德建设、社会主义核心价值体系建设、文化建设、社会主义和谐社会建设中发挥着基础和前提的作用。

树立社会主义荣辱观是加强我国道德建设和树立良好社会风气的迫切需要。新中国成立以来,党和国家大力提倡爱祖国、爱人民、爱劳动、爱科学、爱社会主义的社会主义基本道德,大力发展各民族和社会成员之间平等、团结、友爱、互助的社会主义新型人际关系,在道德建设方面取得了巨大进步。但是,我国还处于并将长期处于社会主义初级阶段,旧社会残留的封建主义道德的影响依然广泛存在,同时面临着资本主义腐朽思想道德的侵蚀。改革开放和发展社会主义市场经济在推动经济社会全面进步的同时,也给道德领域和社会关系带来复杂深刻的冲击和影响。改革开放使我国处于深刻复杂的社会转型期,价值多样化成为转型期的鲜明特征。多样化的价值既扩展了人们的选择自由,使不少人可以按照自己的想法生活而无需背负太大的思想压力,又容易导致在价值选择、折衷和妥协中模糊一些基本的道德判断和道德标准,使社会道德水平和社会风气出现问题。不可否认的是:许多主流价值被遮蔽、被消解,基本的是非、善恶、美丑界限被杂乱无章的多样价值所混淆,社会在很多方面和一定程度上丧失了基本的荣辱感,在一些人的意识中出现了是非不明、荣辱颠倒的现象,出现了不以荣为荣、不以耻为耻、甚至以耻为荣的现象,道德滑坡和社会风气不正已成为人们忧心和十分关注的重大社会现实问题。在此历史背景下,提出树立社会主义荣辱观,对于确立全社会普遍奉行的道德规范,加强我国道德建设,形成和谐的人际关系和文明的社会风尚,无疑具有十分重要的现实意义。

社会主义荣辱观的基本内容就是"八荣八耻"。胡锦涛总书记正是从树立良好社会风气的角度提出"八荣八耻"的社会主义荣辱观的。他深刻指出:"社会风气是社会文明程度的重要标志,是社会价值导向的集中体现。树立良好的社会风气是广大人民群众的强烈愿望,也是经济社会顺利发展的必然要求。"[1]在我们的社会主义社会里,是非、善恶、美丑的界限绝对不能混淆,坚持什么、反对什么,倡导什么、抵制什么,都必须旗帜鲜明。要在全社会大力弘扬爱国主义、集体主义、社会主义思想,倡导社会主义基本道德规范,促进良好社会风气的形成和发展。要引导广大干部群众特别是青少年树立社会主义荣辱观,坚持以热爱祖国为荣、以危害祖国为耻,以服务人民为荣、以背离人民为耻,以崇尚科学为荣、以愚昧无知为耻,以辛勤劳动为荣、以好逸恶劳为耻,以团结互助为荣、以损人利己为耻,以诚实守信为荣、以见利忘义为耻,以遵纪

---

① 胡锦涛:《牢固树立社会主义荣辱观》,《求是》2006 年第 9 期。

守法为荣、以违法乱纪为耻,以艰苦奋斗为荣、以骄奢淫逸为耻。

　　社会主义荣辱观把中华民族的传统美德、党领导人民在长期奋斗中形成的革命道德同社会主义新时代的道德要求紧密结合起来,为全体社会成员判断行为得失、作出道德选择、确定价值取向提供了基本的价值准则和行为规范,既有先进性的导向,又有广泛性的要求,贯穿社会生活各个领域,覆盖各个利益群体,涵盖了人生态度、社会风尚的方方面面,集中反映了社会主义的价值导向。只有树立社会主义荣辱观,才能凝聚人心、提升境界、激发活力,形成与社会主义核心价值体系相适应的良好社会风尚与和谐人际关系。荣辱观是一个民族思想道德的基点,一个国家精神文化的基石。当前,我国正处在改革发展的关键时期,社会深刻变革,经济快速发展,文化相互激荡,对人们的思想观念、生活方式和价值取向产生了多方面影响。要造就良好的社会风气,建设和谐文化,必须在全社会大力倡导和弘扬社会主义荣辱观,使之家喻户晓、人人践行,在全社会形成知荣辱、讲正气、促和谐的风尚,扎实推进和谐文化建设,打牢社会主义价值体系的基础。

　　社会主义核心价值体系四个方面的基本内容是相互联系、相互贯通、有机统一的,共同构成一个结构严谨、层次清晰的完整价值体系。只有合力共为,把铸造灵魂、突出主题、把握精髓、打牢基础的基本要求体现到经济、政治、文化、社会建设的各个领域,用社会主义核心价值体系把我们的认识统一起来,把我们的精神振奋起来,把我们的力量凝聚起来,才能创造和谐文化建设的新境界,开创科学发展的新局面。社会主义核心价值体系是不断发展和开放的价值体系,必须随着时代和实践的发展而不断发展,必须在不断吸收人类各种先进思想文化成果的基础上丰富和完善。

三、建设社会主义核心价值体系的内在要求

建设社会主义核心价值体系,是一个从价值规范体系到价值实践体系转化的自觉过程和复杂系统工程。要真正实现这一转化,就要通过多方面工作,在全社会努力营造有利于建设社会主义核心价值体系的舆论导向,大力塑造促进建设社会主义核心价值体系的政策导向、机制导向和行为导向。

(一)营造正确的舆论导向

价值体系是社会意识形态的重要内容,其思想理论、精神内涵、道德规范等内容是在一定社会意识、社会心理、社会舆论中存在并得以扩散的。舆论环境和舆论导向直接影响着社会核心价值体系的建设效果和深入程度。建设社会主义核心价值体系,必须高度重视舆论环境建设,形成有利于其发展和建设的正确舆论导向。

一要坚持马克思主义在意识形态领域的指导地位。营造正确的舆论导向,首先要在意识形态领域确立马克思主义的指导地位。马克思主义指导思想是社会主义核心价值体系的灵魂,只有坚持马克思主义的指导地位,才能从根本上营造建设社会主义核心价值体系的正确舆论导向。马克思主义是科学与信仰、真理与价值、规律与规范的统一,它本身就表明了一种崇高的价值追求,显示出一种公正的价值判断,包含着一种进步的价值准则,是代表人类价值思想前进方向、体现先进社会形态发展要求的价值思想。坚持马克思主义的指导地位,本身就是在弘扬社会主义核心价值体系

基本理念。马克思主义吸收民族优秀文化传统,借鉴人类有益文明成果,植根社会发展与变革的生动实践,关注广大人民群众的利益诉求,从而使其价值理念始终保持与时代和实践同行,正确引导中国特色社会主义的价值体系建设。坚持马克思主义的指导地位,就是在强化建设社会主义核心价值体系的舆论氛围。

二要坚持把社会主义核心价值体系融入国民教育和精神文明建设的各方面和全过程。舆论是社会意识的表达,是社会心理的显示,舆论导向实质上是通过国民教育和精神文明建设体现出来的。营造建设社会主义核心价值体系的舆论导向,就要坚持把社会主义核心价值体系融入国民教育和精神文明建设各方面和全过程,在"融入"的过程中塑造正确舆论导向。新闻出版、广播影视、文学艺术、社会科学、思想政治教育等领域,要更加自觉和真正有效地宣传和体现社会主义核心价值体系的基本内容,唱响主旋律,让马克思主义指导思想、中国特色社会主义共同理想、以爱国主义为核心的民族精神和以改革创新为核心的时代精神、社会主义荣辱观主导舆论、占领阵地。舆论是动态的变化的,坚持正确的舆论导向始终不能松懈。无论出现什么样的新形势、新问题、新挑战、新考验,社会舆论出现什么样的反映和声音,都要始终坚持社会主义核心价值体系的主导地位,保证国民教育和精神文明建设不偏离社会主义核心价值体系的轨道。

三要坚持以社会主义核心价值体系引领社会思潮。核心价值体系具有舆论引导作用,用社会主义核心价值体系对社会思潮进行引领和整合,本身就是在营造建设社会主义核心价值体系的舆论导向。当前,与中外不同思想文化的相互激荡相联系,与社会生活的多样化和价值取向的多样性相联系,与人们思想活动的独立性、选择性、多变性和差异性进一步增强相联系,我国意识形态领域在主旋律高扬的同时,也出现了各种各样的社会思潮。必须及时了解思想理论领域的各种倾向性问题,认真分析各类社会思潮的本质特征、主要内容、表现形式、现实影响、形成根源,采取有针对性的措施,引导其沿着健康的轨道前进,向着积极的方面发展。只有旗帜鲜明、理直气壮地以社会主义核心价值体系引领社会思潮,才能不断增进社会思想共识,不断强化全民族的向心力和凝聚力。坚持以社会主义核心价值体系引领社会思潮,营造正确的舆论导向,就要积极贯彻尊重差异、包容多样的方针,使充满差异和多样性的社会思潮按照社会主义核心价值体系指引的方向,更好地统一起来;就要着眼于最大限度地形成社会共识,使主流意识形态的基本要求与现实可能以及人民群众的利益需求有机地统一起来,使社会主义核心价值体系本身的说服力和感召力不断增强。

(二)形成完善的政策导向

建设社会主义核心价值体系,必须通过对人们思想和行为的塑造来实现,而人的思想和行为必然受到政策的引导。因为政策包含着与人们利益密切相关的制度规定,发挥着奖励与惩罚、激励与约束的作用。在现实生活中,人们奋斗所争取的一切,都同他们的利益有关。邓小平有一段经典名言:"不重视物质利益,对少数先进分子可以,对广大群众不行,一段时间可以,长期不行。革命精神是非常宝贵的,没有革命精神就没有革命行动。但是,革命是在物质利益的基础上产生的,如果只讲牺牲精神,不讲物质利益,那就是唯心论"①。物质利益是人们行为的原动力,也是价值体系的客观基础。作为包含种种与人们利益密切相关规定的各种政

---

① 《邓小平文选》第 2 卷,人民出版社 1994 年版,第 146 页。

策,其本身就是社会主义核心价值体系的某种体现。要使社会主义核心价值体系成为人们自觉的思想和行为,就必须正视人们的切身利益问题,研究制定与人们利益密切相关的各种政策,形成有利于社会主义核心价值体系的政策导向。

建设社会主义核心价值体系,形成完善的政策导向必须努力做到以下三点:一是要把是否符合解放和发展生产力作为制定和衡量一切方针政策的基本标准,把是否代表最广大人民根本利益作为检验政策好坏的试金石,制定的各种政策要有利于扶正祛邪、扬善抑恶,有利于褒扬真善美、贬抑假恶丑。二是要及时对各地区、各部门的政策进行认真清理,对不适应建设社会主义核心价值体系要求的政策要及时作出调整、修改和完善。三是要在广泛调查研究的基础上,根据现实发展需要,不断制定适应建设社会主义核心价值体系要求的各项新政策。

(三)确立有力的机制导向

核心价值体系是一套规范体系和评价体系,它告诉人们社会主导和倡导的价值体系是什么,应该怎样认识和行动,不应该怎样认识和行动;什么是受到社会鼓励的,什么是受到社会约束的,从而影响和制约着人们的价值选择和行为,对人们的价值行为起着鼓励或约束作用。但价值评价并等于价值行为,人们的行为并不会在任何时候、任何情况下都去遵循核心价值体系,依照主流的社会规范,顺应社会的评价导向,个人的行为往往会时有"越轨"或"犯规"。因此,除了从理论和合法性上确立社会核心价值体系,并以此作为正确的价值评价标准,作为判断是非、善恶、美丑的公正尺度以外,还需要把行为的褒贬和行为的取舍一致起来,也就是说还要建立健全与之相适应的体制机制,通过这种体制机制,使价值评价转化为人们的价值行为,从而保证价值评价标准成为人们行为的自觉准则。如果一种核心价值体系没有通过健全的体制机制成为现实生活中人们普遍的价值行为,这种核心价值体系的建设就不能说是成功的。

党的十六大以来特别是党的十六届六中全会以来,各地出台了一系列体现社会主义核心价值体系的方针政策,有些执行得较好,有些执行得一般,有些未得到应有执行,还有一些好的政策在贯彻执行中变形走样。其根本原因就是缺少体制机制这个"硬杠杠"、"硬约束"。缺乏体制机制势必会造成践行社会主义核心价值体系的行为"错位"、"缺位"或"不到位",社会主义核心价值体系的实践威力和效能就会弱化、软化或淡化。正确的方针政策是践行社会主义核心价值体系的必要条件但非充要条件,建立健全体制机制不仅是社会主义核心价值体系本身的实践拓展、实践检验和再次飞跃,而且对社会主义核心价值体系的践行起着行为导向、最终规范和根本保证的作用;不仅是践行社会主义核心价值体系必须解决的一个"执行工具",而且能为各项方针政策的贯彻落实提供有效的环境和重要条件;不仅具有规范性、约束性、权威性、操作性,而且对践行社会主义核心价值体系起着根本性、长期性、稳定性的作用。建设社会主义核心价值体系,必须十分重视建设与之相适应的体制机制,形成有利于其发展的机制导向。

当前,为建设社会主义核心价值体系提供体制机制保障,必须抓好四个方面的机制建设。一是经济社会综合评价机制建设。要在全面反映经济社会发展和人的全面发展的基础上,根据我国现阶段经济社会发展所处的历史阶段,采取上下结合和分类指导的方式,分步骤进行研究和编制,在实践中认真总结经验,不断加以改进和完善。二是建立健全政绩考核机制。要建立一套科学的政绩考核标准,充分体现创造政绩是为了造福人民的观念,把实现人民群众的各种利益作为追求政绩的目的,坚持按照客观规律办事,兢兢业业地干好工作,实实在在地创造业绩。政绩考核的标准既要看经济增长的数量指标,又要看经济增长的质量指标;既要看经济发展指标,又要看社会发展指标;既要看当前取得的"显绩",又要看对长远发展有利的"潜绩";既要看主观努力,也要看客观条件,使各项政绩确实经得起实践检验、历史检验和群众检验。三是健全干部选拔任用机制。要注重形成鲜明的选拔任用导向,使真正践行社会主义核心价值体系的干部得到褒奖和提拔,从组织上保证社会主义核心价值体系的贯彻落实。四是建立健全与践行社会主义核心价值体系相配套的监督约束机制。必须努力形成党内监督、群众监督和舆论监督相互作用、相互补充、相互协调的体制机制。

(四)树立良好的行为导向

核心价值体系不仅仅是规则建设,更重要的是行为建设。社会主义核心价值体系,是代表先进生产力、先进文化和人民群众根本利益的先进价值体系,它首先应该在社会先进分子的价值实践中得到充分展现。社会先进分子的价值实践,就是先进的价值示范,就是核心价值体系的生动证明。价值示范的社会导向作用比价值规范的其他导向作用更有说服力和教化效果。心理学研究表明,当一个人亲身感知别人行为时,就会产生实现同一行为的愿望,就会有学习的实际行动。任何语言劝说、文字宣传都不如周围人们的行为来得实在和有说服力。因此,建设社会主义核心价值体系,迫切需要用看得见、摸得着的良好行为作示范引导,在全社会形成有利于建设社会主义核心价值体系的良好行为导向。

　　一是用执政党的先进性建设树立良好行为导向。在社会主义国家,马克思主义执政党以人民利益为核心,将实现共同富裕、社会全面进步和人的自由全面发展作为价值目标和价值取向。执政党先进性的这种价值理念,是人们普遍认同的价值理想、价值信念、价值尺度和价值原则的集中反映,并将内化为普遍的价值追求和价值向往,成为引导人们价值追求和价值实践的价值理想和价值信仰,为人们提供理想性的精神支柱和前进的精神动力。执政党的先进性建设能够形成一种舆论氛围和褒贬倾向,并由此形成一种无形的力量,促使人们的思想和行为朝着特定的目标和方向去关注和努力。应该承认,人们在自己的实践活动中形成的评价标准和价值追求,并不总是正确的,在某些情况下可能还会与党的先进性要求相背离,如果任其发展就会带来负面影响。就个人而言,当其确认并相信党具有先进性的时候就会自觉遵守党的先进性建设的原则和要求,使之内化为比较稳定的心理倾向和比较牢固的行为定势,在实际行为中体现出来。就社会价值体系而言,相互冲撞的多种价值如果各自地位不清,就会使社会成员在价值目标选择和追求上出现盲目状态。用执政党的先进性建设树立行为导向,就能为人们价值选择确立统一和主导性的价值评价标准,使人们的行动有所遵循。当党员个体在思想观念上与党的先进性建设要求相冲突时,先进性理念就能为众多个体在多种思想交锋中提供最新的选择参照,使不符合党的先进性建设要求的思想与实践及时得到调整。党的十六大以来,全党开展的保持共产党员先进性教育活动,有效地为广大党员和人民群众践行社会主义核心价值体系树立了行为导向。

　　二是用领导干部的优良作风树立良好行为导向。全面加强新形势下的领导干部作风建设,是建设社会主义核心价值体系的重要实践,是通过转变领导干部作风搞好价值示范的有力举措。各级领导干部是党和国家的骨干力量,领导干部的作风如何,对建设社会主义核心价值体系有着极其重要的影响和导向作用。领导干部的优良作风,本身就是社会主义核心价值体系的实际体现和生动示范,就是促进全社会践行社会主义核心价值体系的巨大力量。某些领导干部放松世界观改造,理想信念动摇,革命意志衰退,经不起权力、金钱、美色的考验,不仅损害了党和政府在人民群众中的形象,而且也削弱了社会主义核心价值体系的公信力。胡锦涛总书记提出要在领导干部中大力倡导八个方面的良好作风,以此弘扬新风正气,抵制歪风邪气,这将有力促进领导干部作风的转变,并以此带动全党全社会的核心价值体系建设。

三是用广大党员的模范作用树立良好行为导向。用广大党员的模范作用树立良好行为导向,这是我们党创立的行之有效的促进社会主义思想道德建设的优良传统和宝贵经验。我们党在不同的历史时期一直注重用广大党员的模范作用去引导广大人民群众的思想和行为。建设社会主义核心价值体系,必须充分发挥广大党员模范行为的引导作用。只有首先让广大党员成为社会主义核心价值体系的坚定信仰者和自觉实践者,成为自觉践行社会主义核心价值体系的模范,具有崇高的精神风貌、道德追求和道德行为,才能引导人民群众学习先进,追求美好,不断提高自己的思想道德修养和文明素质。

建设社会主义核心价值体系,既是重大的现实课题,又是长期的历史任务,需要全党全社会共同努力。必须从理论与实践的结合上加强对这一课题的研究,不断深化对社会主义核心价值体系的认识。必须努力形成有利于社会主义核心价值体系建设的舆论导向、政策导向、机制利益导向和行为导向。必须把社会主义核心价值体系建设贯穿和落实于社会主义市场经济、社会主义民主政治、社会主义先进文化和社会主义和谐社会建设的伟大实践之中。我们坚信，随着我国经济社会发展纳入以人为本、全面协调可持续的科学发展轨道，随着全面建设小康社会宏伟目标的逐步实现，随着中国特色社会主义伟大事业不断迈向新胜利，社会主义核心价值体系必将放射出更加绚烂夺目的光芒。

第七专题

推动建设和谐世界

　　党的十七大报告在论述当今世界的发展变化后指出："共同分享发展机遇,共同应对各种挑战,推进人类和平与发展的崇高事业,事关各国人民的根本利益,也是各国人民的共同心愿。我们主张,各国人民携手努力,推动建设持久和平、共同繁荣的和谐世界"。① 推动建设和谐世界,是以胡锦涛为总书记的党中央基于当今世界发展潮流和我国国情所作出的重大战略决策,是在外交领域落实科学发展观的具体体现,是构建社会主义和谐社会在国际层面的必然延伸,是指导我国对外工作和处理国际关系的总方针,是和平发展的外交总纲。推动建设和谐世界,表达了中国政府和中国人民关于世界发展的正确主张,升华了"维护世界和平、促进共同发展"的外交宗旨,凸显了坚持国家利益与全人类共同利益相统一的价值取向,展示了中国希望与世界各国共同努力建设一

---

　　① 胡锦涛:《高举中国特色社会主义伟大旗帜　为夺取全面建设小康社会新胜利而奋斗》,人民出版社 2007 年 10 月第 1 版,第 46 页。

个和平、繁荣、和谐世界的美好愿景。

一、推动建设和谐世界的重大意义

2005 年 4 月,胡锦涛在雅加达亚非峰会的讲话中首次提出,亚非国家应"推动不同文明友好相处、平等对话、发展繁荣,共同构建一个和谐世界"。同年 7 月,"和谐世界"被写入《中俄关于 21世纪国际秩序的联合声明》,标志着这一全新理念逐渐进入国际社会的视野。2005 年 9 月,在联合国成立 60 周年首脑会议上,胡锦涛主席发表了题为《努力建设持久和平、共同繁荣的和谐世界》的重要讲话,向全世界郑重提出了"共建和谐世界"的主张。胡主席的讲话升华了和平与发展两大时代主题,阐述了中国和平发展与构建和谐世界之间的关系,引起国际社会的广泛关注。此后,在一些重要国际场合,中国领导人又先后提出了建设和谐东亚、和谐亚洲、和谐地区的理念。推动建设和谐世界,反映了世界各国人民的共同愿望,顺应人类社会发展的趋势和潮流,符合我国和世界各国的根本利益,是时代的需要,历史发展的必然。

(一)推动建设和谐世界是世界各国人民的共同愿望和人类社会发展的趋势潮流

在人类社会发展进程中,战争与和平相伴相随。彻底消除战争的威胁进而实现持久和平,是世界各国人民多少个世纪以来苦苦追寻却又难以实现的梦想。

20 世纪上半叶爆发了两次世界大战。第一次世界大战将欧洲、西亚、非洲和远东地区卷入战争的漩涡,3000 多万人在战火中伤亡。西方列强签署的所谓"和约"不过是一纸休战协议,交战各方的真实想法不过是伺机再战。日本、德国、意大利法西斯发动的第二次世界大战,是人类历史上一场规模空前的浩劫,61个国家和地区参战,17亿人饱受战乱摧残,9000多万军民伤亡,许多国家的经济社会遭到严重破坏。

残酷的现实再一次将"是生存还是毁灭"这一古老的命题摆到世人面前。在满目疮痍的战争废墟上,各国人民思考最多的就是如何让杀戮和毁灭不再成为循环往复的梦魇,如何为世界和平大厦奠定牢靠的基石。1945年成立的联合国,是人类和平进步事业发展史上的一座重要里程碑,它不仅体现了世界各国人民"欲免后世再遭今代人类两度身历惨不堪言之战祸"的意愿和"彼此以善邻之道,和睦相处"的崇高精神,而且也是以和平方式解决争端、共同维护地区和全球安全的有效集体措施。

维护世界和平是全人类的共同使命,也是一个在困惑和挫折中不断前行的探索过程。上个世纪中叶那场涂炭生灵的热战一结束,世界随之陷入长达半个世纪之久的冷战。美国、苏联两个超级大国,在全球范围内展开了激烈的霸权角逐,结果拖垮了苏联,拖疲了美国,也把世界人民拖入了"噩梦般"的核大战阴影之中。冷战时间,虽说世界范围内的大战得以避免,但小规模的地区性冲突乃至局部战争时有发生。据统计,战后几十年来总共发生百余次大大小小的战乱,1200多万人在战火中丧生,大批无辜平民颠沛流离。

尽管如此,世界各国人民并未放弃对持久和平的执著追求。全世界范围内的和平力量不断发展壮大,联合国作用也随之逐步增强。20世纪后期,世界形势开始发生重大变化,形成了有利于维护和平、促进发展的总趋势。冷战阴霾消散后,随着世界多极化和经济全球化趋势深入发展，各国更加重视对话合作，更加重视谈判解决争端，通过联合国预防和制止武装冲突、维护世界和平日益成为国际社会的普遍诉求。

持久和平是全人类的共同心愿，也是需要世界各国尽力同心、不断为之奋斗的伟大事业。应当看到，虽然目前大部分国家和地区享有和平与安宁，但局部战争和冲突时起时伏，地区热点问题错综复杂，国际恐怖势力、民族分裂势力、极端宗教势力在一些地区还相当活跃，环境污染、毒品走私、跨国犯罪、严重传染性疾病等跨国性问题日益突出，人类实现持久和平理想仍需不懈努力。

发展与和平密不可分。没有和平，不可能有稳定的发展；没有发展，难以确保持久的和平。战后60多年来的和平为世界各国的发展繁荣提供了宝贵的机遇，人类正以前所未有的速度发展进步。伴随经济全球化不断向深度和广度推进，科技进步日新月异，各类全球性和区域性合作生机勃勃，世界生产力在显著提高，全球经济保持了良好的发展势头。尤其引人注目的是，一些长期落后的发展中国家逐步走上经济振兴的道路，南南区域合作取得长足进步。亚洲、拉美和非洲国家的经济发展不仅提高了本地区人民的生活水平，同时还给发达国家提供了经贸合作机会，为世界经济的增长注入了新的推动力。

同时应该看到，人类社会在创造出巨大财富的同时，也产生了贫富愈加悬殊、南北差距拉大、生态环境恶化等突出问题。目前，世界的发展还很不平衡，许多发展中国家并没有充分享受甚至完全没有享受到世界经济发展和科技进步给人类带来的益处。不少国家还为贫穷和饥饿所困扰，全世界仍有近1/5的人民生活在绝对贫困线以下。

随着科技进步和经济全球化趋势深入发展,各国利益相互交织,各国发展和全球发展密不可分。任何一个国家都不可能脱离世界经济孤立发展。事实证明,没有发展中国家的发展,发达国家的繁荣也难以持久。不从根本上改变世界发展不平衡问题,难以避免国际社会的动荡,难以实现世界各国的共同繁荣。国际社会应该共同努力,趋利避害,推动世界经济朝着均衡、稳定和可持续的方向发展。这是各国共同发展的需要,也是维护世界和平与稳定的要求。

尽管因复杂原因世界和平和发展这两大问题还没有得到根本解决,但求和平、谋发展、促合作已成为时代主旋律。和平是发展与合作之基,发展是和平与合作之本,合作是实现持久和平、共同发展的重要途径。携手开创未来、推动合作共赢,建设和谐世界已经成为世界各国人民的共同心愿和国际社会的广泛共识,成为人类社会发展的趋势和潮流。

(二)推动建设和谐世界是我国坚持走和平发展道路的必然要求与实现和平发展的重要条件

走和平发展道路,是我国基于历史文化传统、基本国情和自身利益需要所作出的必然选择,是长期一贯和坚定不移的战略方针和基本国策。中华文明是从未中断、绵延发展五千多年的伟大文明。中华民族历来是讲信修睦、崇尚和平的民族,热爱和平、追求和谐始终是流淌在中华民族血脉中的优秀基因。中华文化是和平的文化,渴望和平、追求和谐,始终是中国人民的精神特征。在世界历史上,中华民族关于"和"的思想生发得最早、内涵最为丰富、影响最为深远。早在殷商时代,中国的甲骨文中就有了"和"字。先贤孔子,把"和"视为"天下之基,万物之本",提出"君子和而不同,小人同而不和",深刻阐明了"和"与"同"的辩证关系。秦汉以后,"和合"思想被普遍认同,逐渐成为中国思想文化的基本人文精神,也逐渐成为指导中国外交的哲学思想和行为准则。中华民族在对外关系中始终秉承富不侮贫的精神,主张亲仁善邻,讲求和睦相处。中国人提倡海纳百川,有容乃大,主张吸纳百家优长。在这种战略文化的影响下,中国绝大多数王朝在建立起来之后,都注意止戈息武,强调"协和万邦",实现"万国咸宁"、"天下太平"。即使是鼎盛时期的唐代"贞观之治"、清代"康乾盛世",中央政府也多实行睦邻友好的政策,而不是向外侵略扩张,谋求霸权。历史上的"丝绸之路"被沿途各国公认为友好交流之路。郑和曾经七下"西洋",当时中国拥有世界一流舰队,但舰队远航的目的并不是抢掠土地,索取财物。郑和的船队从东南亚到东非,远涉30多个国家和地区,一路带去的是互利贸易和邦交友谊。历史上形成的东亚国际体系,不是建立在大国对小国的征服和掠夺之上,而是以儒家的礼制观念为架构,以文化的传播和经济的交流为机制,以中华一体和协和万邦为目标的和谐体系。

近代以来,中华民族曾经饱受帝国主义列强的侵略、掠夺和欺凌。为了民族的解放和复兴,多少中华儿女披荆斩棘,前仆后继,甚至献出了自己宝贵的生命。经过长达一百多年的浴血奋斗,终于在中国共产党的领导下,推翻了压在中国人民头上的"三座大山",成立了拥有独立主权的社会主义新中国。历经艰苦磨难的中国人民,深知和平的可贵,发展的艰难。"己所不欲,勿施与人",中国人民绝不愿再回到黑暗的旧社会,更不会将任何国家、任何民族置于我们过去那种屈辱的地位。新中国成立后,我国政府始终坚持奉行独立自主的和平外交政策,主张在和平共处五项原则的基础上建立和发展国与国之间的关系,并为之作出了不懈的努力。我国是主张和平的社会主义国家,又是当今世界人口最多且发展不平衡、面临一系列困难和问题的发展中国家,在发展过程中迫切需要和平与稳定。我国的发展绝不能建立在对外扩张、掠夺和争霸的基础之上,而只能致力于在和平的基础上发展自己,坚定不移地走和平发展道路。

我国的和平发展需要持久和平、共同繁荣的和谐世界。推动建设和谐世界,是和平发展的必然要求和应有之义。早在 20 世纪 70 年代末、80 年代初,中国开始现代化建设新征程时,就强调需要一个长时期的和平稳定的国际环境。近 30 年来,中国的外交坚持为现代化建设服务,为争取有利于中国现代化进程的和平稳定的国际环境而始终不懈的努力。中国的现代化建设已经取得重大进展,世界也发生了巨大而深刻的变化,但中国需要长时期的和平稳定的国际环境这一点并没有任何改变,甚至还更为突出。中国的现代化建设现已进入关键阶段,既需要解决一些深层次的重大矛盾,又要面临不断出现的新的复杂情况。只有处理好这些矛盾和问题,中国的现代化进程才能顺利持续推进。这既需要稳定有利的国内环境,又需要和平稳定的国际环境。在实践中,中国对国内发展与国际环境之间的关系有了更加深刻的认识。和平发展道路需要长时期和平稳定的国际环境,而和平稳定的国际环境需要建设一个持久和平、共同繁荣的和谐世界。坚持推进建设和谐世界,是中国对外战略坚定而崇高的目标。

推动建设和谐世界彰显了中国走和平发展道路的坚定决心。改革开放 30 年来,我国的社会主义建设取得了举世瞩目的成就。近年来,随着我国经济的迅速增长,与世界的互动日益密切,中国在国际事务中的影响力不断上升。在这种背景下,由于意识形态、地缘政治带来的隔膜,特别是敌对势力的造谣诽谤,各种版本的

"中国威胁论"甚嚣尘上。外部世界对中国崛起的担忧,主要是对一个日益强大的中国走什么道路,如何使用自己国力的担忧。20世纪二三十年代,德国、日本、意大利等国相继崛起,但它们错误地选择了一条以武力夺取资源和市场的发展道路,使整个世界陷入灾难的渊薮,也给本国人民带来巨大灾难。为了让世界了解中国的发展道路和发展方向,中国政府一方面继续高举和平、发展、合作的旗帜,强调要坚定不移地走和平发展道路,坚定不移地奉行独立自主的和平外交政策,在和平共处五项原则的基础上同世界各国发展友好合作关系,另一方面适时提出构建和谐世界的主张,强调国与国之间和平、人与人之间和睦以及人与自然之间和谐,强调以合作谋和平、以合作促发展,以合作实现互利共赢和共同繁荣。并一再公开宣称:"中国将始终不渝地把自身的发展与人类共同进步联系在一起,既充分利用世界和平发展带来的机遇发展自己,又以自身的发展更好地维护世界和平、促进共同发展。"①推动建设和谐世界把中国的国家利益与世界各国人民的利益紧密结合起来,既表明中国愿与世界各国一起谋合作、促发展、求共赢,更充分展示了中国坚持走和平发展道路的坚定决心。

中国的和平发展需要和谐世界,而中国的和平发展本身就是建设和谐世界的重要组成部分。这是符合中国人民和世界各国人民现实利益与根本利益的良性互动关系,对中国和世界都具有重要和深远的意义。中国在确定和平发展的同时,实际上同时就确定了建设和谐世界的战略需要。

---

① 胡锦涛:《努力建设持久和平、共同繁荣的和谐世界》,《人民日报》2005年9月16日。

（三）推动建设和谐世界是构建和谐社会重大战略任务在外交上的自然延伸和必然反映

外交是内政的延续,推动建设和谐世界是建设和谐社会的发展和延伸。中国是一个持续发展的大国,进入新世纪,面临前所未有的发展机遇,同时也产生诸多困难和矛盾。为抓住战略机遇期,保持经济社会健康发展,顺利实现全面小康社会目标,中央作出以科学发展观为指针,全面建设和谐社会的战略决策。中国建设和谐社会思想的提出和推进,必然会影响中国对世界发展的观点和看法,构建一个和平、发展、合作、多样、包容的和谐世界的主张如是应运而生。

构建和谐社会与建设和谐世界相辅相成,共同构成了新时期我国的总体发展战略。一方面,构建和谐社会可为推动建设和谐世界提供坚实基础。我国在构建和谐社会的过程中,必然要保持国内经济社会的繁荣和稳定,而我国发展的良好态势也必将产生重大的外溢效应,有助于推动建设一个持久和平、共同繁荣的和谐世界。在经济领域,我国经济的快速发展,给世界各国带来了巨大的市场和发展机遇。我国坚持科学发展观,走科技含量高、经济效益好、资源消耗环境污染少、人力资源得到充分发挥的新型工业化道路,不仅有助于减少自身在能源和资源方面的对外信赖,摆脱可能陷入的发展困境,改善国际舆论对中国发展所支付的代价和所产生结果的疑虑,而且可为整个世界的可持续发展创造有利条件。在政治文化领域,我国政治文明的发展,有助于我国与外部世界建立起良性互动关系,我国的优秀传统文化正在转化为建设和谐世界的价值基础。另一方面,建设和谐世界又是构建和谐社会的重要外部条件。我国要实现现代化,既需要稳定的国内环境,又需要和平的国际环境。我国和谐社会的构建需要和平发展道路的保障,要求我们必须争取一个和平稳定的国际环境、睦邻友好的周边环境、平等互利的合作环境、互信协作的安全环境和客观友善的舆论环境,在与世界各国的互利合作中获取可持续发展所需要的资金、技术、资源和市场。历史经验反复证明,国际形势紧张,周边环境恶化,不仅不可能专心致志搞建设,社会的和谐稳定也面临冲击和挑战。像20世纪六七十年代,中苏关系恶化,我国面临苏联霸权主义的严重军事威胁,不得不准备打仗,根本无法"聚精会神搞建设,一心一意谋发展"。因此,从国内构建和谐社会到在国际上提出建设和谐世界,体现了以胡锦涛为总书记的中央领导集体统筹国内国际两个大局,推动国内发展与国际环境良性互动的重大战略思想。推动建设和谐世界无疑是构建和谐社会重大战略任务在外交上的延伸发展和必然反映。

需要强调的是,推动建设和谐世界,有利于提升我国的国际形象和国际影响力。和谐世界理念综合了世界各国、各民族对和平、发展、平等、公正等普遍价值的共同追求,具有巨大的感召力,能够争取到最大多数国家和人民的认同与支持。和谐世界理念的提出,改变了由西方大国占据国际价值制高点和垄断国际话语权的局面,有利于我国争取国际道义制高点,反制西方国家的"民主化"战略,为我国软实力建设提供更为广阔的平台。国际上反动势力鼓噪"中国威胁论"主要有两种方式:一是夸大中国的发展,歪曲中国发展对世界的影响。二是利用中国战略走向的所谓"不确定性",称我国处在"战略十字路口",煽动对我国和平发展的疑虑和敌意。而提出和谐世界理念,推动建设和谐世界,将我国自身发展与世界繁荣进步有机结合起来,对于消除外部疑虑、遏止敌对势力对我的歪曲和诋毁,揭露和遏止西方敌对势力散布的"中国威胁论",无疑具有十分重要的现实意义。建设和谐世界必将使我国在对外交往中处于更加有利的地位,使我国的和平国际形象得以提升,国际影响力得以扩大。

二、推动建设和谐世界的基本内容

2005年9月,胡锦涛主席在联合国成立60周年首脑会议上的讲话,全面而深刻地阐述了我国关于建设和谐世界的一系列政策主张,对和谐世界的科学内涵作出了权威性的阐发。2005年12月,中国政府发表的《中国的和平发展道路》白皮书进一步从政治、安全、经济、文化四个方面系统阐述了和谐世界理念的基本内容,强调指出和谐世界应该是"民主的世界、和睦的世界、公正的世界、包容的世界"。这是第一次以政府文件的形式对和谐世界的内涵和实现此目标应坚持的原则进行的全面深刻的阐述。党的十七大报告关于推动建设持久和平、共同繁荣的和谐世界的阐述,更融合吸收了近年来我国积极倡导的建立公正合理的国际政治经济新秩序,实施互利共赢的开放战略,树立互信、互利、平等、协作的新安全观,以及维护世界多样性等外交思想成果,使之更加系统和科学化、更加富有时代精神和现实针对性。概括起来看,推动建设和谐世界主要包括以下四个方面的内容:

(一)政治上相互尊重、平等协商

推动建设和谐世界,在政治上应相互尊重、平等协商,弘扬民主、和睦、协作、共赢精神,共同推进国际关系民主化。各国相互尊重、平等协商,共同推进国际关系民主化,是党的十七大报告关于推动建设和谐世界主张在政治上的基本要求。国家不分大小、强弱、贫富，都是国际社会的平等成员，都应受到国际社会的尊重。各国内部事务应该由各国人民自己决定。世界上的事情应该由各国平等协商解决，而不是由一两个大国说了算。各国特别是发展中国家平等参与国际事务的权利应该得到有效维护。单边主义应该摒弃，多边主义原则应该大力弘扬，以联合国为核心的国际多边机制在促进世界和平发展方面的作用应该得到进一步加强。

相互尊重，平等协商，既是和平共处五项原则的重要内容，又是建立国际新秩序的基本要求和重要基础。近代国际体系建立以来，世界经历了由西方列强的争霸和均势秩序到两极秩序、霸权秩序的嬗变。现行的国际秩序是第二次世界大战的产物，与美苏的冷战对抗有着十分密切的关系。反法西斯同盟国创建的联合国和确立的《联合国宪章》，为战后的国际秩序提供了法理基础和基本框架，但冷战时期美苏两个超级大国的军备竞赛和全面对抗，使《联合国宪章》的精神被束之高阁，联合国被大国操纵成为其推行霸权外交的工具，实际上形成了以美苏划分势力范围、进行全球较量的国际秩序。在这种国际秩序下，殖民主义、帝国主义和超级大国凭借其经济、科技、军事优势垄断国际事务，使国际局势动荡不安、南北问题十分突出。

冷战结束后，单极世界再次成为某些国家的追求目标和政策取向。其基础就是强权政治、狭隘的国家利益观和冷战思维。与之形成鲜明对照，推动建设和谐世界的主张遵循联合国宪章宗旨和原则，恪守国际法和公认的国际关系准则，在国际关系中弘扬民主、和睦、协作、共赢精神，共同致力于国家与国家的和平、人民与人民的和睦、人类与自然的和谐。和谐世界不是一个没有差异和矛盾的世界。它是在承认多元性、多样性、差异性的前提下，主张通过各国间的对话、协商与合作，寻找和扩大各方的共同点，妥善处理矛盾分歧,发展和增长现实世界中的和谐因素,在友好合作中实现共赢。推动建设和谐世界的主张,提倡"和而不同",在推进人类进步事业的基础上,实现差异性和同一性的辩证统一。它所体现的是一种以合作共赢、和谐共进为主要内涵的新型国际秩序观。

(二)经济上相互合作、优势互补

推动建设和谐世界,在经济上应该相互合作、优势互补,谋求各国普遍发展。发展是人类文明进步的基础,也是构建和谐世界的根本条件。发展事关各国人民的切身利益,也事关消除全球安全威胁的根源。当前,国际社会中的种种不和谐现象,尽管原因很多,但归根到底是由于发展不充分、不平衡带来的。历史和现实一再证明,经济上的落后与贫困,是诱发社会动荡、武装冲突的一个主要原因。没有发展,就难享天下太平。但和谐世界所追求的发展,是世界各国的普遍发展、共同繁荣,而不是富者愈富、贫者愈贫。只有加强互利合作,通过国际社会的共同努力,使各国和人民都享有平等追求全面发展的机会和权利,才能推动世界经济朝着共同繁荣的方向发展。只有实现全球协调、均衡、普遍发展,才能保证世界的持久和平与稳定

加强互利合作、优势互补,才能使世界各国和人民在经济全球化进程中普遍受益,共享世界经济发展的成果。经济全球化深入发展,是当今世界的重要特征和潮流。经济全球化使各国利益相互交织、各国发展与全球发展密不可分。但现实的经济全球化是一把"双刃剑":一方面,它通过跨越国界的产品、资源、资金流动和技术交流,实现生产要素的合理配置,促进世界经济的发展,给各国带来发展机遇。另一方面,由于世界经济旧秩序的存在,发达

国家掌握着制定国际经济"游戏规则"的主导权,成为经济全球化的最大受益者,而多数发展中国家并未从中受益,有的甚至被"边缘化"。经济全球化所带来的是发达国家财富的积累和贫困国家贫穷的加剧。

经济全球化应坚持以公正为基础,实现平衡有序发展,使各国特别是广大发展中国家普遍受益,而不是南北差距更加扩大。应推动经济全球化朝着有利于共同繁荣的方向发展。各国应该加强协商,扩大合作,努力建立起公开、公正、合理、开放、非歧视性的国际经济新秩序。应积极推进贸易和投资自由化、便利化,消除各种贸易壁垒,进一步开放市场,放开技术出口限制,建立一个公开、公正、合理、透明、开放、非歧视的国际多边贸易体制,为世界经济有序发展构建良好的贸易环境。应进一步完善国际金融体系,为世界经济增长营造稳定高效的金融环境。应加强全球能源对话和合作,共同维护能源安全和能源市场稳定。应积极促进和保障人权,使人人享有平等追求全面发展的机会和权利。应创新发展模式,促进人与自然和谐发展,走可持续发展之路。发达国家应该为实现全球普遍、协调、均衡发展承担更多责任,而不是动辄采取单方面制裁措施,实行贸易保护主义,应该进一步对发展中国家特别是重债穷国和最不发达国家开放市场,转让技术、增加援助,减免债务,帮助发展中国家增强自主发展和可持续发展能力。发展中国家要充分利用自身优势推动发展,广泛开展南南合作,推动社会全面进步。国际社会应加强合作,落实联合国千年发展目标,使21世纪真正成为"人人享有发展的世纪"。

谋求各国普遍发展应注重在环保上相互帮助、协力推进,共同呵护人类赖以生存的地球家园。国际社会应该高度重视人口过快增长、资源相对减少、环境污染加重和自然生态遭到破坏问题。应该提倡创新发展模式,走可持续发展道路,促进人与自然和谐发展。应该加强节能技术、环保技术、可再生能源技术的研发和推广,减少温室气体排放,加强生态保护。应该坚持共同但有区别的责任原则,在充分考虑不同国家经济发展水平、历史责任、当前人均排放水平差异的基础上,加强环境和气候变化领域的国际合作。国际社会应加大对发展中国家的支持,发达国家应履行对发展中国家进行技术转让和资金支持的承诺,切实帮助发展中国家提高应对气候变化的能力。时代发展要求各国人民树立新的利益观念和合作模式,通过协调一致的努力,共同呵护地球家园,实现人类社会的永续发展。

(三)文化上相互借鉴、求同存异

推动建设和谐世界,文化上应相互借鉴、求同存异,尊重世界多样性,共同促进人类文明繁荣进步。文明多样性是世界的基本特征,是人类社会发展进步的源泉。文明多样性不仅过去存在,现在存在,将来也会长期存在。关于人类起源是多源还是一源,尚难定论,但人类文明的发展却无疑是多样性和多线条的。每种文明都有其独特的历史发展过程,都以自己的方式为人类文明进步作出了积极贡献。各种文明的发展并行不悖,各有其特点,但又相互交流、相互影响、相互吸收、相互融合。每种文明,不管其主观意愿如何,都会从其他文明中吸收养分,同时也会给其他文明以不同程度的影响。比如,古代东方民族的许多重要发明,如阿拉伯数字、指南针、火药、造纸、印刷术,曾经给西方文明以决定性的影响,而近现代西方国家的工业化和现代化,也极大地影响着东方世界和东方文明。人类文明,正是在这种多样性的交流、碰撞、融会中不断前进。多样性无疑是人类文明进步的重要动力。

　　在人类历史上,各种文明存在差异,是历史发展的必然。存在差异,各种文明才能相互借鉴、共同提高;强求一律,只会导致人类文明失去动力、僵化衰落。在世界走向现代化的过程中,西方文明作出了重大贡献,但东方文明所倡导的集体主义、互助友爱、情感、家庭等方面的价值观念,被不断证明对经济发展、社会和谐、人类进步的积极作用。文明之间存在差异,在一定条件下就有可能发生摩擦和冲突。因此,我们要十分重视和关注不同文明之间的和睦相处,并视之为直接影响全球安全、稳定与发展的重大问题。要使不同文明和谐相处,非常重要的一点就是要提倡和发扬包容精神。不同文明只有超越社会制度和意识形态的限制,相互尊重、平等相待、相互借鉴、相互包容、求同存异,人类才能和睦,世界才能和谐。

　　文明的多样性实质上是社会制度发展道路和发展模式的多样性。历史文化、社会制度和发展模式的差异不应成为各国交流的障碍,更不应成为相互对抗的理由。各国应尊重彼此自主选择社会制度和发展道路的权利,相互借鉴而不是刻意排斥,取长补短而不是定于一尊,使各国根据本国国情实现振兴和发展。应加强不同文明之间的对话和交流,努力消除相互的疑虑和隔阂,在求同存异中共同发展,使人类更加和睦,让世界更加丰富多彩。应以平等开放的精神,维护文明的多样性和发展模式的多样化,协力构建各种文明兼容并蓄的和谐世界。应该秉持平等、开放、包容的精神,尊重各国根据国情选择社会制度和发展道路的权利。冷战结束后的实践证明,那些在文化上以自我为中心、贬低排斥其他文明的做法和主张,那些在国际关系中以意识形态划线、企图将自己的意志强加于人的做法和主张,那些宣扬"文明冲突"、"宗教冲突",推动"价值观同盟"的做法和主张,不符合历史潮流和时代精神,只能使不同国家、民族、宗教、文化之间的关系走入歧途。

（四）安全上相互信任、加强合作

推动建设和谐世界在安全上应相互信任、加强合作，坚持用和平方式而不是战争手段解决国际争端，共同维护世界和平稳定。和平是人类社会实现发展的根本前提，是人类共同追求的目标。人类只有在和平的环境里，才能发展经济，创造文明，享受幸福生活。没有和平，就根本谈不上世界和谐。和谐世界追求的不是时断时续的和平，而是持久的和平，是永远的稳定安宁。正如胡锦涛强调指出的，和平是人类社会实现发展目标的根本前提。没有和平，不仅新的建设无以推进，而且以往的发展成果也会因战乱而毁灭。无论对小国弱国还是大国强国，战争和冲突都是灾难。各国应该携起手来，共同应对全球安全威胁。

维护世界的和平稳定，必须以新安全观为基础，建立公平、有效的集体安全机制。随着经济全球化的深入发展，越来越多的传统和非传统安全威胁超越国家界线，国际安全问题的综合性、整体性、关联性上升，各国在安全上的相互联系与依存日益密切。摒弃冷战思维，探索维护和平与安全的新途径，是国际社会面临的重大课题。中国共产党人总结历史经验教训，创造性地提出了以互信、互利、平等、协作为核心，适应时代需要的新安全观。胡锦涛主席在联合国成立 60 周年首脑会议上指出："我们要摒弃冷战思维，树立互信、互利、平等、协作的新安全观，建立公平、有效的集体安全机制，共同防止冲突和战争，维护世界和平与安全。"①互信，是

① 胡锦涛：《努力建设持久和平、共同繁荣的和谐世界》，《人民日报》2005年 9 月 16 日。

指超越意识形态和社会制度的异同,摒弃冷战思维和强权政治心态,互不猜疑,互不敌视;互利,是指顺应全球化趋势发展的客观要求,各国应在维护本国利益的同时,相互尊重对方的安全利益,为对方创造条件,实现共同安全;平等,是指国家无论大小强弱,都是国际社会的一员,应该相互尊重,平等相待,不干涉别国内政,推动国际关系的民主化;协作,是指以和平方式解决争端,就共同关心的安全问题进行广泛深入的合作,消除隐患,防止战争和冲突的发生。新安全观的提出,不仅是对国际关系理论的重大突破,而且为我国外交营造一个长期稳定、安全可靠的国际环境,为建设和谐世界,提供了切实可行的新思路,具有强大的生命力。

新安全观以增进互信为基础,主张各国通过协商对话增进信任、消除分歧、解决纠纷,反对依靠军事同盟和搞军备竞赛来实现自己的安全;强调互利原则,主张超越"零和博弈"的传统思维,通过平等合作实现安全利益的共享和共赢;提倡以合作求安全,主张各国通过真诚有效的合作,和平解决争端,防止冲突和战争,保障共同安全。武力不能缔结和平,强权不能确保安全,这是历史的结论。以合作求安全、以合作解争端、以合作谋和平、以合作促和谐,应该成为世界各国的共同选择。中国共产党和中国政府一贯主张,通过建立公平、有效的集体安全机制,共同防止冲突和战争,通过合作尽可能消除或降低恐怖主义活动、金融风险、自然灾害等非传统安全问题的威胁,维护世界和地区的和平稳定。冷战结束后,中国政府为建立公平、有效的集体安全机制,营造和谐地区、和谐周边,维护共同安全,作出了不懈的努力。其中倡导和建立上海合作组织是其最大的亮点之一。通过创建上海合作组织,中国与俄罗斯、哈萨克斯坦、吉尔吉斯斯坦、塔吉克斯坦、乌兹别克斯坦等多个邻国建立起公平、有效的集体安全机制,在传统安全与非传统安全领域展开了卓有成效的多边合作。上海合作组织正逐渐成长为一个具有举足轻重作用的新型国际组织。2005 年 7 月，上海合作组织阿斯塔纳峰会正式批准印度、巴基斯坦、伊朗为观察员国，使该组织覆盖的地理区域延伸到中东和南亚次大陆，成为欧亚大陆上地理范围最广的组织。从长远来看，上海合作组织正在逐步成为安全合作、经济互利、文明对话、平衡发展、并行不悖的新型区域合作组织，通过安全合作为成员国的经济发展和文明共生提供稳定的环境，通过经济合作消除地区紧张局势和新威胁产生的根源，通过文明对话为成员国安全与经济合作提供互信的平台。

维护世界的和平稳定，必须立足以和平方式，通过平等协商、谈判解决国际冲突和争端。各国应在《联合国宪章》及和平共处五项原则的基础上，通过对话、交流与合作，来解决相互间的矛盾和冲突，解决共同关心的国际和全球问题。各国应互相尊重，平等相待，不将自己的意志强加于人，不将自身的安全与发展建立在牺牲他国利益基础之上。发展中国家在国际事务中理应享有平等参与权与决策权。应共同反对侵略别国主权的行径，反对干涉别国内政，反对任意使用武力或以武力相威胁。应加强国际反恐合作，坚持标本兼治，重在消除根源，坚决打击恐怖主义。应按照公正、合理、全面、均衡的原则，实现有效裁军和军备控制，防止大规模杀伤性武器扩散，积极推进国际核裁军进程，维护全球战略稳定。应坚持从各国人民的共同利益出发，努力扩大利益的交汇点，在沟通中增强了解，在了解中加强安全合作，在合作中实现共赢。

三、推动建设和谐世界的必然要求

建设一个持久和平、共同繁荣的和谐世界,是中国对外战略的崇高目标,也是世界各国人民的共同愿望,人类社会发展的必然要求。建立和谐世界,需要国际社会成员携手共同努力。

(一)推动建设和谐世界必须致力于实现各国和谐共处

实现各国和谐共处是建设和谐世界的重要基础和首要目标。主权国家是国际社会最主要的行为主体,主权国家实现和谐共处,和谐世界的建立就有了最坚实的基础和最根本的保障。为实现和谐共处,各国应该恪守公认的国际法和国际关系基本准则,互相尊重主权和领土完整、互不侵犯、互不干涉内政,尊重和维护各国自主选择社会制度和发展道路的权利,不将自己的意志强加于人,不将自身的安全与发展建立在牺牲他国利益基础之上;应该坚持多边主义,反对单边主义,促进国际关系民主化,保障各国参与国际事务的平等权利,更好地发挥联合国及其安理会在国际事务中的积极作用;应该鼓励和支持以和平方式,通过对话、协商和谈判解决争端和冲突,反对任意使用武力或以武力相威胁;应该在平等的基础上,加强合作,共同应对全球性挑战;应该坚持从各国人民的共同利益出发,努力扩大利益的交汇点,在沟通中增强了解,在了解中加强合作,在合作中实现共赢。

实现各国和谐共处,必须坚定不移、旗帜鲜明地反对霸权主义和强权政治。霸权主义和强权政治是威胁世界和平与稳定的主要根源,是导致国家关系紧张甚至发生冲突战争的主要因素。它们在政治上侵犯别国主权,干涉别国内政,颠覆别国政权,制造紧张局势;在军事上扩大军事集团,加强军事同盟,开展军备竞赛,拓展势力范围,发动侵略战争;在经济上固守旧的国际分工体系、国际贸易体系、国际金融体系,掠夺剥削发展中国家和人民;在思想文化领域,进行文化倾销和价值渗透,宣扬西方的生活方式和社会价值观。这些都极大地影响着各国的和谐共处。因此,只有反对霸权主义和强权政治,才能为建立和谐世界扫清政治障碍。

中国始终致力于推进国际社会的民主平等,积极促进世界各国的协调合作。中国坚持在《联合国宪章》及和平共处五项原则基础上,通过对话、交流与合作,促进国际关系民主化。主张各国内部的事情应由各国人民自己决定,世界上的事情应由各国平等协商解决,发展中国家在国际事务中理应享有平等参与权与决策权。主张各国应互相尊重,平等相待,不将自己的意志强加于人,不将自身的安全与发展建立在牺牲他国利益基础之上。主张国际社会反对单边主义,提倡和推进多边合作,更好地发挥联合国在国际事务中的积极作用。

中国致力于开展全方位外交,积极促进世界和谐稳定。中国已经形成全方位、多层次、宽领域的对外开放格局,在政治、经济、文化、安全等方面同国际社会建立起了前所未有的广泛而深入的联系,与世界的关联性进一步增强,对世界的积极影响不断扩大。中国坚持发展同发达国家的关系,扩大共同利益汇合点,妥善处理各种分歧,推动相互关系长期稳定健康发展,共同维护地区和世界的稳定。中国坚持贯彻与邻为善、以邻为伴的周边外交方针,加深同周边国家的相互信任,努力构建和谐周边、和谐地区。中国始终坚持加强同广大发展中国家的团结合作,支持其正当要求,维护其合法权益,向其提供力所能及的援助,努力帮助发展中国家克服困难,增强自主发展的能力。中国有选择地加入政府间国际组织,签署国际条约,推动国际秩序和平渐进改革。

在外交实践中,中国积极参与解决国际和地区热点问题。从维护地区和世界和平与安全出发,在推动和平解决朝核、伊朗核、苏丹达尔富尔等热点问题上,发挥了重要的建设性作用,受到国际社会广泛赞誉。在朝核问题上,中国始终坚持半岛无核化、对话和平解决、维护朝鲜半岛与东北亚地区和平稳定的方针,妥善应对各种复杂局面,坚持劝和促谈,在与有关各方的共同努力下,终于使冷战遗留的最后一个热点问题朝着对话和平解决的方向迈出步伐。中国积极参加国际多边安全合作,积极参与国际军控、裁军和防扩散进程,积极支持和参与联合国维和行动。我国已向联合国16项维和行动派出维和人员 7386 人次。中国维和人员以他们的优良素质和杰出表现促进了联合国维和事业,为祖国赢得了荣誉。

(二)推动建设和谐世界必须致力于实现全球经济和谐发展

实现全球经济和谐发展是建设和谐世界的经济基础和重要保障。当前,影响全球经济和谐发展的最主要的因素,就是明显具有双重效应的经济全球化。经济全球化是指随着科学技术和社会生产力的迅速发展,促使国际分工不断扩大和深化,世界各国和地区在经济上紧密地联系在一起,逐渐结合为一个统一的整体。经济全球化是当今世界的一个基本经济特征,是世界经济和人类文明发展的新趋势和新阶段,是社会生产力发展的客观要求和必然结果。经济全球化是一个不断演进、同时充满矛盾和冲突的历史进程。由于经济全球化是在不公正、不合理的国际经济旧秩序没有根本改变的情况下发生和发展的,西方发达国家在经济全球化进程中处于主导和支配地位,因而经济全球化在推动全球生产力发展、加速世界经济增长的同时,也带来了严重的负面影响。经济全球化进一步拉大了贫富差距,增加了各国和全球面临的社会经济问题,加剧了国际竞争,加大了金融风险,使最不发达国家被边缘化,并对国家主权和发展中国家的民族工业造成严重冲击,极大地影响着全球经济的和谐发展。

各国应该重视并采取有效措施推动经济全球化朝着均衡、普惠、共赢的方向发展。要努力缓解发展不平衡问题,消除贫困,使各国特别是广大发展中国家普遍受益,而不是南北差距更加扩大。发达国家应为实现全球普遍、协调、均衡发展承担更多责任,发展中国家要充分利用自身优势推动发展。应该积极推进区域和全球经济合作,共同解决全球经济发展中出现的问题,维护经济安全。应该积极推进贸易和投资自由化、便利化,消除各种贸易壁垒,进一步开放市场,放开技术出口限制,以相互开放取代彼此封闭,努力建立开放、公平、规范的多边贸易体制,实现优势互补、互利共赢,为世界经济有序发展构建良好的贸易环境。应该加强全球能源对话和合作,共同维护能源安全和能源市场稳定。应该进一步完善国际金融体系,为世界经济增长营造稳定高效的金融环境。应该积极促进和保障人权,使人人享有平等追求全面发展的机会和权利。应该创新发展模式,促进人与自然和谐发展,走可持续发展之路。

中国奉行互利共赢的开放战略,是促进地区和世界和谐发展的积极因素。党的十七大报告重申,中国将始终不渝奉行互利共赢的开放战略,继续以自己的发展促进地区和世界共同发展,扩大同各国利益的汇合点。实践雄辩地证明,中国的发展是促进地区和世界共同发展的积极因素。党的十六大以来的五年间,中国国内生产总值年均增长 10.4% ,比全球经济增速高出一倍以上。中国同其他发展中大国一起,已经成为推动世界经济发展的新的增长极。作为世界第三大贸易国,中国质优价廉的产品减少了进口国的支出,增加了各国消费者的福利。2007 年,中国以接近 1 万亿美元的进口市场规模,扩展世界经济发展的空间。中国积极发展同周边国家的互利合作。中国正迅速成长为韩国和日本的最大贸易伙伴。中国——东盟自由贸易区将于 2010 年前建成,从而推动中国——东盟互利合作再上新的台阶。长期以来,中国坚持在真诚友好、平等互利的基础上,积极扩大同发展中国家的经贸合作,向发展中国家提供力所能及的援助,帮助它们提高应对经济全球化挑战的能力,实现自主发展和可持续发展。2006 年 11 月,中非合作论坛北京峰会确立了中非政治上平等互信、经济上合作共赢、文化上交流互鉴的新型战略伙伴关系。胡锦涛主席在峰会上宣布的加强对非务实合作、支持非洲发展的八项政策措施正在得到有效的贯彻实施。中非经贸合作的强劲发展为非洲振兴增添了活力。近年来,中国在文化、教育、卫生、科技等领域的对外交流与合作日趋广泛和活跃,有力地促进了不同文明间的交流与借鉴,增进了中国人民与世界各国人民的相互了解和友谊。

(三)推动建设和谐世界必须致力于实现不同文明和谐进步

实现不同文明和谐进步是建设和谐世界的重要内容。文明多样性是当前人类社会的基本特征。目前世界上共有 60 多亿人口,200 多个国家和地区,2500 多个民族,6000 多种语言,存在基督教、伊斯兰教、佛教等多种宗教和包括不同"主义"在内的多种政治信仰。文明多样性是人类社会进步的重要动力,但文明之间的差异在一定条件下也会发生矛盾和摩擦,导致"文明的冲突"。历史上,各部族、民族、国家、地区、政治集团之间曾经发生过无数的战争和冲突。这些战争和冲突最主要、最深层次的原因,在于对财富、权力和利益的争夺和追求,但也往往存在不同程度的思想文化对立和冲突。所以,必须十分重视和关切不同文明之间的和谐相处、和谐发展,并视之为直接影响全球安全、稳定与发展的重大问题。

单调的音符无法谱奏优美的旋律,单一的色彩难以描绘绚丽的画卷。各国应该维护世界多样性和发展模式多样化,坚持平等对话和交流,倡导开放和兼容并蓄的文明观,使不同文明在竞争比较中取长补短,在求同存异中共同发展;应该承认各国文化传统、社会制度、价值观念和发展道路的差异,不能以此为借口对别国内政说三道四,更不能把世界上存在的一些问题和矛盾归因于哪一种文明、哪一个民族或哪一种宗教;应该努力使世界上所有文明、所有民族携手合作,共同推进人类和平与发展的崇高事业。

中国致力于扩大对外文化交流,积极促进不同文明和谐进步。尊重世界多样性,共同促进人类文明繁荣进步,是党的十七大报告关于推动建设和谐世界主张在文化上的基本要求。当今世界,文化作为软实力的核心越来越受到世界各国的重视,文化交流在国际关系中的地位和作用越来越突出,世界各国都在积极利用文化手段来提升和扩大国家的影响力。我国是有着几千年文明史的文化大国,在文化积淀上有着自己的独特优势,中华文化是世界文化大花园的一簇奇葩。改革开放以来,我国十分重视和加强文化建设与文化交流,充分发挥中华文化优势,积极培育和运用国家软实力,对内增强民族凝聚力和向心力,对外增强国家亲和力和影响力。主要表现在:突出对外文化交流主题,展现改革开放、团结进取、平等友好、坦诚负责的良好国家形象,积极主动地向世人介绍我国优秀传统文化的深刻内涵,宣示我国走和平发展道路的政策主张,展示我国昨天的灿烂文明、今天的发展进步和明天的和平愿景,让世界认识中国、了解中国、理解中国、喜爱中国;扩大对外文化交流领域,广泛开展文化、教育、科技、旅游、新闻等各个领域的对外交流合作,进一步形成全方位、多层次对外文化交流格局;不断提高我国文化产品"走出去"的实力,深化对外文化体制改革,整合对外文化资源,发展对外文化事业和文化产业,实施对外文化精品战略,扩大文化产品出口,加大汉语国际推广力度,加强涉外媒体和网络建设,推动中华优秀文化走向世界;切实加强和改进对外宣传工作,不断探索对外宣传的有效形式,运用现代化和国际通用的手段,采用外国公众易于理解和接受的语言,增强对外宣传的感召力和影响力,营造积极友善的国际舆论环境。加强对出国人员的教育和管理,引导出国人员提高文明素养、展示良好形象。在推动中华优秀文化"走出去"的同时,还积极倡导各种文明在对话交流中相互借鉴、取长补短,以海纳百川、兼收并蓄的胸襟,积极吸收和借鉴人类文明的有益成果,做好对外国优秀文化的引进和介绍工作,不断丰富中华文化的内涵,促进中华文化与世界各国文化的沟通、交流和融合。

我国既是建设和谐世界的积极倡导者,又是扎实务实的践行者。我国以科学发展观为指导,在积极构建和谐社会,努力实现社会经济全面发展,不断提高国家战略能力的同时,坚定不移地高举和平、发展、合作的旗帜,坚定不移地走和平发展道路,坚定不移奉行独立自主的和平外交政策,在和平共处五项原则的基础上同世界各国发展友好合作关系。我国坚持"大国是关键,周边是重点,多边是舞台,发展中国家是基础"的基本外交方针,与美国、俄罗斯、法国、德国、英国、日本、印度等各大国的关系稳步推进、不断改善,与周边国家的双边、多边合作不断取得新进展,以联合国为中心舞台的多边外交取得历史性成就,与发展中国家的友好合作上升到新的高度和水平。我国在独立自主、完全平等、互相尊重、互不干涉内部事务的原则指导下,同各国各地区的政党和政治组织的关系不断获得新发展,议会外交、军事外交、文化外交、民间外交不断拓展新渠道,开创新局面。我国以负责任大国的身份,通过扎扎实实的外交努力,为建设和谐世界作出了卓有成效的贡献。

推动建设和谐世界,体现了时代与历史发展的客观要求,符合世界各国的根本利益,是国际关系发展的必由之路。只要世界各国团结一致,反对强权政治和霸权主义,维护和尊重联合国的权威及其宪章的宗旨和原则,相互尊重,平等相待,和平共处,互利合作,就能不断推进并最终实现建设和谐世界的目标。

第八专题

加强党的先进性建设

先进性是马克思主义政党的本质属性,是马克思主义政党的生命所系和力量所在。党的先进性建设是党的根本性建设,是加强和改进党的建设的根本任务和永恒课题。党的一切活动,归根到底是围绕保持和发展党的先进性加以展开的。巩固党的执政地位,发展党的事业,归根到底要靠党自身理论、路线、纲领、方针、政策和实践的先进性。党的十六大以来,以胡锦涛为总书记的党中央明确提出加强党的先进性建设的重大战略思想,在全党开展保持共产党员先进性教育活动,这标志着我们党对共产党执政规律的认识达到了新的高度。能否保持和发展党的先进性,将始终关系党的事业发展的兴衰成败。新时期新阶段,大力加强党的先进性建设,无疑是夺取全面建设小康社会新胜利和实现社会主义现代化目标的内在要求和迫切需要。

一、加强党的先进性建设的重大意义

胡锦涛总书记在新时期保持共产党员先进性专题报告会上深刻指出:"党的先进性建设是关系马克思主义政党生存发展的根本性问题","是马克思主义政党自身建设的根本任务"。① 这一重大命题的提出,深刻揭示了加强党的先进性建设的重大意义,对于以改革创新精神全面推进党的建设新的伟大工程,提高党的执政能力、巩固党的执政地位、完成党的执政使命具有非常重要的现实指导意义。

(一)加强党的先进性建设始终是我们党生存、发展、壮大的根本性建设

保持马克思主义政党的先进性,历来是马克思主义建党理论中一个带根本性的重大课题。马克思、恩格斯和列宁从来都把保持党的先进性作为马克思主义政党建设的根本要求来思考、来实践,提出了一系列深刻思想。其中,最基本、最核心的是:无产阶级的解放事业必须有一个以科学理论为指导的先进政党来领导;这个党必须是无产阶级先锋队,由无产阶级和其他革命群众中的先进分子所组成;必须使党的理论、路线、纲领和方针政策符合社会发展规律,体现无产阶级和最广大人民的根本利益;必须通过党的各级组织在无产阶级革命实践中的实际表现和作用、通过全体党

---

① 《十六大以来重要文献选编》(中),中央文献出版社2006年4月第1版,第610页。

员高度的思想觉悟和奉献精神来保持和发展党的先进性。这些基本思想,经过实践证明是正确的,为我们党加强先进性建设提供了科学的理论遵循。

胡锦涛总书记指出:"加强党的先进性建设,始终是我们党生存、发展、壮大的根本性建设。"①一部中国共产党的历史,就是一部全心全意为人民服务、不断加强党的先进性建设、始终保持党的先进性的历史。作为马克思主义政党,我们党坚持以马克思主义党建理论为指导,始终高度重视保持党的先进性,总是把党的先进性建设摆在突出位置来抓,在理论和实践上进行了长期探索,积累了宝贵经验。

以毛泽东为核心的党的第一代中央领导集体,把马克思主义建党理论同我们党的自身建设实践相结合,探索出一条着重从思想上建党、加强党的先进性建设的成功之路。毛泽东强调,保持党和党员的先进性,根本途径是加强党内马克思主义理论和无产阶级思想教育,不断提高党员的思想觉悟,把党员教育和锻炼成坚定的共产主义战士。在1929年召开的红四军第九次党代会上,毛泽东针对党和红军中存在的种种非无产阶级思想及其危害,提出了思想建党的原则,强调党员不但要在组织上入党,而且要在思想上入党,要经常注意用无产阶级思想改造和克服各种非无产阶级思想。抗日战争时期,针对当时的形势、任务及党员队伍状况,毛泽东提出了党的建设这一"伟大的工程",强调为了中国革命的胜利,必须建设一个全国范围的、广大群众性的、思想上政治上组织上完全巩固的布尔什维克化的中国共产党。新中国成立前夕,毛

---

① 《十六大以来重要文献选编》(中),中央文献出版社2006年4月第1版,第615页。

泽东从党夺取全国政权后继续保持先进性的战略高度出发,及时告诫全党要警惕党内可能滋长的骄傲情绪、以功臣自居的情绪、停顿起来不求进步的情绪和贪图享乐不愿再过艰苦生活的情绪,提醒全党:"务必使同志们继续地保持谦虚、谨慎、不骄、不躁的作风,务必使同志们继续地保持艰苦奋斗的作风"①。新中国成立后,他号召全党要保持过去革命战争时期的那么一股劲,那么一种革命热情,那么一种革命精神,把革命工作做到底,并领导我们党就执政条件下加强先进性建设进行了艰辛探索,作出了巨大努力。

党的十一届三中全会以后,邓小平总结"文化大革命"的深刻教训和新时期党的建设的新鲜经验,围绕在改革开放历史条件下加强党的先进性建设,提出了一系列重要思想。1980年初,他明确提出,执政党应该是一个什么样的党,执政党的党员应该怎样才合格,党怎样才叫善于领导? 这是一个需要根据实践发展和时代特征不断回答的问题。邓小平郑重提出了做合格党员的问题。他说:"我们这个党要恢复优良的传统和作风,有一个党员要合格的问题。合不合乎党员的资格,合不合乎党员的条件,这个问题不只是提到新党员面前,也提到一部分老党员面前了。"②他强调:"所有共产党员都要增强党性,遵守党的章程和纪律"③,要通过思想教育,"使全党在思想上政治上和精神状态上有显著的进步,党员为人民服务而不谋私利的觉悟有显著的提高,党和群众的关系有显著的改善。"④根据邓小平的思想,党的十二大提出了"把党建设

① 《毛泽东选集》第4卷,人民出版社1991年6月第2版,第1438~1439页。
② 《邓小平文选》第2卷,人民出版社1994年10月第2版,第269页。
③ 《邓小平文选》第2卷,人民出版社1993年10月第1版,第46页。
④ 《邓小平文选》第2卷,人民出版社1993年10月第1版,第38页。

成为领导社会主义现代化事业的坚强核心"的目标。党的十三大进一步强调,要使党"以崭新的姿态,站在改革和现代化建设的前列,成为一个勇于改革、充满活力的党,纪律严明、公正廉洁的党,选贤任能、卓有成效地为人民服务的党"①。为了实现这个目标,我们党开展了一系列统一思想、整顿作风、加强纪律、纯洁组织的工作,对保证党始终走在改革开放和社会主义现代化建设的前列起到了重要作用。

党的十三届四中全会以后,以江泽民为核心的党的第三代中央领导集体,坚持和发展马克思主义党建理论,创造性地探索和回答了"建设什么样的党、怎样建设党"这个重大课题。江泽民强调:"敏锐地把握时代的发展变化,正确判断我们党所处的历史方位,始终站在时代前列,勇于承担历史使命,坚持推进先进生产力和先进文化的发展,切实代表最广大人民的根本利益,团结和带领各族人民把中国特色社会主义事业不断推向前进,这是我们党先进性的根本体现。"②党的十五大对新形势下保持共产党员先进性提出了明确要求,强调:"在新的历史条件下,共产党员保持先进性,要体现时代的要求,做到:胸怀共产主义远大理想,带头执行党和国家现阶段的各项政策,勇于开拓,积极进取,不怕困难,不怕挫折;诚心诚意为人民谋利益,吃苦在前,享受在后,克己奉公,多作贡献;刻苦学习马克思主义理论,增强辨别是非的能力,掌握做好本职工作的知识和本领,努力创造一流的成绩;在危急的时刻挺身而出,维护国家和人民的利益,坚决同危

---

① 《十三大以来重要文献选编》(上),人民出版社 1991 年 11 月第 1 版,第 55 页。

② 《十六大以来重要文献选编》(中),中央文献出版社 2006 年 4 月第 1 版,第 613 页。

害人民、危害社会、危害国家的行为作斗争。"① 以江泽民为核心的党的第三代中央领导集体坚持党要管党、从严治党的方针，强调治国必先治党、治党务必从严，把思想建设放在党的建设的首位，全面推进党的建设新的伟大工程，有力地促进了党的先进性建设理论和实践的发展。

党的十六大以来，以胡锦涛为总书记的党中央继续推进党的先进性建设，把它作为推进党的建设新的伟大工程和提高党的执政能力、巩固党的执政地位的一项重要任务来落实。2004 年底，党中央审时度势，作出了在全党开展以实践"三个代表"重要思想为主要内容的保持共产党员先进性教育活动的重大决策。2005 年 1 月 14 日，胡锦涛总书记在中南海怀仁堂作了新时期保持共产党员先进性专题报告，1 月 24 日又在主持中央政治局第十九次集体学习时发表重要讲话，全面深刻阐述了加强党的先进性建设的重大战略思想。2006 年 6 月 30 日，胡锦涛总书记在庆祝中国共产党成立 85 周年暨总结保持共产党员先进性教育活动大会上发表重要讲话，对全党开展保持共产党员先进性教育活动进行了系统总结。这次历时一年半、分三批进行的先进性教育活动，是我们党参加人数最多、规模最大的一次马克思主义集中教育活动；是我们党在长期执政、改革开放和发展社会主义市场经济条件下，用发展着的马克思主义武装全党的一项重大举措；是在全面建设小康社会的关键时期，加强党的执政能力建设和先进性建设的一次成功实践，必将载入党的建设的光辉史册。

---

① 《十五大以来重要文献选编》(上)，人民出版社 2006 年 6 月第 1 版，第 49~50 页。

（二）加强党的先进性建设是深刻总结一些马克思主义政党兴衰成败经验教训得出的科学结论

胡锦涛总书记深刻指出："一个政党过去先进，不等于现在先进；现在先进，不等于永远先进。"①这是科学总结了世界政党建设的经验教训，特别是一些马克思主义政党因具有先进性而取得政权、又因丧失先进性而丢掉政权的经验教训，深刻揭示了党的先进性不仅必须靠奋斗才能赢得、而且必须靠奋斗才能保持的根本规律。这对于我们党坚持用发展的要求审视和评估自己、用改革的精神加强和完善自己，具有重要的警醒和推动作用。

任何政党的兴衰存亡，归根到底都取决于它是否具有与其他政党相比较的先进性，取决于它在推动历史前进中的作用，取决于人民群众对于这种作用的认可程度。马克思主义政党以工人阶级为阶级基础，以科学理论和进步纲领为指导，是世界政党史上前所未有的新型政党，因而在本质上应该具有其他政党无可比拟的先进性。这种先进性，不是空洞抽象的，而是具体实在的，渗透和贯穿于党的性质、宗旨、任务和全部工作中，体现在各级党组织和全体党员的实际行动上；不是固定不变的，而是与时俱进的，是随着形势和任务的变化而不断丰富的，时代和实践的发展总是不断给党提出新要求，给党的先进性赋予新内涵；不是一蹴而就的，更不是一劳永逸的，必须通过坚持不懈的先进性建设，通过长期艰苦奋斗才能赢得、保持和发展。马克思主义政党的先进性不是与生俱来和自封的，也不是靠吃老本就能够长期保持的。可以说，保持党的先进性始终是马克思主义政党的根本建设，任何时候、任何情况

① 《十六大以来重要文献选编》（中），中央文献出版社2006年4月第1版，第616页。

下都麻痹不得、松懈不得。

20世纪80年代末90年代初以来，世界上一些曾经执政多年的大党、老党特别是原苏联、东欧国家的共产党先后丧失了执政地位。原因何在？胡锦涛总书记深刻揭示："从根本上说是因为这些政党在广大人民群众的心目中丧失了先进性。"①原苏联共产党，这个列宁亲自创建的布尔什维克党，有列宁主义这个科学的指导思想和理论基础，有民主集中制这个科学、合理、有效的根本领导制度，有以列宁为领袖、由久经考验的无产阶级革命家组成的最高领导集团，有斗争经验丰富、包括一批职业革命家在内的领导骨干队伍，有按照严格的组织制度建立起来、遍布全国各地的基层组织，还有一支党创建和领导的、英勇善战的强大军队。这样的党，谁能说没有先进性？如果没有先进性，这个党怎么可能取得十月社会主义革命的胜利，并在帝国主义武装干涉和包围封锁中带领苏联人民巩固新生的苏维埃政权，富有成效地展开社会主义建设？又怎么可能在世界反法西斯战争中取得卫国战争的伟大胜利？然而，正是这样一个有着辉煌历史的党，这样一个曾经让世界各国共产党敬仰的党，这样一个建党93年、执政74年的老资格的党，由于最终丧失了先进性而顷刻之间便丢掉了政权。这其中的教训实在是惨痛的、深刻的。

历史的经验值得重视，历史的教训应当汲取，历史的悲剧不能重演。胡锦涛总书记关于党的先进性建设的重要战略思想，以马克思主义的宽阔视野和战略思维，对一些执政多年的大党、老党特别是原苏联、东欧国家共产党丧失执政地位的教训进行了深刻分

---

① 《十六大以来重要文献选编》(中)，中央文献出版社2006年4月第1版，第616页。

析和科学总结,得出了"加强党的先进性建设,在执政特别是长期执政的条件下任务更为艰巨"①的科学结论。实践表明,赢得先进性固然不容易,在长期执政和改革开放的条件下始终保持先进性更不容易。在保持党的先进性问题上,任何盲目乐观、高枕无忧、孤芳自赏的思想和行为都是十分有害的,任何悲观失望、怨天尤人、无所作为的思想和行为都是完全没有根据的。为此,胡锦涛总书记告诫全党:"必须居安思危,增强忧患意识,坚持用发展的眼光审视和评估自己,以改革的精神加强和完善自己,永不自满,永不懈怠"。②

(三)加强党的先进性建设是坚持和发展中国特色社会主义的根本保证

党的十七大报告鲜明指出:"中国特色社会主义伟大旗帜,是当代中国发展进步的旗帜,是全党全国各族人民团结奋斗的旗帜。"③中国共产党是中国特色社会主义的领导核心,开创中国特色社会主义事业新局面离不开党的领导。坚持抓好党的自身建设,保持和发展党的先进性,使党永远保持蓬勃生机和旺盛活力,始终充满创造力、凝聚力、战斗力,这是开创中国特色社会主义事业新局面的根本保证。

先进的事业需要先进的政党领导,先进的政党推动先进的事

---

① 《十六大以来重要文献选编》(中),中央文献出版社 2006 年 4 月第 1 版,第 616 页。

② 《十六大以来重要文献选编》(中),中央文献出版社 2006 年 4 月第 1 版,第 616 页。

③ 《中国共产党第十七次全国代表大会文件汇编》,人民出版社 2007 年 10 月第 1 版,第 1 页。

业前进。推进中国特色社会主义伟大事业,必须加强党的领导。我们要建设的社会主义是中国特色的社会主义,中国特色社会主义这一性质决定其建设必须由中国共产党来领导。近代以来的历史反复证明,在一个半殖民地半封建社会的中国,企图通过走资本主义道路复兴中华,是根本行不通的。只有中国共产党坚持把马克思主义基本原理同中国具体实际相结合,建立新中国,开创了社会主义道路,才真正找到了一条适合中国特色的建设发展之路。党领导人民在这条道路上,坚持以经济建设为中心,坚持四项基本原则,坚持改革开放,初步建立起社会主义市场经济体制,大幅度提高了我国的综合国力和人民生活水平,为全面建设小康社会、基本实现社会主义现代化开辟了广阔的前景,"中国人民的面貌、社会主义中国的面貌、中国共产党的面貌发生了历史性变化"①。

办好中国的事情,关键在党。在新的历史条件下,整个世界处在前所未有的深刻变动之中,整个中国处在前所未有的深刻变革之中,坚持和发展中国特色社会主义将面临着严峻的挑战。面对这样一种空前复杂而又不断变化的国内外环境,我们党能不能与时俱进地抓好自身建设,不断保持和发展党的先进性,在处理好改革发展各种矛盾和问题的过程中始终走在时代前列,在应对国内外各种风险和考验的历史进程中始终成为全国人民的主心骨,在建设中国特色社会主义的历史进程中始终成为坚强的领导核心,越来越成为把中国特色社会主义伟大事业不断推向前进的关键性因素。如果我们党不重视加强自身建设,提升自己的先进性程度,就难以制定和执行正确的政治纲领和路线方针政策,就无法带领

① 《中国共产党第十七次全国代表大会文件汇编》,人民出版社2007年10月第1版,第6~7页。

全国人民在应对剧烈变动的国际环境中立于不败之地,就难以科学地把握改革发展的历史进程,中国特色社会主义伟大事业就不可能获得成功。

实践表明,党的先进性是一面旗帜,能够吸引和凝聚全党全民族共同来实现党在各个历史时期的奋斗目标;是一种崇高的精神,能够激励全党全民族下定决心,不怕牺牲,在探索革命或建设改革的正确道路上排除万难、开拓前进;是一种伟大的力量,能够激发全党全民族无穷的创造力、凝聚力、战斗力。只要党的先进性长在,党的创造力就不竭,党的生命力就永存,坚持和发展中国特色社会主义的伟大事业就能始终兴旺发达。

(四)加强党的先进性建设是以改革创新精神全面推进党的建设新的伟大工程的一项基础工程

党的十七大报告指出:"我们党已经成立 86 年,在全国执政 58 年,拥有 7300 多万党员,党的自身建设任务比过去任何时候都更为繁重。党领导的改革开放既给党注入巨大活力,也使党面临许多前所未有的新课题新考验。世情、国情、党情的发展变化,决定了以改革创新精神加强党的建设既十分重要又十分紧迫。"①现在,我们党是在国际形势深刻变化、国际竞争日趋激烈、国内改革开放日益深化的条件下,带领人民进行社会主义现代化建设的。深刻变化的国际国内环境,给党员队伍和党的自身建设带来了深刻影响,使保持和发展党的先进性既面临许多新情况新考验,又面临许多新任务新要求。

---

① 《中国共产党第十七次全国代表大会文件汇编》,人民出版社 2007 年 10月第 1 版,第 48 页。

我们党已经走过了 88 年光辉历程,在全国执政也已经有近60 年,这使我们党积累了治国理政和加强自身建设的宝贵经验。但长期处于执政地位,容易使一些党员、干部产生惰性和脱离群众的倾向;所取得的光辉成就,容易使一些党员、干部产生骄傲自满情绪。我们党已经拥有 7300 多万名党员,新党员数量不断增加,新老干部队伍交替不断进行,一大批年轻干部走上领导岗位,这给党不断增添新鲜血液,也使党的先进性建设任务比过去任何时候都更为繁重。党的先进性建设在取得巨大成绩的同时,还存在一些问题和不足。比如,党的执政能力同新形势新任务不完全适应;一些基层党组织软弱涣散;少数党员干部作风不正,形式主义、官僚主义问题比较突出,奢侈浪费、消极腐败现象仍然比较严重,等等。面对机遇和挑战并存的形势,我们党只有不断保持和发展自身的先进性,始终走在时代前列,才能巩固党的执政地位、提高党的执政能力、完成党的执政使命。我们必须清醒认识新的历史条件下加强党的自身建设的必要性、紧迫性、艰巨性、复杂性,全面把握党所肩负的历史使命和党员队伍的总体状况,扎扎实实加强党的先进性建设。

马克思主义政党赢得先进性固然不容易,在复杂的国内外环境和长期执政的条件下保持和发展先进性更不容易。我们必须把加强党的先进性建设作为一项重大战略任务更加突出、更加紧迫地提到全党面前。胡锦涛总书记强调指出:"开展党的先进性建设,就是要通过推进思想建设、组织建设、作风建设和制度建设,使党的理论和路线方针政策顺应时代发展的潮流和我国社会发展进步的要求、反映全国各族人民的利益和愿望,使各级党组织不断提高创造力、凝聚力、战斗力,始终发挥领导核心作用和战斗堡垒作用,使广大党员不断提高自身素质、始终发挥先锋模范作用,使我们党保持与时俱进的品质、始终走在时代前列,不断提高执政能力、巩固执政地位、完成执政使命。"①

二、保持共产党员先进性的基本要求

我们党的先进性主要缘于党的指导思想(马克思主义)的先进性、党的阶级基础(工人阶级)的先进性、党的宗旨(为人民服务)的先进性、党的组织原则(民主集中制)的先进性、党的奋斗目标(共产主义)的先进性。党的先进性有两个基本表现:一是党的理论、纲领、路线、方针和政策的正确和先进,二是党的实践和行为的正确和先进。而党的先进性是通过党员的先进性加以体现的。党员是党的肌体的细胞,是党的行为的主体,党员的先进性无疑是党的先进性的基石。离开了全体党员的自觉行动和模范实践,党的先进性就成了无源之水、无本之木。加强党的先进性建设,其根本和关键就是要保持广大党员的先进性。新时期保持共产党员先进性的基本要求主要包括以下六个方面:

(一)坚持理想信念,坚定不移地为建设中国特色社会主义而奋斗

崇高的理想信念,始终是共产党人保持先进性的精神动力。共产主义理想和社会主义信念,是建立在马克思主义揭示的人类社会发展规律的基础之上的,因而是科学的理想信念。中国特色

---

① 《十六大以来重要文献选编》(中),中央文献出版社 2006 年 4 月第 1 版,第 610 页。

社会主义,符合中国国情,符合全国各族人民的利益,因而是中国发展、走向富强的正确道路。共产党员有了这样的理想信念,就有了立身之本,站得就高了,眼界就宽了,心胸就开阔了,就能自觉为党和人民的事业而奋斗。革命先驱李大钊面对绞刑架,发出了"我们深信,共产主义在世界、在中国,必然要得到光荣的胜利"的豪迈誓言。方志敏烈士在英勇就义前,慷慨陈词:"敌人只能砍下我们的头颅,决不能动摇我们的信仰!因为我们信仰的主义,乃是宇宙的真理!"夏明翰烈士临刑前,挥笔写就了成为千古绝唱的就义诗:"砍头不要紧,只要主义真。杀了夏明翰,还有后来人。"革命先烈在生与死的考验面前所以能够威武不屈,就是因为他们对共产主义理想坚贞不渝、矢志不移。在社会主义建设和改革中,许许多多共产党员所以能够为党和人民的事业鞠躬尽瘁、死而后已,也都是因为有崇高理想和坚定信念的激励。现在,有的党员在矛盾面前畏缩不前,在困难面前悲观失望,在诱惑面前不能洁身自好,说到底,还是共产主义理想和中国特色社会主义信念不坚定。

坚定理想信念,重要的就是要坚持用马克思主义的立场、观点、方法来认识世界,认识人类社会发展的客观规律。共产党员必须努力学习和自觉运用辩证唯物主义和历史唯物主义的强大思想武器,把理想信念建立在科学分析的理性基础之上。既要正确认识目前资本主义经济、科技发展的现实,更要正确认识资本主义社会的基本矛盾及其发展的历史趋势;既要正确认识社会主义发展过程中出现的曲折和反复,更要正确认识人类社会向前发展的必然规律;既要正确认识社会主义事业的长期性、艰巨性、复杂性,更要正确认识社会主义制度的强大生命力和巨大优越性。就是说,要从人类社会发展规律的高度来认识当今世界的变化及其趋势,不断坚定自己的理想信念。

理想信念是一个思想认识问题,更是一个实践问题。必须认识到,我们现在的努力以及将来多少代的持续努力,都是朝着实现共产主义这个最终目标前进的。同时必须认识到,实现共产主义是一个非常漫长的历史过程,我国现在仍处于并将长期处于社会主义初级阶段。我们必须从这个实际出发确定现阶段的奋斗目标,脚踏实地地推进我们的事业。没有远大理想,不是合格的共产党员;离开现实工作而空谈远大理想,也不是合格的共产党员。我们既要胸怀共产主义的崇高理想,也要坚定走中国特色社会主义道路的信念,矢志不移地为实现党在社会主义初级阶段的基本路线、基本纲领而奋斗,扎扎实实地做好当前的每一项工作。

(二)坚持勤奋学习,扎扎实实地提高实践科学发展观的本领

勤奋学习,是共产党员增强党性、提高本领、做好工作的前提。我们正处在知识创新的时代、终身学习的时代,不懂得和不熟悉的东西很多,即便是过去懂得和熟悉的知识也有一个不断更新的问题。面对这种新形势,全党同志一定要有学习的紧迫感,抓紧学习、刻苦学习,善于学习、善于重新学习。

共产党员加强学习,首先要加强理论学习。马克思主义政党的先进性首先表现为理论上的先进性。坚持用马克思主义的科学理论武装全党,是我们不断保持党的先进性的根本经验。列宁有句名言:"只有以先进理论为指南的党,才能实现先进战士的作用。"共产党员要自觉学习马列主义、毛泽东思想和中国特色社会主义理论体系,当前特别要把马克思主义中国化最新成果的核心内容——科学发展观学习好,着力用马克思主义中国化最新成果武装全党。在新世纪新阶段,广大党员干部保持先进性,关键是要深入学习实践科学发展观,努力成为科学发展观的坚定信仰者和自觉实践者。学习实践科学发展观是一项长期任务,必须坚持不懈、不断深入,做到真学、真懂、真信、真用。要提高科学认识和分析形势的能力,增强政治敏锐性和政治鉴别力,把思想认识进一步统一到中央对当前国内外形势的重大判断上来,不断加深对党的基本理论、基本路线、基本纲领、基本经验和各项方针政策的理解和把握,不断增强贯彻执行党的方针政策的自觉性和坚定性;要提高理论与实际相结合的能力,紧密结合国内外形势的新变化,紧密结合我国改革发展稳定面临的新情况新问题,紧密结合人民群众的利益和愿望,理清工作思路,提高工作本领,解决突出问题,切实做好改革发展稳定的各项工作;要提高改造主观世界的能力,自觉加强党性修养,牢固树立正确的世界观、人生观、价值观,自觉抵制各种错误思潮和腐朽思想的影响和侵蚀,永葆共产党人的先进性和纯洁性。同时,还要广泛学习法律、科学、文化、社会、历史等方面的知识,学习现代化建设所需要的一切知识,用人类创造的优秀文明成果充实自己、提高自己。通过全体党员的勤奋学习,推动建设学习型政党、学习型社会。

(三)坚持党的根本宗旨,始终不渝地做到立党为公、执政为民

全心全意为人民服务是我们党的根本宗旨。我们党的根基在人民、血脉在人民、力量在人民。群众在我们心里的分量有多重,我们在群众心里的分量就有多重。能不能坚持全心全意为人民服务的根本宗旨,是衡量一名党员是否合格的根本标尺。焦裕禄心里装着全体人民、唯独没有他自己,为了尽快改变兰考贫穷落后的面貌,累倒在工作一线。孔繁森情系藏族同胞,长期在西藏工作,用满腔热血树立了人民公仆的崇高形象。郑培民立志"做官先做人,万事民为先",恪守"当官的最高境界就是为老百姓办实事,而不是享清福"的信条。任长霞坚持执法为民,忠于职守、秉公执法、为民爱民,用满腔热血实践了她"还老百姓公道,是人生最大的追求"的诺言。牛玉儒坚持做官不谋私利、一心只为老百姓,用自己的一生履行着共产党人的誓言。他们以自己的实际行为,实践了党的全心全意为人民服务的宗旨,赢得了人民的爱戴,为党旗增添了光彩。

共产党员心里要始终装着群众。党员干部无论职务高低、权力大小,都要当好人民的公仆,切实把立党为公、执政为民的要求具体、深入地落实到各项工作中去。这里我想强调一下,树立和实践正确的权力观的问题。作为领导干部必须牢记我们手中的权力是人民赋予的,只能用来为人民谋利益,而绝不能来为自己谋私利,要始终为人民掌好权、用好权。要牢固树立群众观点,倾听群众呼声,反映群众意愿,集中群众智慧,忠实地贯彻执行党的群众路线,努力使我们制定和实践的各项方针政策和措施更好地体现人民群众的利益。要始终与人民群众同呼吸、共命运、心连心,牢记群众利益无小事的道理,时刻把群众的安危冷暖挂在心上,为群众诚心诚意办实事,尽心竭力解难事,坚持不懈做好事。对群众生产生活面临的这样那样的困难,特别是对下岗职工、农村贫困人口和城市贫困居民等困难群众遇到的实际问题,一定要带着深厚的感情去帮助解决,切实把中央为他们脱贫解困的各项政策措施落到实处,让他们感受到党和政府的温暖。

(四)坚持勤奋工作,兢兢业业地创造一流的工作业绩

党和人民的事业是由无数具体工作推动的。党的执政能力也是由各级党组织和全体党员干部的工作能力组成的。全面建设小康社会,推进中国特色社会主义事业,离不开千百万共产党人在本职岗位上所做的具体工作和不懈努力。共产党员保持先进性,必须体现到在改革发展稳定的各项工作中发挥先锋模范作用,体现到带领群众为推动经济发展和社会进步而开拓进取的实际行动中。

一名党员的作用,对于党和人民的事业来说,就像一台机器上的螺丝钉。螺丝钉虽小,作用却不可低估。共产党员大都在一定的岗位上承担着一定的任务。这些看来平凡的工作和任务,都是同实现党在现阶段的奋斗目标和党的整个事业紧密联系在一起的。每一名党员都应该经常思考这样一个问题:作为党员,我应该为党、为人民做点什么? 共产党员应该自觉把自己的理想和奋斗同党和人民的事业紧密联系起来,同国家的发展和民族的前途紧密联系起,爱岗敬业,干一行、爱一行、钻一行、精一行,努力在平凡的岗位上作出不平凡的贡献,努力创造无愧于时代、无愧于历史、无愧于人民的一流工作业绩。

创造一流的工作业绩,要求我们必须坚持和落实科学发展观和正确政绩观。要按照客观规律和科学规律来谋划发展,一切从实际出发,立足当前,着眼长远,积极进取,量力而行,不搞主观臆断、违背客观规律的"拍脑袋"决策,不追求脱离实际的高指标和盲目攀比,不喊哗众取宠的空口号;要求真务实,埋头苦干,扎实工作,要察实情、讲实话、办实事,不搞形式主义、官僚主义,不搞劳民伤财的"形象工程"、"政绩工程",不搞虚报浮夸和报喜不报忧。要通过自己的勤奋工作,促进经济发展和社会进步,促进安定团结和社会和谐,使人民群众得到切实利益。

（五）坚持遵守党的纪律，身体力行地维护党的团结统一

党的纪律是全党意志的体现，是党的各级组织和全体党员必须遵守的行为准则。只有纪律严明，才能保证党的理论和路线方针政策的贯彻落实，才能维护党的团结统一。过去战争年代我们打胜仗，靠的是这一条；现在我们进行社会主义现代化建设，同样离不开这一条。我们党要团结带领全国各族人民全面建设小康社会、建设中国特色社会主义，面临的考验是严峻的，面对的挑战是是巨大的，必须发挥纪律严明这个优势。

共产党员必须严格遵守和维护党的纪律。首先必须遵守党的政治纪律。党的各级组织和全体党员必须坚持党的基本理论、基本路线、基本纲领、基本经验，在思想上政治上同党中央保持一致，自觉维护中央权威，保证中央政令畅通。这是党和人民的最高利益所在。决不允许对党的方针政策和重大决策采取阳奉阴违的态度，搞"上有政策、下有对策"，合意的才执行，不合意的就不执行。要坚持民主集中制的根本组织制度和领导制度。党员领导干部要摆正自己在党内政治生活中的位置，以身作则，严于律己，坚持在党纪面前人人平等，带头维护党纪的严肃性，自觉接受党组织和群众监督。共产党员要自觉贯彻依法治国的基本方略，自觉遵守国家法律法规，坚决同各种违法违纪行为作斗争，以实际行动维护国家和人民的利益。

（六）坚持"两个务必"，永葆共产党人的政治本色

谦虚谨慎、艰苦奋斗，作为我们党的优良传统和作风，作为马克思主义政党的政治本色，是凝聚党心民心、激励全党全国人民为实现国家富强、民族振兴、社会和谐、人民幸福而共同奋斗的强大精神力量,是保持党同人民群众的血肉联系的一个重要法宝。历史和现实都表明,一个没有谦虚谨慎、艰苦奋斗精神作支撑的民族,是难以自立自强的;一个没有谦虚谨慎、艰苦奋斗精神作支撑的国家,是难以发展进步的;一个没有谦虚谨慎、艰苦奋斗精神作支撑的政党,是难以兴旺发达的。有人可能会说,在战争年代和困难时期提倡艰苦奋斗是对的,现在生活改善了,条件好,还提艰苦奋斗合时宜吗? 我们提倡艰苦奋斗精神,并不是要大家再回到嚼草根、吃树皮那种生活中去,而是要保持那么一种革命精神、那么一个勤俭作风。必须看到,我们取得了举世瞩目的建设成就,但我们国家人口多、底子薄,经济发展水平还不高,要实现全面建设小康社会的宏伟目标,必须继续用谦虚谨慎、艰苦奋斗精神来凝聚和激励全党全国人民励精图治、艰苦创业。

共产党员在新的历史条件下发扬谦虚谨慎、艰苦奋斗精神,就是要牢记我国的基本国情和我们党的庄严使命,树立为党和人民长期艰苦奋斗的思想,保持旺盛的革命意志和坚韧的革命品格;就是要牢记全心全意为人民服务的宗旨,通过扎实有效的工作,带领群众百折不挠的创造自己的幸福生活;就是要保持昂扬向上的精神状态,成绩面前不自满,困难面前不退缩,戒骄戒躁、不断进取,勇于开拓、善于创新,扎扎实实地做好各项工作;就是要牢记党和人民的重托和肩负的历史责任,自觉加强党性锻炼,弘扬艰苦朴素的作风,坚持勤俭建国、勤俭办一切事情。

"历览前贤国与家,成由勤俭败由奢"。只有保持艰苦奋斗的光荣传统,才能抵住腐败、抗住诱惑。周恩来曾告诫领导干部要过好生活关,他说:"物质生活方面,我们领导干部应该知足常乐","要使艰苦朴素成为我们的美德";"精神生活方面,我们应该把整个身心放在共产主义事业上,以人民的疾苦为忧,以世界的前途为念。这样,我们的政治责任感就会加强,精神境界就会高尚"。共产党员都要坚持高尚的精神追求,培育高尚的道德情操,养成良好的生活作风,自觉抵制拜金主义、享乐主义、极端个人主义的侵蚀,自觉防腐倡廉、拒腐防变,永远保持共产党人的蓬勃朝气、昂扬锐气、浩然正气,永远保持共产党人的政治本色。

三、加强党的先进性建设的宝贵经验

2006 年 6 月 30 日,在庆祝中国共产党成立 85 周年暨总结保持共产党员先进性教育活动大会上的讲话中,胡锦涛总书记系统总结了我们党保持和发展先进性的创造性实践,深刻概括了我们加强党的先进性建设的宝贵经验。

(一)必须准确把握时代脉搏,保证党始终与时代发展同步伐

世界潮流,浩浩荡荡;顺之者昌,逆之者亡。只有认清世界发展的总趋势、中国社会的实际状况和人民的根本要求,党才能在各个时期提出自己的政治主张,为中国革命、建设、改革开放和现代化事业指明发展方向。因此,胡锦涛总书记深刻指出:"正确判断时代特征,准确把握发展趋势,科学制定目标任务,是关系到马克思主义政党前途命运的重大问题,也是衡量马克思主义政党先进性的重要根据。"[①]

一个阶级、一个政党、一种社会力量是否先进,归根结底要看它的历史作用,看它能不能站在时代潮流的前头,遵循历史发展规

---

① 《人民日报》2006 年 7 月 1 日。

律,推动历史前进。我们党成立以来,正是因为始终坚持用马克思主义的立场观点方法观察和分析世界发展的总趋势、中国社会的实际状况和中国人民的根本要求,及时依据发展变化的实际提出自己的理论和路线方针政策,明确党在各个历史时期的目标和任务,为党和人民的事业指明前进方向,因而才始终保持了党与时俱进的先进性和创造力。20 世纪上半叶,面对帝国主义和无产阶级革命时代的特点,面对中国半殖民地半封建社会的状况,我们党紧紧把握民族独立和人民解放的时代主题,确立了新民主主义革命的历史任务,举起了救亡图存、推动中国社会发展进步的旗帜。新中国成立后,面对世界社会主义方兴未艾、民族解放运动风起云涌的国际局势,面对中国百废待兴的局面,我们党紧紧把握时代发展的大势和广大人民的意愿,成功进行了社会主义革命,开展了社会主义建设。20 世纪 70 年代末以来,面对和平与发展成为时代主题的国际环境,面对人民日益增长的物质文化需要同落后的社会生产之间的矛盾这个现阶段我国社会的主要矛盾,我们党认清了时代主题和时代潮流的变化,科学地确定我国所处的社会发展阶段,抓住现阶段我国社会的主要矛盾,顺应广大人民群众过上富裕、安定、民主、文明的幸福生活的共同愿景,制定了正确的路线方针政策,使中国经济社会发展取得巨大进步,总体上进入了小康社会,正在以不可阻挡之势走向更高水平的小康。

时代在发展,世界在变化,改革开放和社会主义现代化建设的伟大实践在前进。党要保持和发展先进性,就必须顺应时代的发展和人民的要求,自觉、主动、持续地推进先进性建设,努力使党的全部理论和工作体现时代性,把握规律性,富于创造性,使党始终与时代同步。正如胡锦涛总书记所指出的,"只有正确认识和把握时代特征及世界发展的总趋势,科学制定符合我国实际和人民愿望的目标及任务,我们党才能始终站在时代发展的前列和中国社会发展进步的潮头。"①

(二)必须把最广大人民的根本利益作为党全部工作的出发点和落脚点,保证党始终与人民群众共命运

乐民之乐者,民亦乐其乐;忧民之忧者,民亦忧其忧。人心向背,是决定一个政党、一个政权盛衰的根本因素。我们党的根基在人民,血脉在人民,力量在人民,人民群众的拥护和支持是我们党的力量源泉和胜利之本。在战争年代,群众是真正的铜墙铁壁。在社会主义建设时期,亿万群众是力量之源。全国各族人民是建设中国特色社会主义事业的主体,人民群众积极性创造性的充分发挥是我们事业成功的保证,不断实现最广大人民的根本利益是我们党全部奋斗的最高目标。胡锦涛总书记深刻指出:"加强党的先进性建设,提高党的执政能力,最终要落实到实现好、维护好、发展好最广大人民的根本利益上来。这是衡量党的一切工作是非得失的根本标准,也是衡量党的先进性的根本标准。"②

我们党从成立的那一天起,就始终坚持历史唯物主义基本原理,把为绝大多数人谋利益作为自己的奋斗目标,始终把全心全意为人民服务作为自己的根本宗旨和价值追求。毛泽东指出:"共产党人的一切言论和行动,必须以合乎最广大人民群众的最大利益,为最广大人民群众所拥护为最高标准。"③邓小平在阐述中国共产党党员的含意和任务时指出:"如果用概括的语言来说,只有

---

① 《人民日报》2006 年 7 月 1 日。
② 《人民日报》2005 年 1 月 26 日。
③ 《毛泽东选集》第 3 卷,人民出版社 1991 年 6 月第 2 版,第 1096 页。

两句话:全心全意为人民服务,一切以人民利益作为每一个党员的最高准绳。"①江泽民进一步强调指出:"我们党始终坚持人民的利益高于一切。党除了最广大人民的利益,没有自己特殊的利益。党的一切工作,必须以最广大人民的根本利益为最高标准。"②我们党进行新民主主义革命,进行社会主义革命和建设,进行改革开放,都是为了顺应人民意愿、实现人民利益。党的十六大以来,党中央提出坚持以人为本、实现科学发展、构建社会主义和谐社会、建设社会主义新农村、建设创新型国家、加强党的执政能力建设等重大任务,同样是为了在全面建设小康社会的历史进程中更好地实现人民利益。

实践证明,加强党的先进性建设,必须以密切党同人民群众的血肉联系为核心,以人民群众是否赞成、是否受益为决策的重要依据,把立党为公、执政为民的要求贯穿于党的全部工作中,认真解决群众关心的热点难点问题,以实际行动取信于民、造福于民,从而使我们党始终具有最深厚、最坚实的群众基础,始终得到人民群众的信赖和拥护。正如胡锦涛同志所说:"只有深刻认识人民创造历史的伟力,真诚代表中国最广大人民的根本利益,一切为了人民,一切依靠人民,我们党才能得到人民的充分信赖和拥护,才能无往而不胜。"③

(三)必须使党的理论和路线方针政策不断与时俱进,保证党的全部工作始终符合实际和社会发展规律

一个民族的团结振兴,离不开先进思想的引领;一个政党的发

---

① 《邓小平文选》第 1 卷,人民出版社 1994 年 10 第 2 版,第 257 页。
② 《江泽民文选》第 3 卷,人民出版社 2006 年 8 月第 1 版,第 280 页。
③ 《人民日报》2006 年 7 月 1 日。

展壮大,离不开科学理论的指导。坚持理论与实践相统一,依据中国的具体实际坚持和发展马克思主义,由此制定符合时代要求、体现人民群众利益和意愿的正确的路线方针政策,是我们党不断推动党和国家事业发展的基本经验。胡锦涛总书记深刻指出:"党的理论和路线方针政策关乎党的生命。马克思主义政党要保持和发展先进性,必须与时俱进地研究、提出、贯彻正确的理论和路线方针政策。"①

理论上不断与时俱进是党成熟和发展的重要标志,理论上先进是执政党保持和发展先进性的法宝。一个思想贫乏的民族,不可能屹立于世界民族之林;一个理论薄弱的政党,不可能有创造力、凝聚力和战斗力,不可能担负起自己的领导责任。从路线方针政策看,只有路线方针政策与时俱进才能使党的全部工作符合实际和社会发展。政党要领导革命、建设和改革事业,既要规定党的总路线和总政策,又要规定具体的工作路线和方针政策。只有科学制定并正确执行与经济社会发展同步的路线方针政策,才能解决推动中国社会进步和党的建设问题,做到不割断历史、不迷失方向、不超越阶段。80多年来,我们党始终坚持解放思想、实事求是、与时俱进,把马克思主义基本原理同中国具体实际相结合,产生了毛泽东思想、邓小平理论和"三个代表"重要思想。这些理论成果都是党和人民实践经验的总结和集体智慧的结晶。在这些正确理论指导下,我们党及时制定符合中国实际、反映人民愿望的路线方针政策,如新民主主义革命时期提出农村包围城市、武装夺取政权的正确道路,抗日战争时期提出建立抗日民族统一战线的正确主张,新中国成立后制定过渡时期的总路线,改革开放时期提出

---

① 《人民日报》2006年7月1日。

"一个中心、两个基本点"的社会主义初级阶段的基本路线、建立社会主义市场经济体制的重大理论,等等。特别是党的十六大以来,党中央又提出了科学发展观、构建社会主义和谐社会、加强党的执政能力建设等一系列重大战略思想,这是我们党不断深化对共产党执政规律、社会主义建设规律和人类社会发展规律认识的最新成果,是党的先进性在当代中国最重要最具体的体现,也是新的历史条件下加强党的先进性建设的重要着力点和衡量标准。

时代及实践的发展,形势与任务的变化,总是不断地对党的先进性提出新的要求、新的考验,迫切要求我们党以马克思主义的理论勇气,总结实践的新经验,借鉴当代人类文明的有益成果,在党的理论和路线方针政策上不断扩展新视野,作出新概括。为此,胡锦涛总书记强调:"只有不断实现党的理论和路线方针政策的与时俱进,我们党才能找到实现中国人民和中华民族根本利益的正确道路和科学方法,推动党和人民的事业不断从胜利走向新的胜利。"[1]

(四)必须围绕党的中心任务来进行,保证党始终引领中国社会发展进步

胡锦涛总书记指出:"衡量一个马克思主义政党是否先进,要放到具体的历史的实践中去考察,归根到底要看在推动历史前进中的实际作用。"[2]根据不同历史阶段中国社会发展的主要矛盾来确定党的中心任务,围绕实现这个中心任务来加强党的建设、保持和发展党的先进性,是我们党的一条重要历史经验。在新民主主

---

① 《人民日报》2006 年 7 月 1 日。
② 《人民日报》2006 年 7 月 1 日。

义革命时期,我们党围绕争取民族独立和人民解放的中心任务,要求党的各级组织和广大党员成为民主革命的先锋、民族解放的先锋、联系群众的先锋,在顽强斗争、浴血奋战中体现党的先进性。在改革开放新时期,我们党围绕经济建设这个中心任务,要求"广大党员、干部成为实践社会主义核心价值体系的模范,做共产主义远大理想和中国特色社会主义共同理想的坚定信仰者、科学发展观的忠实执行者、社会主义荣辱观的自觉实践者、社会和谐的积极促进者"①,在改革开放和现代化建设的实践中体现党的先进性。党的中心任务是党的先进性建设的基本依据,党的先进性建设必须围绕党的中心任务来展开。脱离党的中心任务,党的先进性建设就失去目的、方向和意义。

从现在起到本世纪中叶,是决定我们党、国家和民族在新世纪前途与命运、关系中华民族伟大复兴的关键时期。在中国特色社会主义道路上实现中华民族的伟大复兴,是历史和时代赋予我们党的庄严使命。我们党领导的中国特色社会主义伟大事业既面临难得的历史发展机遇,也面临前所未有的挑战。在错综复杂的国际国内环境中,我们党能不能继续保持和发展党的先进性,在很大程度上取决于党能否始终引领中国社会发展进步,取决于党能否团结和带领全国各族人民万众一心、团结奋斗,胜利实现推进现代化建设、完成祖国统一、维护世界和平与促进共同发展这三大历史任务。因此,我们必须始终围绕党的历史使命和中心任务来加强党的建设,使党的先进性落实到发展先进生产力、发展先进文化、实现最广大人民的根本利益上来,落实到强国富民、实现中华民族

---

① 《中国共产党第十七次全国代表大会文件汇编》,人民出版社2007年10月第1版,第49页。

伟大复兴的历史要求上来,使党的先进性建设的过程,成为推动中国特色社会主义现代化建设和中华民族伟大复兴的过程,从而保证和推动党和国家的事业不断向前发展。这是对党的先进性建设最迫切的时代要求和最现实的检验标准。

历史经验和现实任务表明,党的先进性建设要着眼于当代世界发展大势和我们党事业发展全局,紧紧围绕党的历史使命和中心任务来进行,朝着提高党的执政能力、完成党的执政使命、巩固党的执政地位的目标来加强。正如胡锦涛总书记所说,"只有始终围绕实现党的中心任务来加强党的先进性建设,才能使党的先进性建设与党和人民的事业相互促进,在不断发展中国先进生产力、先进文化、实现中国最广大人民根本利益的实践中体现党的先进性。"①

(五)必须坚持党要管党、从严治党,保证党始终具有蓬勃生机和旺盛活力

胡锦涛总书记指出:"我们党要带领人民夺取全面建设小康社会新胜利,开创中国特色社会主义事业新局面,关键是要抓好党的自身建设。必须坚持党要管党、从严治党,继续推进党的建设新的伟大工程。"②坚持加强和改进党的自身建设,坚持党要管党、从严治党,保证党永远充满生机和活力,这是保持和发展党的先进性的必然要求,是我们党加强先进性建设的重要宝贵经验。经过80多年的发展,我们党之所以能够从成立时仅有50多名党员、处在秘密状态的党,发展成为拥7300多万名党员、在13亿人口的大国

---

① 《人民日报》2006年7月1日。
② 《人民日报》2007年6月26日。

长期执政的大党,历经磨难而巍然屹立,千锤百炼而更加坚强,一个重要原因,就在于我们党始终坚持党要管党、从严治党,注重加强党的自身建设,保持和发展了党的先进性,始终充满蓬勃生机和旺盛活力。

在新的历史起点上,我们党的性质,党在国家和社会生活中所处的地位,党肩负的历史使命,党组织和党员干部队伍的状况和所处的环境,都决定了治国必先治党、治党务必从严。坚持党要管党、从严治党,最根本的就是要严格按党章办事、按党的制度和规定办事。这与以改革创新精神加强党的建设是相辅相成、完全一致的,应当把这两方面的工作结合起来,在党要管党、从严治党中贯彻和体现改革创新精神,在党的建设改革创新中更好地做到党要管党、从严治党。这种结合,要贯彻到党的建设的全部工作中,贯彻到对各级党组织、广大党员和干部进行教育、管理、监督的各个环节中去。特别要以改革创新精神从严抓好各级领导班子建设,对党员领导干部严格要求、严格管理、严格监督,以此影响和推动整个党的建设,努力使党的生活既严格有序、步调一致,又朝气蓬勃、充满活力。只有紧密结合实际不断加强和改进党的思想建设、组织建设、作风建设和制度建设,我们党才能建设一支高素质的党员队伍和干部队伍,建立严密稳固的组织体系和科学有效的领导制度,形成保持和发展党的先进性的最广大的载体和最可靠的制度保障。

四、加强党的先进性建设的基本途径

党的十七大报告深刻指出:"必须把党的执政能力建设和先

进性建设作为主线,坚持党要管党、从严治党,贯彻为民、务实、清廉的要求,以坚定理想信念为重点加强思想建设,以造就高素质党员、干部队伍为重点加强组织建设,以保持党同人民群众的血肉联系为重点加强作风建设,以健全民主集中制为重点加强制度建设,以完善惩治和预防腐败体系为重点加强反腐倡廉建设,使党始终成为立党为公、执政为民,求真务实、改革创新,艰苦奋斗、清正廉洁,富有活力、团结和谐的马克思主义执政党。"①这毋庸置疑是对全面推进党的建设新的伟大工程的整体布局和总体要求。围绕这一整体布局和总体要求加强党的先进性建设,就要"把先进性建设的要求贯穿于党的建设新的伟大工程的各个方面,从党的思想建设、组织建设、作风建设和制度建设上全面加以推进。"②

(一)坚持把党的思想理论建设放在首位,提高全党的理论思维和战略思维水平

党的十七大报告指出:"思想理论建设是党的根本建设,党的理论创新引领各方面创新。"③我们党是一个高度重视思想建党、思想立党、思想兴党的马克思主义政党。始终把思想理论建设放在党的先进性建设的首要位置,既是马克思主义党建思想的一个重要原则,也是我们党保持先进性的一条基本经验。我们党要担负起自己的历史责任,必须一如既往地坚持把党的思想理论建设放在首位,坚持用发展着的马克思主义观察新形势、研究新课题、

① 《中国共产党第十七次全国代表大会文件汇编》,人民出版社 2007 年 10月第 1 版,第 48 页。

② 《人民日报》2005 年 1 月 26 日。

③ 《中国共产党第十七次全国代表大会文件汇编》,人民出版社 2007 年 10月第 1 版,第 48 页。

指导新实践,为增强党的创造力、凝聚力和战斗力提供有力的思想保证,为推进党和国家事业的发展奠定坚实的思想理论基础。胡锦涛总书记强调指出:"坚持把党的思想理论建设放在首位,大力弘扬理论联系实际的学风,增强把马克思主义基本原理同中国具体实际相结合的能力,提高全党的理论思维和战略思维水平。"①

牢牢坚持马克思主义的指导地位,始终把握中国社会的发展方向。马克思主义深刻揭示了人类社会发展规律,是最科学、最先进、最严密的思想体系,是我们认识世界和改造世界的强大思想武器。把马克思主义作为我们党的指导思想,是历史的选择,人民的选择。加强党的思想理论建设,最根本的就是坚持马克思主义的核心指导地位。随着我国改革日益深入,对外开放不断扩大,各种思潮竞相登场,各种观念不断涌现,各种社会思潮相互渗透、相互激荡、相互碰撞,对党内的影响日益加剧,我们在意识形态领域遇到了许多过去不曾遇过的新问题。面对新的历史条件,加强党的先进性建设,始终保持党的先进性,坚持马克思主义在党的思想理论建设中的核心指导地位,就显得更为必要和紧迫。只有始终坚持马克思主义在党的思想理论建设中的核心指导地位,才能为在社会主义现代化建设进程中贯彻落实科学发展观,为不断增强全党和全国人民思想上政治上的团结,奠定坚实的思想理论基础。

着眼于新的实践和新的发展,不断推动党在指导思想上的与时俱进。我们党的先进性,集中表现在善于结合时代特征和中国具体实际坚持和发展马克思主义,不断解决前进道路上的重大问题,不断形成新的理论成果,不断开辟革命和建设事业的新境界。

①　《十六大以来重要文献选编》(中),中央文献出版社 2006 年 4 月第 1 版,第 291 页。

建党 80 多年来,我们党在把马克思主义基本原理同中国具体实际相结合的过程中,相继形成了毛泽东思想、邓小平理论、"三个代表"重要思想以及科学发展观等重大战略思想。党的十七大把包括邓小平理论、"三个代表"重要思想以及科学发展观等重大战略思想在内的科学理论体系高度概括为中国特色社会主义理论体系,把科学发展观定位为"是我国经济社会发展的重要指导方针,是发展中国特色社会主义必须坚持和贯彻的重大战略思想"①,并提出,"在当代中国,坚持中国特色社会主义理论体系,就是真正坚持马克思主义。"②中国特色社会主义理论体系是不断发展和开放的理论体系,只有不断创新发展,才能焕发出强大生命力。实践永无止境,创新永无止境。党的十七大报告强调指出:"全党同志要倍加珍惜、长期坚持和不断发展党历经艰辛开创的中国特色社会主义道路和中国特色社会主义理论体系,坚持解放思想、实事求是、与时俱进,勇于变革、勇于创新,永不僵化、永不停滞,不为任何风险所惧,不被任何干扰所惑,使中国特色社会主义道路越走越宽广,让当代中国马克思主义放射出更加灿烂的真理光芒。"③

不断推进马克思主义理论武装工作,用发展着的马克思主义武装全党、教育人民、推动工作、指导实践。始终坚持用科学理论武装全党、不断提高全党的马克思主义水平上,这是我们党的先进性的重要表现。从革命时期的延安整风运动到新中国成立初期学

---

① 《中国共产党第十七次全国代表大会文件汇编》,人民出版社 2007 年 10 月第 1 版,第 12 页。

② 《中国共产党第十七次全国代表大会文件汇编》,人民出版社 2007 年 10 月第 1 版,第 12 页。

③ 《中国共产党第十七次全国代表大会文件汇编》,人民出版社 2007 年 10 月第 1 版,第 12 页。

习马克思列宁主义、毛泽东思想,从兴起学习邓小平理论新高潮到开展"三个代表"重要思想学习教育活动,我们党通过开展大规模学习教育活动,普遍提高了全党的马克思主义理论水平,统一了思想,凝聚了力量,对加强党的先进性建设起到了重要推动作用,同时也有力地促进了社会主义现代化建设事业的发展。党的十七大报告要求"深入学习贯彻中国特色社会主义理论体系,着力用马克思主义中国化最新成果武装全党"。① 贯彻落实这一精神,一方面要按照建设学习型政党的要求,紧密结合改革开放和现代化建设的生动实践,深入学习马克思列宁主义、毛泽东思想、邓小平理论和"三个代表"重要思想,在全党开展深入学习实践科学发展观活动,坚持用发展着的马克思主义指导客观世界和主观世界,进一步把握共产党执政规律、社会主义建设规律、人类社会发展规律,提高运用科学理论分析和解决实际问题的能力;另一方面,要"以坚定理想信念为重点"②,加强党员、干部理想信念教育和思想道德建设,使广大党员、干部成为实践社会主义核心价值体系的模范,做共产主义远大理想和中国特色社会主义共同理想的坚定信仰者、科学发展观的忠实执行者、社会主义荣辱观的自觉实践者、社会和谐的积极促进者。

(二)加强党的组织建设,永葆党的肌体和细胞的先进性

党的组织建设是党的建设的重要内容,是加强党的先进性建设的关键所在。加强领导班子建设和基层党组织建设,发挥领导

---

① 《中国共产党第十七次全国代表大会文件汇编》,人民出版社 2007 年 10 月第 1 版,第 48 页。

② 《中国共产党第十七次全国代表大会文件汇编》,人民出版社 2007 年 10 月第 1 版,第 48 页。

干部的示范表率作用,加强党员队伍建设,确保党的组织基础和领导骨干的先进性,既是党的先进性建设的重要内容,又是加强党的先进性建设的重要组织保证。

推进高素质领导班子和干部队伍建设。党的十七大报告提出:"要按照科学执政、民主执政、依法执政的要求,改进领导班子思想作风,提高领导干部执政本领,改善领导方式和执政方式,健全领导体制,完善地方党委领导班子配备改革后的工作机制,把各级领导班子建设成为坚定贯彻党的理论和路线方针政策、善于领导科学发展的坚强领导集体。"①贯彻落实这一精神,就是要紧紧围绕实现全面建设小康社会奋斗目标的新要求,切实抓紧抓好提高领导水平和执政能力这个核心内容,努力把各级领导班子建设成为坚定贯彻党的理论和路线方针政策、善于领导科学发展的坚强领导集体;坚持用中国特色社会主义理论体系武装头脑,切实改进领导班子思想作风,教育引导领导干部讲党性、重品行、作表率;大力选拔符合各方面事业发展需要的领导干部,加大培养选拔优秀年轻干部的力度,不断改善领导班子结构,增强整体功能;继续推进领导班子配备改革,完善地方党委领导班子配备改革后的工作机制,充分发挥新体制的优势;着眼于大幅度提高干部素质,认真落实大规模培训干部的任务,加强实践锻炼,帮助广大干部不断提高思想政治素质和领导能力。

加强和改进党的基层组织建设。党的基层组织是党执政的组织基础。党的十七大报告十分强调基层党组织建设在党的建设新的伟大工程中的重要地位,要求"全面巩固和发展先进性教育活

①　《中国共产党第十七次全国代表大会文件汇编》,人民出版社2007年10月第1版,第49页。

动成果,着力加强基层党的建设"①,并就此进行了深刻阐述,作出了重要部署。深刻理解和全面落实党的十七大精神,就是要在继续推进全面建设小康社会的伟大实践中,紧紧围绕巩固和发展党的先进性这一课题,落实党建工作责任制,全面推进农村、企业、城市社区和机关、学校、新社会组织等的基层党组织建设,优化组织设置,扩大组织覆盖,创新活动方式,充分发挥基层党组织推动发展、服务群众、凝聚人心、促进和谐的作用,以党的基层组织建设带动其他各类基层组织建设,在党的基层组织和党员中深入开展创先争优活动,建立健全城乡党的基层组织互帮互助机制,在全国农村普遍开展党员干部现代远程教育,建立健全党内激励、关怀、帮扶机制,关心和爱护基层干部、老党员、生活困难党员,注重解决基层组织经费保障和活动场所等问题。

始终抓好保持和发展党员队伍的先进性这个基础工程。党员是党的肌体的细胞和党的活动的主体,党员队伍的先进性是党的先进性的重要基础。胡锦涛总书记强调指出:"加强党的先进性建设,必须始终抓好保持和发展党员队伍的先进性这个基础工程,必须始终抓住党员队伍这个主体,充分依靠全党同志共同努力。"②党的十七大也强调指出,"要扎实抓好党员队伍建设这一基础工程,坚持不懈地提高党员素质。"③加强党员队伍的先进性建设,就是要认真学习和遵守党章,增强党员意识,建立党员党性定期分析制度,拓宽党员服务群众渠道,构建党员联系和服务群众工

①　《中国共产党第十七次全国代表大会文件汇编》,人民出版社2007年10月第1版,第51页。
②　《人民日报》2006年7月1日。
③　《中国共产党第十七次全国代表大会文件汇编》,人民出版社2007年10月第1版,第51~52页。

作体系,健全让党员经常受教育、永葆先进性的长效机制,使党员真正成为牢记宗旨、心系群众的先进分子;加强和改进流动党员管理,加强进城务工人员中党员的工作,建立健全城乡一体党员动态管理机制;提高发展党员质量,优化党员队伍结构,及时处置不合格党员。

(三)切实改进党的作风,着力加强反腐倡廉建设

党的十七大报告指出:"优良的党风是凝聚党心民心的巨大力量。"①党的作风体现党的宗旨,关系党的形象,关系人心向背,关系党和国家的生死存亡。加强作风建设是党的先进性建设的一项战略任务,必须常抓不懈。胡锦涛总书记强调指出:"要坚持以邓小平理论和'三个代表'重要思想为指导,全面落实科学发展观,发扬党的光荣传统和优良作风,根据新形势新任务的要求,全面加强思想作风、学风、工作作风、领导作风、干部生活作风建设,弘扬新风正气,抵制歪风邪气,着力解决突出问题,努力实现领导干部作风的进一步转变,为全面建设小康社会、构建社会主义和谐社会提供有力保障。"②

加强党的作风建设,要以实现好、维护好、发展好最广大人民的根本利益为核心。党风问题的核心是党群关系问题。为最广大人民群众谋利益,是我们党始终不变的宗旨,是赢得人民群众拥护的关键所在。我们党必须把为人民谋利益作为自己全部活动的出发点,党的作风建设必须紧紧围绕保持党同人民群众的血肉联系

---

①　《中国共产党第十七次全国代表大会文件汇编》,人民出版社2007年10月第1版,第52页。

②　《人民日报》2007年1月10日。

来进行,必须以人民群众是否满意为衡量和检验的根本标准。党的十七大报告深刻提出:"要坚持人民是历史创造者的历史唯物主义观点,坚持全心全意为人民服务,坚持群众路线,真诚倾听群众呼声,真实反映群众愿望,真情关心群众疾苦,多为群众办好事、办实事,做到权为民所用、情为民所系、利为民所谋。"①在加强党的作风建设的过程中,要着力解决广大党员尤其是各级领导干部牢固树立科学的世界观、人生观、价值观和正确的权力观、地位观、利益观的问题,使其始终与人民群众同呼吸、共命运、心连心;要坚持把解决群众生产生活中最现实、最紧迫的现实问题作为工作的着力点,认认真真访民情,诚诚恳恳听民意,实实在在帮民富,兢兢业业保民安,努力增强为人民服务的本领,使党所开展的各项工作得到广大人民群众的真心认同。

切实改进党的作风,要以求真务实作风推进各项工作,多干打基础、利长远的事。全党同志特别是领导干部都要讲党性、重品行、做表率。一要加强调查研究,改进学风和文风,精简会议和文件,反对形式主义、官僚主义,反对弄虚作假。二要倡导勤俭节约、勤俭办一切事业,反对奢侈浪费。三要深入开展党风党纪教育,积极进行批评和自我批评,使领导干部自觉遵守党纪国法,继承优良传统,弘扬新风正气,以优良党风促政风带民风。

切实改进党的作风,要加强反腐倡廉建设。党的十七大报告鲜明提出:"中国共产党的性质和宗旨,决定了党同各种消极腐败现象是水火不相容的。坚决惩治和有效预防腐败,关系人心向背

---

① 《中国共产党第十七次全国代表大会文件汇编》,人民出版社 2007 年 10 月第 1 版,第 52~53 页。

和党的生死存亡,是党必须始终抓好的重大政治任务。"①坚持反腐倡廉,坚决同消极腐败现象作斗争,是我们党同一切剥削阶级政党的本质区别之一。党风廉政建设是党的建设新的伟大工程的重要组成部分,是党的执政能力建设和先进性建设的重要内容。党风廉政建设和反腐败斗争的成败,不仅直接关系党的形象,而且对党和国家的前途命运产生深远的影响。胡锦涛总书记强调指出:"要深刻认识反腐倡廉工作的长期性、复杂性、艰巨性,把反腐倡廉工作作为加强党的先进性建设的重大战略任务,持之以恒地抓紧抓好,一刻都不能放松。"②

当前,我国正处于改革发展的关键阶段,经济体制、社会结构、利益格局、思想观念已经和正在发生深刻变化。这既为反腐倡廉提供了有利条件,又决定了腐败现象滋生蔓延的土壤和条件在短期内难以完全消除,而教育不扎实、制度不完善、监督不得力则是腐败现象滋生蔓延的重要原因。在深刻分析形势、科学总结经验的基础上,党的十七大报告提出"在坚决惩治腐败的同时,更加注重治本,更加注重预防,更加注重制度建设,拓展从源头上防治腐败工作领域"③的要求。根据这一要求,要继续坚持标本兼治、综合治理、惩防并举、注重预防的方针,完善惩治和预防腐败体系,拓展从源头上防治腐败的工作领域,形成全方位的防治腐败的战略屏障。我们要按照这个总体思路,努力实践,开拓创新,推动反腐倡廉建设深入开展。首先,要抓拒腐防变的思想教育。要以领导

---

① 《中国共产党第十七次全国代表大会文件汇编》,人民出版社2007年10月第1版,第53页。

② 《人民日报》2006年7月1日。

③ 《中国共产党第十七次全国代表大会文件汇编》,人民出版社2007年10月第1版,第53页。

干部为重点,在全党深入开展党风党纪教育活动,进一步加强理想信念教育、权力观教育和党纪国法教育。其次,要抓反腐倡廉制度建设。要继续以改革创新的精神切实加强以党章为核心的党内法规制度建设,加强国家廉政立法,努力形成用制度管权、管事、管人的有效机制。第三,要抓对权力的制约和监督。加强对权力的制约,建立健全决策权、执行权、监督权既相互制约又相互协调的权力结构和运行机制,加强党内监督、民主监督和法律监督,发挥好舆论监督作用,拓宽监督渠道,增强监督合力和实效。第四,要抓坚决惩治腐败的工作。坚决查办领导干部滥用职权、贪污贿赂、腐化堕落、失职渎职的案件。对任何腐败分子,都必须依法严惩,决不姑息。

(四)加强党的制度建设,建立健全永葆党员先进性的长效机制

制度建设更带有根本性、全局性、稳定性和长期性。始终保持党的先进性,既要靠个人自觉,又要靠严格管理;既要靠集中教育,又要靠常抓不懈;既要靠思想教育,又要靠制度保障。在新的历史条件下,我们党要始终保持先进性,就必须大力加强制度建设,把先进性教育活动中创造的成功经验和做法用制度的形式固定下来、坚持下去,把制度建设贯穿于党的思想建设、组织建设、作风建设之中,以健全的制度确保我们党永葆先进性。

以胡锦涛为总书记的党中央高度重视党的制度建设。2005年7月,胡锦涛总书记针对党内具体体制、机制不够健全完善的现状,认真总结新时期以来我党在自身建设方面积累的丰富经验,特别是先进性教育活动积累的新鲜经验,明确提出要探索建立保持共产党员先进性的长效机制,探索建立加强和改进党的建设的长效机制。在 2006 年 1 月 6 日召开的中纪委第六次全体会议上，胡锦涛总书记全面阐述了加强以党章为核心的党内法规制度体系建设、提高制度建设的质量和水平的战略构想。2006 年 6 月，中共中央办公厅印发了《关于加强党员经常性教育的意见》、《关于做好党员联系和服务群众工作的意见》、《关于加强和改进流动党员管理工作的意见》和《关于建立健全地方党委、部门党组（党委）抓基层党建工作责任制的意见》四个保持共产党员先进性长效机制的文件。这四个文件的制定和印发，是开展先进性教育活动经验的系统总结，为巩固和发展先进性教育活动成果、进一步加强党的先进性建设提供了重要的制度保障，标志着我们党建立健全以党章为核心的党内法规制度体系的工作又向前迈出了一大步。建立保持党员先进性的长效机制是一项复杂的系统工程。为此，胡锦涛总书记强调：要"在坚持党要管党、从严治党方针，建立新形势下广大党员长期受教育、永葆先进性的长效工作机制方面有新收获，进一步把党的先进性建设推向前进"。①

党的十七大报告强调要"以健全民主集中制为重点加强制度建设"②，创造性地提出以扩大党内民主带动人民民主、以增进党内和谐促进社会和谐，提出尊重党员主体地位、推进党务公开，提出实行党的代表大会代表任期制，完善党的地方各级全委会、常委会工作机制，推行地方党委讨论决定重大问题和任用重要干部票决制，改革党内选举制度、改进候选人提名制度和选举方式，继续深化干部人事制度改革，完善公务员制度，等等。这些新思想、新

---

① 《人民日报》2005 年 1 月 26 日。

② 《中国共产党第十七次全国代表大会文件汇编》，人民出版社 2007 年 10月第 1 版，第 48 页。

举措,都体现了解放思想、与时俱进、改革创新精神,标志着我们党的制度建设又迈出了坚实的一步。党的制度建设和党内民主建设是一项长期任务,必须随着经济社会的发展而不断深化,努力与广大党员参与党内事务积极性的不断提高相适应。我们要按照十七大的要求,积极推进党内民主,坚持把制度建设贯穿于党的建设的各个方面,既用制度来促进党的思想、组织、作风和反腐倡廉建设的深入开展,又用制度建设来巩固党的各方面建设取得的成果。要继续加大制度建设和创新力度,整体设计,分步实施,及时将党的建设理论创新和实践创新成果转化为制度成果,不断完善党的建设和党内生活的制度机制。要根据新情况新变化,加快完善民主集中制的具体制度,切实把民主集中制更好地落实到党的领导制度、组织制度、选举制度、工作制度、监督制度上。要抓住党的建设中的全局性和战略性问题,抓住广大党员、干部和人民群众最期待解决、党的建设最需要解决的紧迫问题,集中力量攻坚,努力在主要方面和关键环节上取得突破,带动整个党内制度建设,逐步建立起内容完备、结构合理、功能健全、科学管用的党内制度体系。

(五)加强党的先进性建设必须落实到执政兴国的实践中

胡锦涛总书记强调指出:"全党同志都必须深刻认识到,加强党的先进性建设是一项长期的历史任务,我们必须紧紧围绕党的历史使命和中心任务,进一步推进党的先进性建设。"①党的先进性在实践中形成,靠实践来检验,并在实践中保持。我们必须按照党的十七大报告所提出的要求,"站在完成党执政兴国使命的高度,把提高党的执政能力、保持和发展党的先进性,体现到领导科

---

① 《人民日报》2006 年 7 月 1 日。

学发展、促进社会和谐上来,落实到引领中国发展进步、更好代表和实现最广大人民的根本利益上来"①。

　　一要紧密结合深入贯彻落实科学发展观的实践加强党的先进性建设。胡锦涛总书记强调:"坚持以科学发展观统领经济社会发展全局,切实抓好发展这个党执政兴国的第一要务,推动经济社会又快又好发展,是我们这一代中国共产党人的神圣使命,是党的先进性在当代中国最重要最具体的体现,也是新的历史条件下加强党的先进性建设的重要着力点和衡量标准。"②这一重要论述,深刻揭示了加强党的先进性建设的根本途径和发展方向,为党的先进性赋予了新的时代内涵。党的十七大报告进一步强调:"深入贯彻落实科学发展观,要求我们切实加强和改进党的建设……使党的工作和党的建设更加符合科学发展观的要求,为科学发展提供可靠的政治和组织保障。"③全党同志要全面把握科学发展观的科学内涵和精神实质,增强贯彻落实科学发展观的自觉性和坚定性,着力转变不适应不符合科学发展观的思想观念,着力解决影响和制约科学发展的突出问题,把全社会的发展积极性引导到科学发展上来,把科学发展观贯彻落实到经济社会发展的各个方面。

　　二要紧密结合构建社会主义和谐社会的实践加强党的先进性建设。构建社会主义和谐社会是贯穿中国特色社会主义事业全过程的长期历史任务,是在发展的基础上正确处理各种社会矛盾的历史过程和社会结果。促进和维护社会和谐,把全体人民最广泛

---

　　①　《中国共产党第十七次全国代表大会文件汇编》,人民出版社2007年10月第1版,第18页。

　　②　《人民日报》2006年7月1日。

　　③　《中国共产党第十七次全国代表大会文件汇编》,人民出版社2007年10月第1版,第18页。

地团结起来、把各方面力量最大限度地凝聚起来,共同为推进中国特色社会主义伟大事业而奋斗,对提高党的执政能力和保持党的先进性提出了更高的要求。胡锦涛总书记强调指出:"各级党组织都要把构建社会主义和谐社会放在更加突出的位置,按照民主法治、公平正义、诚信友爱、充满活力、安定有序、人与自然和谐相处的要求,切实做好构建社会主义和谐社会的各项工作,以促进社会和谐的成效体现党的先进性。"①

三要紧密结合加强党的执政能力建设的实践加强党的先进性建设。胡锦涛总书记指出:"加强党的执政能力建设和先进性建设是紧密相关、相辅相成的,要贯穿于党的思想建设、组织建设、作风建设和制度建设之中,统一于党的建设新的伟大工程。"②党的先进性建设是提高党的执政能力的前提和基础,抓住了先进性建设,就抓住了加强党的执政能力建设、巩固党的执政地位的关键。同时,提高执政能力也是加强党的先进性建设的内在要求,是保持党的先进性的题中应有之义,是党的先进性的实现条件。党的先进性要通过党的执政能力建设来体现,通过执政能力和执政成效来落实。为此,我们党必须把发展作为执政兴国的第一要务,把建设高素质干部队伍作为提高执政成效的关键,把加强基层组织和党员队伍建设作为提高党的执政成效的基础,把赢得最广大人民群众的支持和拥护作为提高执政成效的最终目标。

四要紧密结合保持党同人民群众血肉联系的实践加强党的先进性建设。民心向背,是检验一个政党是否具有先进性的试金石。一个政党,如果不能保持同人民群众的血肉联系,如果得不到人民

---

① 《人民日报》2006年7月1日。
② 《人民日报》2006年7月1日。

群众的支持和拥护,就会失去生命力,更谈不上先进性。胡锦涛总书记深刻指出:"保持党同人民群众的血肉联系,是我们党无往而不胜的法宝,也是我们党始终保持先进性的法宝。"①这一重要论述,再次重申了人民群众的主体地位和我们党全心全意为人民服务的宗旨,表明我们党的政治态度和取向,进一步指明了党的先进性建设的根本目的。只要按照这样的要求扎扎实实推进党的先进性建设,使党永葆先进性,我们党就一定能够不断巩固同人民群众的血肉联系,始终得到人民群众的拥护和支持;就一定能够团结和带领全国各族人民不断推进中国特色社会主义事业,实现中华民族的伟大复兴。

先进性是我们党的安身立命之本、发展壮大之源、执政兴国之基。加强党的先进性建设始终是我们党生存、发展、壮大的根本性建设,是加强和改进党的建设的长期任务和永恒课题。胡锦涛总书记号召全党:"要坚持不懈地开展党的先进性建设,解放思想、实事求是、与时俱进,永不自满,永不懈怠,用发展的眼光审视和评估自己,以改革的精神加强和完善自己,使党始终保持旺盛的活力和蓬勃的朝气,始终走在时代前列,始终成为团结带领人民全面建设小康社会、实现中华民族伟大复兴的坚强领导核心。"②全党同志一定要居安思危、增强忧患意识,一定要戒骄戒躁、艰苦奋斗,一定要刻苦学习、埋头苦干,一定要加强团结、顾全大局,以改革创新精神推进党的建设新的伟大工程,更好地团结带领全国各族人民奋力开拓中国特色社会主义事业更为广阔的发展前景。

---

①　《人民日报》2006 年 7 月 1 日。
②　《十六大以来重要文献选编》(中),中央文献出版社 2006 年 4 月第 1 版,第 987 页。

第九专题

加强党的执政能力建设

执政能力建设是党执政后的一项根本建设。党的十六届四中全会把党的执政理论与执政实践相结合，以加强党的执政能力建设为主题，从执政规律的高度，科学地回答了提高执政能力、改进执政方式、巩固执政基础、完成执政使命等重大问题，对加强和改进党的建设，提高党的执政能力作了全面部署，反映了时代的要求和人民的意愿，体现了我们党对执政规律、执政理念、执政基础、执政体制、执政方式、执政资源和执政环境的清醒认识、科学判断和高度自觉，对于全面推进党的建设新的伟大工程具有重大的指导意义。

一、党的执政能力建设的本质要求

"党的执政能力，就是党提出和运用正确的理论、路线、方针、政策和策略，领导制定和实施宪法和法律，采取科学的领导制度和领导方式，动员和组织人民依法管理国家和社会事务、经济和文化事业,有效治党治国治军,建设社会主义现代化国家的本领。"①

　　加强党的执政能力建设,关键在于科学认识和把握党的执政规律。只有掌握了执政规律,我们才能把党的执政能力建设奠立在对客观规律的深刻认识和自觉运用的基础之上,从而增强党执政的预见性、主动性和创造性。执政规律是一个政党赢得和巩固执政地位的内在的本质的必然联系。它是由党的性质、地位、任务、基础和环境等诸种因素决定的,包括党在执政过程中应遵循的执政理念和执政方略,应采取的执政体制和执政方式,应扩大的执政基础和执政资源,应创造的执政条件和执政环境等等。历史的经验和现实的实践告诉我们,共产党作为执政党,必须遵循的基本执政规律是:党的理论、路线、纲领、方针、政策以及组织制度、领导体制、活动方式和工作作风一定要适应时代发展的客观要求,符合广大人民的根本利益。共产党执政的其他规律都是围绕这一基本规律展开的。自觉遵循这一基本执政规律,决定着人心的向背,决定着政权的得失,甚至决定着政党的存亡。我们党只有遵循这一基本规律,才能赢得和巩固执政地位,保证党的基本路线的全面贯彻和中国特色社会主义事业的顺利发展,才能使我们党始终保持先进性,紧跟世界进步潮流,永远走在时代前列。

（一）正确把握党的执政规律,全面提高党的执政能力,必须坚持党的指导思想的与时俱进,用发展着的马克思主义指导新的实践

　　马克思主义是我们立党立国的根本指导思想。只有坚持以马

---

　　①　《中共中央关于加强党的执政能力建设的决定》,《人民日报》2004 年 9
月 27 日。

克思列宁主义、毛泽东思想、邓小平理论和"三个代表"重要思想为指导,立足于新的实践和新的发展,着眼于对重大问题的理论思考,解放思想、实事求是、与时俱进,才能不断开拓马克思主义理论发展的新境界,不断开创中国特色社会主义发展的新局面。

党的十一届三中全会以来,以邓小平为核心的党中央,面对十年"文化大革命"造成的危难局面,坚持解放思想、实事求是,以巨大的政治勇气和理论勇气,科学评价毛泽东和毛泽东思想,彻底否定"以阶级斗争为纲"的错误理论和实践,作出把党和国家工作中心转移到经济建设上来、实行改革开放的历史性决策,确定社会主义初级阶段基本路线,吹响走自己的路、建设中国特色社会主义的时代号角,创立了邓小平理论。邓小平理论第一次比较系统地初步回答了经济文化比较落后的中国如何巩固、建设和发展社会主义的一系列基本问题,是马克思主义基本原理同当代中国实际和时代特征相结合的产物,是毛泽东思想的继承和发展,是当代中国的马克思主义。正是依靠邓小平理论的指引,才开启了中国特色社会主义伟大事业,指引全党全国各族人民在改革开放的伟大征程上阔步前进。

党的十三届四中全会以来,以江泽民为主要代表的中国共产党人,在建设中国特色社会主义的实践中,积累了治党治国治军新的宝贵经验,创立了"三个代表"重要思想。作为当代中国发展着的马克思主义,"三个代表"重要思想是我们党对建设中国特色社会主义理论的新探索和新概括,是引导全党全国各族人民为实现新世纪新阶段的发展目标和宏伟蓝图而奋斗的根本指针。它创造性地把党的建设同当今世界和当代中国物质文明、政治文明和精神文明建设的发展趋势,同中国社会主义制度的自我发展和完善,同中华民族伟大复兴的奋斗目标紧密联为一体,赋予党的性质、党的宗旨、党的任务和党的指导思想以鲜明的时代内涵和时代特征,不仅标志着我们党对共产党执政规律、社会主义建设规律和人类社会发展规律的认识达到了一个新境界,标志着我们党的建设和党的事业发展进入了一个新阶段,而且标志着中国共产党执政兴国、在中国特色社会主义道路上实现中华民族伟大复兴打开了一个新局面。

党的十六大以来,以胡锦涛为总书记的党中央,面对新世纪新阶段的新形势新任务,面对各种困难和挑战,坚持党的基本理论、基本路线、基本纲领和基本经验不动摇,紧紧抓住改革和发展的重要战略机遇期,致力于实现全面建设小康社会的宏伟目标,团结和带领全党和全国各族人民,赢得了改革开放和现代化建设的新胜利,开创了中国特色社会主义伟大事业和党的建设新的伟大工程的新局面。在这个过程中,胡锦涛总书记发表了一系列重要论述,包括关于用科学发展观统领经济社会发展全局的论述,关于加强社会主义政治文明建设和坚持依法治国的基本方略的论述,关于巩固马克思主义在意识形态领域的指导地位和发展社会主义先进文化的论述,关于构建社会主义和谐社会的论述,关于树立社会主义荣辱观的论述,关于实施人才强国战略的论述,关于建设创新型国家的论述,关于建设社会主义新农村的论述,关于加强党的执政能力建设和先进性建设的论述,关于党风廉政建设和反腐败工作的论述,关于国防和军队建设的论述,关于推进祖国和平统一大业的论述,关于推动建设和谐世界的论述等等。这些重要论述所包含的科学发展观等一系列重大战略思想,集中了全党和全国各族人民的智慧,是党的创新理论的最新成果,是对中国化的马克思主义的丰富和发展。实践表明,任何一种理论观点,无论曾经创造过怎样的辉煌,在日新月异的时代面前也无法以不变应万变,也无法一劳永逸地赢得群众。谁固步自封,停滞不前,不再反映时代要求,不去吸收自身以外的文明成果,不能历史地、批判地对待自身,自觉地、主动地实现自我扬弃、自我超越,谁就会失去生机活力,甚至失去存在的理由。我们党之所以能够在世界形势发生深刻变化的历史进程中始终走在时代前列,在应对国内外各种风险考验的历史进程中始终成为广大人民的主心骨,在建设中国特色社会主义的历史进程中始终成为坚强的领导核心,归根到底,就是因为我们党的指导思想能够始终坚持与时俱进。

(二)正确把握党的执政规律,全面提高党的执政能力,必须努力促进社会主义的自我发展和完善,增强社会主义的生机和活力

社会主义从诞生到成熟需要一个长期的发展过程,在这个过程中必然伴随着一系列改革。改革是社会主义制度的自我发展和完善,是推进经济和社会发展的强大动力。其根本目的,是要在各方面形成与社会主义初级阶段基本国情相适应的具体制度,不断促进生产关系和生产力、上层建筑和经济基础相适应,促进社会各个领域、各个方面、各个环节相协调,促进弘扬中华文明和借鉴国外文明相结合,使中国特色社会主义充满生机和活力。改革作为一场全面的社会变革,既包括经济体制又包括政治体制,既包括体制层面又包括观念层面;改革作为一场深刻的社会变革,必然要在利益调整、体制转换和观念更新方面有所突破,因而不可能没有阻力和风险。这就要求我们正确处理改革、稳定和发展的关系,既坚决果断,又审慎稳妥,通过深化改革,从根本上消除束缚经济和社会发展的体制障碍,解决体制转轨过程中所暴露的深层次矛盾。我国各方面的改革之所以取得举世瞩目的成就,中国特色社会主义之所以焕发出蓬勃的生机,其根本原因就在于党作为我国改革

的政治设计者、组织协调者、思想引导者和行动带动者,善于总结
人民群众在实践中创造的新鲜经验,根据社会发展变化的实际,自
觉把思想认识从那些不合时宜的观念、做法和体制的束缚中解放
出来,从对马克思主义的错误的和教条式的理解中解放出来,从主
观主义和形而上学的桎梏中解放出来,具有坚决冲破一切妨碍发
展的思想观念、坚决改变一切束缚发展的方式方法、坚决革除一切
影响发展的体制弊端的政治勇气和革命胆略。

**（三）正确把握党的执政规律,全面提高党的执政能力,必须
把发展作为党执政兴国的第一要务,把发展作为解决中国一切问
题的关键**

党领导人民建设社会主义的根本任务是解放和发展生产力,
增强综合国力,满足人民群众日益增长的物质文化需要。改革开
放以来,我们党坚持以经济建设为中心,大力推进社会主义现代
化,使各项事业有了长足发展。同时应当看到,我国仍然处于并将
长期处于社会主义初级阶段,综合国力与发达国家相比还存在较
大差距。我们只有抓住机遇,进一步加快发展,全面建设小康社
会,才能不断增强我国的综合国力,更好地体现党的先进性和社会
主义制度的优越性。因此,要牢固树立以人为本、全面协调可持续
的发展观,统筹城乡发展,统筹区域发展,统筹经济社会发展,统筹
人与自然和谐发展,统筹国内发展和对外开放,推动社会主义物质
文明、政治文明、精神文明和社会文明协调发展,促进人的全面发
展。发展首先是一个改变落后、赶上先进的问题。在整个社会主
义初级阶段,物质财富的增长,始终是发展的核心内容,没有经济
的快速增长,其他各方面协调发展的目标就很难实现。鉴此,我们
党明确提出把发展作为党执政兴国的第一要务,号召全党高度重

视解放和发展生产力,党的全部理论、路线、纲领、方针、政策和各项
工作,都要符合不断推动生产力的解放和发展的客观要求。只要我
们切实把党的先进性和社会主义制度的优越性落实到发展先进生
产力、发展先进文化、实现广大人民的根本利益上来,聚精会神搞建
设,一心一意谋发展,我们党长期执政就有了坚实基础;只要我们坚
持以发展为主题,用发展的眼光、发展的思路、发展的办法解决前进
中的问题,我国社会主义事业的兴旺发达就有了可靠保证。

**(四)正确把握党的执政规律,全面提高党的执政能力,必须
坚持立党为公、执政为民的本质要求,始终保持党同人民群众的血
肉联系**

立党为公、执政为民是工人阶级政党先进性的集中体现,也是
工人阶级政党区别于其他政党的显著标志。密切联系群众是我们
党的优良作风和政治优势,也是党始终赢得人民群众支持和拥护
的政治基础。我们党从诞生那天起,就以全心全意为人民服务作
为自己的根本宗旨。一部党的历史,就是中国共产党为中国人民
和中华民族的解放、独立和富强而英勇奋斗的历史,是实现、发展
和维护人民群众根本利益的历史,是带领人民创造幸福生活和美
好未来的历史。正因如此,我们党赢得了人民的支持,领导中国革
命取得了胜利而成为执政党。人民对共产党的这种支持是有条件
的,是因为共产党相信群众,依靠群众,关心群众疾苦,倾听群众呼
声,急人民群众所急,想人民群众所想,真正代表了人民群众的根
本利益,因而得到了人民群众的衷心拥护。这同时也说明,共产党
的领导地位和执政地位不是一劳永逸的。离开了正确代表和如实
反映人民群众的利益和要求,并为之进行不懈的奋斗,党就会脱离
人民群众,就会丧失人民群众的支持和拥护,从而失去对改革和建

设事业的领导权,丧失执政地位。在新的历史条件下,我们党要保持和发扬自己的政治优势,就必须始终把人民群众的情绪作为第一信号,把人民群众的满意作为第一追求,把人民群众物质文化生活水平的提高作为第一目标,用人民拥护不拥护、赞成不赞成、高兴不高兴、答应不答应来衡量我们的一切工作,自觉做到心里装着群众,凡事想着群众,工作依靠群众,一切为了群众,时时处处重实际、办实事、说实话、求实效,真正把实现人民的愿望、满足人民的需要、维护人民的利益作为党的一切工作的根本出发点和落脚点,保证人民群众共享改革和发展的成果。

（五）正确把握党的执政规律,全面提高党的执政能力,必须顺应时代发展的必然趋势,不断完善党的领导方式和执政方式

我们党在长期的革命、建设和改革实践中,形成了深入实际、联系群众、集体领导、民主集中等一整套科学的领导方法和工作方法,我们必须长期坚持。同时,面对形势和任务的不断发展变化,我们必须坚持与时俱进,开拓创新,不断改进党的领导方式和执政方式,做到科学执政、民主执政、依法执政,实现党和国家政治生活的制度化、规范化、程序化。党不是政权机关,不能取代政权机关的职能。要善于从党的历史方位和时代要求出发,把执政方式纳入法治化轨道,使党的主张经过法定程序上升为国家意志,从法律和制度上保证党的路线方针政策的切实贯彻。要正确认识和妥善处理党的方针政策与法律的关系,既坚定不移地贯彻执行党的方针政策,又善于运用宪法和法律治国理政。党的十六届四中全会明确提出要按照党总揽全局、协调各方的原则,规范党委与人大、政府、政协以及人民团体的关系,逐步形成党委集体领导、党政各负其责、各方协调一致的工作机制。共产党处于领导和执政的双重地位,通过多党合作和政治协商制度,与各民主党派和各界人士共商国是,实现其领导权;通过人民代表大会制度,组织和支持人民当家做主,实现其执政权。政协是人民集体行使政治权利的政治组织形式,人大是人民集体行使国家权力的政权组织形式,二者在共产党领导下,形成了具有中国特色的双层议政机制,共产党通过政协汇集民意,又通过人大使其变为国家意志,然后通过行政机关组织实施,通过党派团体带头贯彻。其实质是党依照法律程序组织和支持人民当家做主,实现党的领导、人民民主和依法治国的有机统一。

(六)正确把握党的执政规律,全面提高党的执政能力,必须以改革的精神加强党的建设,不断增强党的创造力、凝聚力、战斗力

我们党作为执政党,是中国改革开放和现代化建设的领导者、组织者、推动者和实践者,坚持党的领导地位,坚持党的团结统一,是党和人民的事业取得成功的根本保证。党适应整个国家推进现代化建设的需要,以改革的精神、发展的思路不断加强和改进自身建设,使自身的思想观念、组织结构、运行机制和活动方式科学化、制度化、规范化,是保证改革开放和现代化建设顺利进行的基本条件,也是党自身实现现代化的应有之义。道理很明显,我们党担负着领导中国改革开放和现代化建设的历史重任,作为领导这一事业的党自身也应当是现代化的。这就要求我们党勇于自我超越,主动摒弃在以往发展过程中确立并行之有效而今天已不适应社会发展需要的那一部分思想观念、组织结构、运行机制和活动方式,不断运用新的实践和新的理论去解决党在现代化进程中所面临的各种新矛盾和新问题,不断增强党的创造力、凝聚力、战斗力。而加强党的建设必须着眼全局,统筹安排,使思想建设、组织建设、作风建设相互配套,整体推进。同时,把制度建设贯穿其中,建立健全完备的制度体系,为党的思想建设、组织建设、作风建设提供可靠的制度保证。对于提高党的执政能力来说,思想、组织、作风建设都很重要,但制度建设更带有根本性、全局性、稳定性和长期性。只有抓住制度建设这个中心环节,健全各项具体的组织制度、领导制度、工作制度、生活制度和监督制度,用制度将党内生活的形式、规则和程序确定下来,并使这些制度具有统一性、完整性和规范性,不因人而异,不随人而变,才能抓住新形势下推进党的建设的根本,抓住提高党的领导水平和执政能力的关键。

(七)正确把握党的执政规律,全面提高党的执政能力,必须坚持从严治党,不断增强全党拒腐防变和抵御风险的能力

我们党历经革命、建设和改革,已经从领导人民为夺取全国政权而奋斗的党,成为领导人民掌握全国政权并长期执政的党;已经从受到外部封锁和实行计划经济条件下领导国家建设的党,成为对外开放和发展社会主义市场经济条件下领导国家建设的党。这两大变化,一个标明了党所处的地位,即长期执政;一个标明了党所处的环境,即改革开放。它集中反映了我们党在80多年历史发展中所取得的全部胜利、成就和进步;同时又集中反映了我们党今天所面临的全部挑战和考验。诚如党的十七大报告所指出:"党领导的改革开放既给党注入巨大活力,也使党面临许多前所未有的新课题新考验。"①而坚持党要管党、从严治党的方针,是党在长期执政和改革开放的历史条件下保持先进性和纯洁性,不断增强

---

① 胡锦涛:《高举中国特色社会主义伟大旗帜,为夺取全面建设小康社会新胜利而奋斗》,人民出版社2007年10月第1版,第49页。

拒腐防变和抵御风险的能力,巩固党的领导地位和执政地位的重要保证。治国必先治党,治党务必从严。执政时间越长,改革开放和发展社会主义市场经济越深入,党越要抓好自身建设,越要管好党员干部尤其是领导干部。要把党要管党、从严治党的方针贯穿于改革开放和现代化建设的全过程,体现在党的思想、政治、组织、作风和制度建设的各个方面,落实到对党的各级组织和党员干部实行严格要求、严格管理、严格监督、严格执纪的各个环节中去。严格要求,就是在政治、思想、作风、纪律等方面对党员特别是党员领导干部提出明确要求,使其把组织监督与严格自律结合起来,堂堂正正做人,清清白白做官,实实在在做事。严格管理,就是实现对党员特别是党员领导干部的培养、选拔、任用、教育、监督相统一,从根本上扭转重选拔任用、轻教育管理的倾向。严格监督,就是加强对党员特别是党员领导干部的监督,监督要覆盖领导干部的工作圈、生活圈、社交圈,做到领导权力行使到哪里,干部活动延伸到哪里,监督工作就跟随到哪里。严格执纪,就是对少数腐败分子和腐败行为,要坚决给予党纪政纪处分和法律制裁,决不允许把党内变成腐败分子的藏身之地。今天我们反对腐败,决不是仅仅为了惩治几个贪官,从更深的意义上说,就是通过清除自身的消极腐败现象,始终保持党同人民群众的血肉联系,巩固党赖以生存和执政的社会基础。如果不注意加强党同人民群众的联系,不注意克服脱离群众的现象,听任腐败现象滋生蔓延,党就会发生蜕变,丧失人心,就会在风险和挑战面前不战自败。

(八)正确把握党的执政规律,全面提高党的执政能力,必须改革党的领导体制,完善党的工作机制

实践表明,党的领导体制和工作机制是否科学合理,极大地影

响着党的执政能力的提高,影响着党的执政功能的发挥。领导体制和工作机制不健全、不完善,就会妨碍党的执政资源的优化配置,增加执政成本,降低执政效率,甚至滋生各种消极腐败现象。因此,要改革党的领导体制,优化党的权力结构:党的代表大会是同级党组织中的最高权力机关和最高监督机关,拥有最高决策权和最高监督权,是全体党员通过自己选举的代表充分行使民主权利,决定党内重大事务,制约监督党委会和纪委会,实现在高度民主基础上高度集中的重要形式。党的执行机关和监督机关由代表大会产生,向代表大会负责,受代表大会监督。党的代表大会实行常任制,每届任期五年,每年召开一次会议。在此基础上将党的决策、执行和监督职能适当分开,对决策、执行和监督机构在党内政治生活中的相互关系进行科学定位:党代会是党的权力机关,党委会是权力机关的执行机关,纪委会是权力机关的监督机关,党代会在授权党委会贯彻执行自己制定的路线方针政策的同时,又授权纪委会专司对党委会贯彻执行党代会制定的路线方针政策的监督,以此保证党代会闭会期间,其意志仍然能够得到贯彻。纪委会与党委会地位平等,组织独立。纪委会内部自成一体,实行垂直领导,其常务委员未经同级党代会或上级纪委会的同意,不得在任期内随意调动。党的领导机构的主要成员实行任期制,任职一般不超过两届。同时,要完善党的工作机制,凡属方针政策的大事,凡属关系全局的问题,凡属干部人事的变动,包括重大问题的决策、重要干部的任免、重大项目的安排和大额资金的使用,都必须按照集体领导、民主集中、个别酝酿、会议决定的原则,由领导集体讨论决定,任何成员无论职务高低,都不能个人独断。在讨论决定重大问题时,必须按照少数服从多数的原则,实行一人一票的票决制。领导成员要根据集体的决定和分工,切实履行自己的职责,做到议而有决,决而有行,行而有效,坚决克服互相扯皮、揽功诿过、逃避责任的现象。

(九)正确把握党的执政规律,全面提高党的执政能力,必须以宽广的眼界看待其他国家政党在治国理政方面的经验,扬长避短,为我所用

我国的历史文化、社会制度、发展水平与其他国家不同,对世界上其他政党执政的一些做法和措施,我们不能照抄照搬。但对它们在治国理政方面的有益做法,我们要研究和借鉴,以开阔眼界,打开思路,更好地从世界政治经济发展的大格局中把握加强党的执政能力建设的规律。我们在研究加强党的执政能力建设问题时,不仅要重视自己的执政经验,而且要重视分析和研究世界上其他政党的执政经验。一般来说,执政能力建设所面临的问题主要有两类:一类是一党特殊的党情所决定的特殊性问题。另一类是不同的政党都可能遇到的普遍性问题。解决前一类问题,必须从本党实际出发,根据特定的党情寻求解决问题的具体办法。解决后一类问题则必须学习别人的经验,汲取别人的教训,以便以最小的代价获取最大的成果。过去我们在加强党的执政能力建设方面,往往分析和研究苏联及东欧国家的共产党和世界上其他一些政党丧失政权的教训较多,而分析、研究和借鉴其他国家执政党治国理政的有益做法较少。分析和研究一些政党丧失执政地位的教训是必要的,但分析、研究和借鉴其他国家尤其是西方发达国家执政党治国理政的经验和做法更为重要。因为我们党作为世界上最大的发展中国家的执政党,也面临着发达国家的执政党曾经遇到过的挑战和问题,借鉴他们在治国理政方面的经验,可以使我们少走弯路。

二、党的执政能力建设的主要任务

党的十六届四中全会明确提出了当前和今后一个时期加强党的执政能力建设的主要任务,这就是:"按照推动社会主义物质文明、政治文明、精神文明协调发展的要求,不断提高驾驭社会主义市场经济的能力、发展社会主义民主政治的能力、建设社会主义先进文化的能力、构建社会主义和谐社会的能力、应对国际局势和处理国际事务的能力。"①

(一)坚持把发展作为党执政兴国的第一要务,不断提高驾驭社会主义市场经济的能力

实现中华民族的伟大复兴,既是近代以来无数仁人志士魂牵梦萦的执著追求和全体中华儿女的共同愿望,也是千百万革命先辈的崇高理想;既是社会主义初级阶段的总目标,也是社会主义现代化建设的着眼点。坚持把发展作为党执政兴国的第一要务,就是要领导全国人民顺利完成社会主义现代化的战略目标,实现中华民族的伟大复兴。要实现中华民族的伟大复兴,就必须提高驾驭社会主义市场经济的能力。社会主义市场经济就是在社会主义条件下发展市场经济。作为市场经济,它同资本主义条件下的市场经济在运行规则上是相通和相似的。其基本要求是市场机制对资源配置起基础性作用,使经济活动遵循价值规律,适应供求关系

---

① 《中共中央关于加强党的执政能力建设的决定》,《人民日报》2004 年 9 月 27 日。

的变化;通过价格杠杆和竞争机制,把资源配置到效益较好的环节
中去,并给企业以压力和动力,实现优胜劣汰;运用市场对各种经
济信号反应比较灵敏的特点,促进生产和需求的相互协调。提高
驾驭社会主义市场经济的能力,从根本上说,就是适应世界经济、
科技发展趋势和我国改革发展的新形势,把握社会主义市场经济
的内在要求和运行特点,自觉遵循客观规律,充分发挥社会主义制
度的优越性和市场机制的作用。

　　遵循市场经济的运行规律,集中力量把经济建设搞上去,是发
展这个第一要务的核心和关键。经济是基础,解决中国的所有问
题,归根结底要靠经济发展。集中力量发展经济,使我国形成发达
的生产力,是中国特色社会主义事业兴旺发达的物质基础,是我们
在日益激烈的国际竞争中掌握主动的物质基础,也是国家繁荣富
强、人民安居乐业和社会长治久安的物质基础。不断解放和发展
社会生产力,创造日益增多的物质财富,我们才能全面实现国家的
各项发展目标,不断改善人民群众的物质文化生活。只有经济发
展了,综合国力增强了,人民的生活才能不断改善,国家才能长治
久安,我们在国际上说话才更有分量,支持我们的朋友才会更多。
从这个意义上说,集中力量把经济建设搞上去,实现中华民族的伟
大复兴,本身就是最大的政治。为此,必须牢固树立抓住机遇、加
快发展的战略思想,善于抓住机遇、珍惜机遇、用好机遇,聚精会神
搞建设,一心一意谋发展。按照全面建设小康社会、走新型工业化
道路的要求,以经济结构调整为主线,以改革开放和科技进步为动
力,着力转变经济发展方式,全面提高国民经济的整体素质和竞争
力。大力实施科教兴国战略,加快国家创新体系建设,充分发挥科
学技术第一生产力的作用。科学确定发展的总体思路和重大战
略,准确把握经济运行中的主要矛盾和突出问题,适时提出和有效

贯彻应对的方针政策,防止大起大落,推动经济持续快速协调发展。

为了确保经济持续快速协调发展,必须切实解决好关系改革和发展全局的重大问题。正确处理坚持公有制经济为主体和促进非公有制经济发展的关系,毫不动摇地巩固和发展公有制经济、发挥国有经济的主导作用,毫不动摇地鼓励、支持和引导非公有制经济发展,使两者在社会主义现代化建设进程中相互促进、共同发展。正确处理按劳分配为主体和实行多种分配方式的关系,鼓励一部分地区、一部分人先富起来,注重社会公平,合理调整国民收入分配格局,切实采取有力措施解决地区之间和部分社会成员收入差距过大的问题,逐步实现全体人民共同富裕。正确处理市场机制和宏观调控的关系,坚持按市场经济规律办事,更大程度地发挥市场在资源配置中的基础性作用,加强和改善国家宏观调控,促进国民经济充满活力、富有效率、健康运行。正确处理中央和地方的关系,合理划分经济社会事务管理的权限和职责,做到权责一致,既维护中央的统一领导,又更好地发挥地方的积极性。正确处理经济体制改革和其他方面改革的关系,加强统筹协调,使各项改革互相促进。正确处理改革发展稳定的关系,注意把握好改革措施出台的时机和节奏,把改革的力度、发展的速度和社会可承受的程度统一起来,在社会稳定中推进改革发展,通过改革发展促进社会稳定。

(二)坚持党的领导、人民当家做主和依法治国的有机统一,不断提高发展社会主义民主政治的能力

坚持和发展人民民主,是我们党立党为公、执政为民的本质要求和根本途径。为了不断提高发展社会主义民主政治的能力,必须坚定不移地走中国共产党和中国人民自己选择的政治发展道路,毫不动摇地坚持四项基本原则,积极稳妥地推进政治体制改革,充分发挥社会主义政治制度的特点和优势,努力巩固和发展民主团结、生动活泼、安定和谐的政治局面,以实现坚持党的领导、人民当家做主和依法治国的有机统一。

坚持党的领导。中国共产党在领导中国人民为争取和实现人民民主的斗争中,始终坚持把马克思主义的普遍原理与中国民主政治建设的具体实际相结合,重视吸收和借鉴人类社会创造的一切优秀文明成果,不仅进行了理论创新,而且进行了制度创新;不仅形成了中国特色社会主义民主政治理论,而且确立了中国特色社会主义民主政治制度。加强党对社会主义民主政治建设的领导,有利于促进民主制度的建立健全,推动民主生活的发展完善;有利于使广大人民的根本利益得到正确反映和合理协调,从而保证社会的安定团结,保证民主发展的正确方向,保证广大人民形成统一的意志和统一的行动。实践表明,在我们这样一个历史悠久、人口众多的大国里,要克服封建主义残余思想的侵袭和资本主义腐朽意识的渗透,提高广大人民的科学文化水平和民主政治素质,消除政治体制中存在的种种弊端,逐步完善社会主义民主政治制度;要克服小生产习惯势力的影响,集中力量把我国早日建设成为富强民主文明和谐的社会主义现代化强国;要实现广大人民在根本利益一致基础上不同利益关系的正确协调,整体利益和局部利益、长远利益和眼前利益的正确结合,以及由此产生的全体人民的团结一致,就必须坚持共产党的领导。诚然,坚持党的领导必须改善党的领导,通过依法执政来促进依法治国;通过党内民主来带动人民民主。

坚持人民民主。社会主义民主对于国家政权而言,就是一切权力属于人民;对于公民个人而言,就是充分享有公民权利。实现人民当家做主,必须健全民主制度,丰富民主形式,扩大公民有序政治参与,保证人民依法实行民主选举、民主决策、民主管理和民主监督。在共产党的领导下,全体人民作为主人管理自己的国家,享有广泛的民主权利,这是我国社会主义民主的核心,是同资本主义民主的本质区别。发展社会主义民主政治,建设社会主义政治文明,一方面要求国家切实维护广大公民的人格和尊严,保证广大公民能够以自己的头脑去思考问题,以自己的个性所固有的方式去追求生活,积极主动地从事自由自觉的劳动创造,独立自主地决定和处置自己的事务,从而真正成为自己的主人;另一方面要求国家切实保障广大公民的权利和利益,保证广大公民有权了解国家和社会事务,并能够充分表达自己的意愿;有权按照自己的意志选举产生国家机关工作人员,并能够对各种权力行为实施监督;有权依照法定程序参与经济、政治、文化和社会事务的决策与管理,从而真正成为国家的主人。社会主义民主政治本质上是一种旨在优化人的生存环境,提高人的生活质量,使人受到的压抑束缚最少,最有利于人的自由全面和谐发展的政治制度。这是社会主义民主政治具有强大的生命力之所在,是社会主义政治文明具有巨大的感召力之所在。

坚持依法治国。依法治国就是广大人民在党的领导下,依照宪法和法律规定,通过各种途径和形式管理国家和社会事务,管理经济和文化事业,保证国家各项工作都依法进行,逐步实现社会主义民主的制度化、法律化,使这种制度和法律不因领导人的改变而改变,不因领导人看法和注意力的改变而改变。依法治国是党领导人民治理国家的基本方略,这一方略揭示了法律手段是治理国家的基本手段,揭示了体现广大人民意志的法律在国家经济、政治、文化和社会生活中的至上权威。从法律形式上看,法治的基本要求就是在立法、执法、司法和守法各个方面形成良好的法律规范和法律秩序。立法机关的立法活动必须反映国家和社会发展的客观规律,反映司法实践的客观要求,反映广大人民的普遍意志和根本利益,并形成健全完备的法律体系;行政机关及其工作人员必须严格依法行政,依法办事,依法管理国家和社会事务;司法机关必须公正司法,坚决维护法律的尊严和权威,确保法律在全国范围内一体遵行;广大公民必须具有较高的法律意识和法律素养,使学法、知法、守法成为全社会的良好风尚和习惯。从政治实质上看,法治的基本要求就是建立法律与政治、司法与行政、权力与权利、权力与责任、权利与义务之间的合理关系。在法律与政治的关系上,把政治行为纳入法律调整的范围,使国家权力的运行受法律规范;在司法与行政的关系上,司法独立于行政,并对行政权力实施有效的制约;在权力与权利的关系上,使国家权力以公民权利为基础,并受公民权利的有效监督;在权力与责任的关系上,使权力一经授予便明确其责任,实现权力与责任相统一;在权利与义务的关系上,以权利保障为取向,实现权利与义务相统一。

(三)坚持马克思主义在意识形态领域的指导地位,不断提高建设社会主义先进文化的能力

我们党要带领广大人民推进中国特色社会主义伟大事业,必须大力发展社会主义文化,不断巩固全党全国各族人民团结奋斗的思想基础。为此,要坚持马克思主义在意识形态领域的指导地位,不断增强党的思想理论工作的创造力、说服力、感召力,善于把人民群众的实践经验升华为理论,善于用理论创新成果指导路线方针政策的制定,通过理论创新推动制度创新、科技创新、文化创

新以及其他各方面的创新。要牢牢把握先进文化的前进方向,坚持为人民服务、为社会主义服务的方向和百花齐放、百家争鸣的方针,贴近实际、贴近生活、贴近群众,创新内容、创新形式、创新手段,努力铸造中华文化的新辉煌,为激励人民奋勇前进提供强大的精神动力和智力支持。

改革开放以来,我国社会主义文化建设取得了显著成就,思想道德领域的主流是积极的、健康的、向上的。但同时应当看到,随着社会主义市场经济体制的逐步建立,人们的道德观念和行为方式发生了深刻变化,现有的一些道德规范已不能适应形势发展的需要,而新的道德规范还没有完全建立起来,以致在一些地方和领域,是非、善恶、美丑的界限混淆,制假贩假、偷税漏税、欺行霸市、不讲信用等现象时有发生,严重地污染了社会风气,妨碍了社会主义市场经济的健康发展。因此,新时期新阶段发展社会主义文化的一项重要内容,就是大力推进社会主义核心价值体系建设,建立与社会主义市场经济相适应、与社会主义法律规范相协调、与中华民族传统美德相承接的社会主义思想道德体系,弘扬民族精神,光大时代精神,营造有利于扶正祛邪的社会氛围,使全社会具有共同遵循的行为准则和价值取向。

建立社会主义思想道德体系。其主要目标是,在全民族牢固树立建设中国特色社会主义的共同理想,牢固树立坚持党的基本路线不动摇的坚定信念;实现以思想道德修养、科学教育水平、民主法制观念为主要内容的公民素质的显著提高,实现以积极健康、丰富多彩、服务人民为基本要求的文化生活质量的显著提高,实现以社会风气、公共秩序、生活环境为主要标志的城乡文明程度的显著提高;在全社会发扬自尊、自信、自强的民族精神,发扬艰苦奋斗、励精图治、知难而进、自强不息的创业精神,形成团结互助、平等友爱、和睦相处的人际关系,培养一代又一代有理想、有道德、有文化、有纪律的社会主义公民。其基本任务是,深入进行党的基本理论、基本路线、基本纲领和基本经验教育,引导人们树立建设中国特色社会主义的共同理想和正确的世界观、人生观、价值观;以为人民服务为核心、以集体主义为原则、以诚实守信为重点,加强社会公德、职业道德、家庭美德教育;鼓励和支持一切有利于解放和发展社会主义生产力的思想道德,一切有利于国家统一、民族团结、社会进步的思想道德,一切有利于追求真善美、抵制假恶丑的思想道德,一切有利于用诚实劳动创造美好生活的思想道德。

弘扬民族精神。民族精神是一个民族赖以生存和发展的精神支撑。一个民族,没有振奋的精神和高尚的品格,不可能自立于世界民族之林。在5000多年的发展中,中华民族形成了以爱国主义为核心的团结统一、爱好和平、勤劳勇敢、自强不息的民族精神。我们党领导人民在长期的实践中,根据时代和社会发展要求,不断光大这种民族精神。面对世界范围各种思想文化的相互激荡,必须把弘扬和培育民族精神作为文化建设极为重要的任务,纳入国民教育和精神文明建设全过程,使全体人民始终保持昂扬向上的精神状态。民族精神是随着时代发展而发展的。弘扬和培育民族精神,必须把中华民族的历史传统和新时期形成的时代精神结合起来。要高举爱国主义旗帜,强化公民对国家的认同感、归属感,牢固树立国家利益高于一切的观念,自觉将个人的荣辱得失与国家的兴衰成败紧密联系在一起。要倡导各民族、各阶层团结和睦、平等互助、共同发展,反对任何形式的危害祖国统一、危害社会稳定、危害人民团结的行为。要弘扬独立自主、自强不息的奋斗精神,敢于迎接各种挑战,经受任何风浪考验,艰苦创业,奋发图强,用勤劳的双手和不懈的奋斗创造自己的幸福生活和祖国的美好未来。要继承中华民族几千年形成的传统美德,发扬党领导人民在革命、建设和改革实践中形成的优良道德,使社会主义思想道德体系既具有鲜明的民族特色又具有强烈的时代特点。

光大时代精神。时代精神是一个民族紧跟时代和实践前进步伐所产生的能够指导国家现实实践、推动国家战略目标实现的思想意识和精神品质。改革开放使我国各族人民焕发出巨大的创造活力,形成了解放思想、求真务实、锐意改革、开拓创新的鲜明时代精神。时代精神的核心是改革创新。创新是民族进步的灵魂。全民族的创造精神和创新能力,是实现中华民族伟大复兴的不竭动力。与时俱进的改革和创新毋庸置疑已经成为中国特色社会主义最重要的品格。只有坚持改革创新,才能冲破一切不合时宜的观念、做法和体制的束缚,破除教条主义、主观主义和形而上学的桎梏,让一切创造新生活的活力和源泉竞相迸发、充分涌流。民族精神和时代精神是相互交融的,它们深深熔铸在民族的生命力、创造力和凝聚力之中。一个民族,一个国家,没有凝聚人心的民族精神和与时俱进的时代精神,就不会有旺盛的生命力、强大的凝聚力和卓越的创造力。弘扬和培育民族精神和时代精神,既要继承民族优良传统,从祖国源远流长、博大精深的灿烂文化中汲取营养,又要紧跟时代前进的步伐,体现时代和社会发展进步的要求;既要以开放的心态面向世界,虚心学习世界其他民族的长处,又要不断提升自己的文化软实力,自觉维护国家和民族的利益和尊严,决不能妄自菲薄、失去斗志朝气。

营造有利于扶正祛邪的社会氛围。要充分发挥人民群众的主体作用和文化教育的社会功能。群众性精神文明创建活动,是开展思想道德教育的重要载体,是提高全社会文明程度的有效途径。要深入扎实地开展群众性精神文明创建活动,在全体人民中广泛开展科学世界观、人生观和价值观教育,不断提高广大群众的思想觉悟和道德水准。要强化阵地意识,加强阵地建设。一切大众传媒、文化场所和精神产品,都要成为宣传科学理论、传播先进文化、塑造美好心灵、弘扬社会正气、倡导科学精神的重要阵地,决不给错误思想和文化垃圾提供传播渠道。要以繁荣社会主义文化为中心,抓好精品生产,把更多更好的精神食粮奉献给人民,不断满足人民群众日益增长的精神文化需求。要充分发挥文学艺术、大众传媒对思想道德建设的特殊渗透力和影响力,激励广大群众积极向上,追求真善美,抵制假恶丑。要加强和改进思想政治工作,满腔热情地宣传在思想道德建设中涌现出来的新事物、新典型,使良好的道德风尚不断得到发扬光大。

(四)坚持最广泛最充分地调动一切积极因素,不断提高构建社会主义和谐社会的能力

胡锦涛总书记强调,各级党委和政府要加强和改善对构建社会主义和谐社会各项工作的领导。要不断提高激发社会活力的本领、管理社会事务的本领、协调利益关系的本领、处理利益矛盾的本领、开展群众工作的本领、维护社会稳定的本领,把构建社会主义和谐社会的要求落到实处。构建社会主义和谐社会既是中国共产党人的奋斗目标,也是中国特色社会主义的内在规定。这就要求我们党适应社会结构的深刻变化,把握社会发展的客观规律,妥善协调各方面的利益关系,把一切积极因素都充分调动和凝聚起来,不断增强全社会的创造活力,努力形成全体人民各尽其能、各得其所而又和谐相处的良好局面。这是巩固党的执政基础、实现党的执政使命的必然要求,也是加强党的执政能力建设的紧迫任务。

　　从社会发展的历史进程来看,在经济增长与社会发展、提高效率与兼顾公平、政治民主与政治秩序、社会分化与社会整合这些目标之间,既存在着合力又存在着张力,客观上对现代化建设的领导者提出了更高的要求:一方面要制定现代化的宏伟蓝图,另一方面要具有将现代化相互联系的目标加以分解并有效协调的能力。这里关键是正确处理经济增长与社会发展的关系。经济增长并不能自然而然地给人们带来福祉,相反,它还可能引发分配不公、两极分化、政治腐败、社会动荡。只有在保持经济增长的同时,注重经济结构和政治结构的变革与进步,增加就业,减少贫困,促进公平,才是名副其实的社会发展。事实表明,执政党如果只注重经济增长,忽视社会公平,同样有丧失执政地位的危险。如印度人民党执政八年来,GDP 年均增长 6% ,领导经济的业绩斐然。然而,80%的民众并未从经济发展中得到实惠,3.5 亿人口依然生活在贫困线以下。社会贫富差距过大,使人民党政府失去了人心,结果在大选中败北。

　　经过改革开放 30 年的不懈奋斗,我国发生了翻天覆地的变化,各项事业取得了巨大成就。同时应当看到,随着社会经济结构的深刻变化,社会利益关系日趋复杂,新情况新问题层出不穷,各种各样的矛盾大量涌现。世界许多国家和地区的发展历程显示,从人均 1000 美元到 3000 美元这一时期属于多事之秋。顺利地度过这一临界点,我国社会就会进入一个良性运行和健康发展的轨道。否则,便可能出现"拉美化"的局面,即失业人口居高不下、贫富差距过于悬殊、社会秩序动荡不安。为了防患于未然,需要做的事情很多,其中关键是能否构建一个和谐的社会,形成社会各个阶层之间的良性互动。和谐社会的基本标志是,社会阶层之间相互开放和平等进入;各个阶层都能得到有所差别但又恰如其分的回报;各个阶层之间保持着一种互惠互利的关系。① 只有实现了社会的和谐、社会阶层之间的良性互动,我国才能顺利度过发展的临界点,才有可能实现全面建设小康社会的宏伟目标。

构建和谐社会必须正确处理人民内部矛盾。坚持把广大人民的根本利益作为制定政策、开展工作的出发点和落脚点,从政策取向上寻求广大人民共同利益与不同阶层具体利益的结合点,自觉维护人民群众最现实、最关心、最直接的利益,坚决纠正各种损害群众利益的行为。健全正确处理人民内部矛盾的工作机制,综合运用政策、法律、经济、行政等手段和教育、协商、调解等方法,依法及时公正地处理人民群众反映的问题。健全社会利益协调机制,引导群众以理性、合法的形式表达利益要求,解决利益矛盾,自觉维护安定团结。正确处理人民内部矛盾的治本之策,是加强社会主义民主法制建设。历史经验表明,民意如水,宜疏不宜堵。解决矛盾纠纷,归根到底要靠民主的方法来排解,靠法制的方法来保障。民主就是要让人民群众说话,畅通人民群众的诉求渠道,使党和政府及时了解人民群众的呼声,及时解决人民群众的困难;法制就是要让人民群众以合法的方式表达诉求,用法律的手段维护自己的合法权益。

构建和谐社会必须正确把握新形势下群众工作的特点和规律,切实提高有效开展群众工作的本领。随着经济结构和社会结构的深刻变化,随着信息网络化迅速发展,随着国际间各种社会思潮的相互激荡,影响群众思想和行为的因素与渠道越来越复杂多样。在这种情况下,领导干部仅有做好群众工作的良好愿望还不够,还必须不断探索和创新适合新的时代特点的思路和方法。要

---

① 吴忠民:《构建一个和谐社会》,《文汇报》2004 年 9 月 24 日。

认真研究经济和社会生活的新变化以及群众工作的新特点,积极探索和掌握适应新形势新要求的群众工作的新途径新方法,善于运用说服教育、示范引导和提供服务等方法凝聚和激励群众,不断提高组织群众、宣传群众、教育群众、服务群众的本领。要帮助广大群众正确认识改革中出现的暂时困难,引导群众自觉与党和政府同心同德,形成战胜各种困难和风险的强大合力。要重视与群众的直接交流,通过深入群众听取意见,了解群众的所思所想,切实做到亲民爱民为民。要认真体察群众愿望,切实关心群众疾苦,把人民群众的安危冷暖时刻挂在心上,从人民群众热切盼望的具体事情做起,尽心尽力帮助群众解决生产生活中的实际困难,把群众工作做深、做细、做实。要把群众关心的热点和难点问题作为工作重点,针对不同时期群众反映强烈的问题,集中力量,千方百计为群众办实事、办好事,让群众得到实实在在的利益。

(五)坚持独立自主的和平外交政策,不断提高应对国际局势和处理国际事务的能力

在复杂多变的国际形势下,党要领导人民抓住机遇、应对挑战,实现全面建设小康社会的宏伟目标,为维护世界和平与促进共同发展作出贡献,必须正确应对国际局势,妥善处理国际事务和国际关系,争取良好的国际环境和周边环境。为此,要坚持用宽广的眼界观察世界,提高科学判断国际形势和进行战略思维的水平。要"深刻认识国内大局和国际大局、内政和外交的紧密联系,科学把握世界的深刻变化及其特点,主动顺应维护和平、促进发展的时代潮流,正确应对世界多极化、经济全球化和科技进步的发展趋势,做到审时度势、因势利导、内外兼顾、趋利避害。善于从国际形势和国际条件的发展变化中把握发展方向,用好发展机遇,创造发展条件,掌握发展全局。"①重视学习和掌握国际知识,重视研究国际形势的发展规律,不断增强对国际形势发展变化的预见性,牢牢掌握处理国际事务的主动权。

在国际关系中,国家利益和制度利益常常交织在一起。制度利益往往需要通过国家利益的渠道和方式来实现。这就要求我们把原则的坚定性和策略的灵活性结合起来,正确处理斗争与合作的关系。社会主义与资本主义的斗争表现在经济、政治和思想文化各个领域,但这并不意味着整个世界只有对抗和冲突,没有对话和合作。从实际情况来看,社会主义与资本主义将在一个较长的历史时期内并存竞争,在此期间,我们不可能不同资本主义世界发生联系,不可能不同西方思想文化接触交流,相互斗争不会停止,相互借鉴也不会中断。中俄关系不断改善,中美关系曲折发展,中欧关系日益密切,中日关系大体平衡,就说明了这个道理。由于制度利益寓于国家利益之中,只要两种社会制度的斗争没有直接危及国家利益,就不应影响正常的国与国之间的关系。中国的改革开放和现代化建设需要一个长期的国际和平环境,需要同世界各国发展友好合作关系。因此,在国与国的交往中,我们不主张以社会制度和意识形态的异同来决定国家关系的亲疏。国际关系是互动的,如果以社会制度和意识形态为标准定亲疏、分敌友,势必把自己孤立起来,不利于联合一切爱好和平的国家,共同抵御强权政治,反对霸权主义;势必使自己失去许多发展机会,不利于扩大对外开放,不利于维护世界和平,因而也不利于社会主义现代化事业的顺利推进,不利于祖国统一大业的早日实现。

---

① 《中共中央关于加强党的执政能力建设的决定》,《人民日报》2004 年 9月 27 日。

　　根据国际环境的变化,善于运用进攻与防守、斗争与妥协、强硬与灵活、针锋相对与韬光养晦等不同方式来维护国家利益,是一个国家的国际战略走向成熟的重要标志。就世界范围而言,社会主义与资本主义的力量对比还有很大悬殊,社会主义还远没有成熟到和资本主义相抗衡甚至取代资本主义的程度,因而现在谈社会主义战胜资本主义还为时过早。我们制定国际战略,既要依据国家整体发展战略、国际环境和国际形势的发展变化,也要考虑国家实力,根据国家实力的大小来确定本国的国际战略,做到有所为,有所不为。中国有自己特殊的国情,有自己的文化传统和价值观念,有自己所坚持的社会制度和所信仰的意识形态。这是中国的根本利益所在。在不损害中国根本利益的前提下,我们愿意与资本主义国家和平共处,愿意为维护世界和平贡献力量,并将社会主义与和平紧密联系起来。中国人民正致力于改革开放和社会主义现代化建设,为实现中华民族的伟大复兴而奋斗。社会主义现代化建设代表着当今中国广大人民的根本利益,是解决国际国内问题的基础,是我们的中心任务。加快改革开放和社会主义现代化建设,国内要有一个安定团结的政治局面,国外要有一个和平的国际环境和良好的周边环境。因为搞建设谋发展,只有在安定和谐的环境里才能顺利进行。

　　世界各国人民为建立国际经济政治新秩序进行了不懈的斗争。各国斗争的焦点:一是主体问题,即建立大国主宰世界、分配利益的秩序,还是建立民主管理、共同决策的新秩序;二是价值问题,即建立霸权秩序,还是建立公正、合理、民主、稳定的新秩序。中国历来认为,国际经济政治秩序应以和平共处五项原则为基础,以确保各国独立自主地选择自己的发展道路;应保证所有国家地位平等,不允许以大欺小,以强凌弱,以富压贫;应以和平的方式解决国与国之间的分歧和争端,不应诉诸武力或以武力相威胁;应在互利互惠原则的基础上,开展各国间的经济技术交流与合作,反对不平等的贸易关系和经济往来。和平共处五项原则是建立国际经济政治新秩序的政治基础;互利合作、共同繁荣是建立国际经济政治新秩序的经济基础;平等对话、协商和谈判是建立国际经济政治新秩序的正确途径;确立互信、互利、平等、协作的新安全观是建立国际经济政治新秩序的治本之策。

国际社会是由国与国之间的关系构成的,国际社会的主体是拥有主权的独立国家。国家主权至高无上,神圣不可侵犯,因而源于国家主权的国家安全利益就成为国家对外政策的基本动因,成为国家对外活动的根本出发点。在纷繁复杂的国际政治斗争中,我们要始终坚持把国家的主权和安全放在第一位。只有国家主权得到尊重,国家安全得到保障,不受外部力量的支配和干涉,才有可能根据自己的实际选择适合本国国情的社会制度和发展道路,才有可能制定和实行有利于发展自己的方针和政策。在当今世界,安全应当是各国的普遍安全,任何国家都不应把自己的安全建立在损害其他国家安全利益的基础之上,任何建立在损害其他国家安全利益基础之上的安全都是不可靠的。中国人民有着备受列强侵略欺凌和国破家亡的悲惨遭遇,倍加珍惜来之不易的国家主权和安全,决不允许国家统一、领土完整、民族尊严受到任何侵犯。我们同任何国家发展关系都不会以牺牲自己的主权和安全为代价,都不会拿原则做交易。任何国家都不要指望中国做他们的附庸,不要指望中国会吞下损害自己国家利益的苦果。

中国人民一贯爱好和平,但深知真正的和平只有通过斗争才能赢得。对于国际敌对势力的西化、分化图谋,我们要警惕;对于国际敌对势力的军事入侵,我们同样要提防。实践表明:只有经济发展了,综合国力增强了,国防建设才会有先进的科学技术和雄厚的物质基础,国防力量才可能强大起来,敌人才不敢轻易对我动武,才可能为经济建设创造一个相对和平的国际环境。同时,要认识到综合国力并不等于军事实力,必须把发展军事力量放到国家发展建设的重要位置。有了强大的综合国力,又有了打赢战争的强大的军事实力,才能有力地扼住战争的喉咙;在战争来临之际,才可能赢得战争,从而赢得新的和平局面。面对国际敌对势力咄咄逼人的战略调整,我们不仅要做好军事斗争准备,而且要通过各种方式准确无误地显示我赢得战争的必胜信念:我们决不扩张,决不称霸,但也决不惧怕强敌的武力威胁,在维护祖国领土完整和海疆、空疆安全的斗争中,我们具有准备付出任何代价的决心和意志,不战则已,战则必胜。

三、党的执政能力建设的必由之路

超越周期律长期执政是中国历代政权没有解决的难题,多元环境下一党执政是世界各国没有解决的难题。中国共产党只有破解这两个难题,才能永远立于不败之地。1945年,抗日战争胜利前夕,著名民主人士黄炎培便风尘仆仆地从重庆来到延安。面对革命圣地一派清明、团结、向上的气象,他连连赞叹"看到了中国的希望"。感慨之余他又指出,从历史上看,许多新兴力量往往创业时齐心协力、朝气蓬勃,而事业成功后却松懈涣散,终至"人亡政息",希望中国共产党能够跳出这个"历史周期率"。四年后,随着新中国的诞生,共产党成为执政党。在领导社会主义革命、建设和改革的过程中,我们党一直努力探求和破解跳出"历史周期率"

这个难题。面对新世纪新阶段世情、党情、国情的深刻变化,党的
十六届四中全会认真总结历史经验,完整地提出了科学执政、民主
执政、依法执政的目标和要求。党的十七大报告进一步指出:"要
坚持党总揽全局、协调各方的领导核心作用,提高党科学执政、民
主执政、依法执政水平,保证党领导人民有效治理国家"①。这是
对党的执政理念、执政方式和执政规律的新认识,是对马克思主义
执政理论的新发展,也是中国共产党人对"黄炎培难题"的新求
解。科学执政、民主执政、依法执政无疑是加强党的执政能力建设
的必由之路。

(一)坚持科学执政

科学执政,就是按照执政规律来治国理政,使执政理论、执政
制度和执政方法符合执政规律的要求。执政作为一门科学、一项
系统工程,其实质是执政理论、执政制度、执政方法与执政规律的
有机统一。对于我们党来说,科学执政就是不断探索共产党执政
规律、社会主义建设规律、人类社会发展规律,以科学的理论、制度
和方法来领导中国特色社会主义事业,把加强党的执政能力建设
奠立在更加自觉地运用执政规律的基础之上。科学执政包含两层
含义:一要加强对共产党执政规律、社会主义建设规律和人类社会
发展规律的认识,以不断提高党执政的科学性;二要加强党的执政
能力建设,不断提高党执政的有效性。科学执政离不开科学的理
论指导、制度保证和方法运用。一个政党要始终走在时代前列,不
断提高执政能力,就必须以科学的执政理论为指导;要有效地防止

---

　　①　胡锦涛:《高举中国特色社会主义伟大旗帜,为夺取全面建设小康社会新
胜利而奋斗》,人民出版社 2007 年 10 月第 1 版,第 28 页。

执政活动的随意性和盲目性,优化资源配置,减少执政成本,提高执政效率,就必须以科学的执政制度为保证;要在具体的执政活动中体现党的执政理论、执政制度,就必须以科学的执政方法为桥梁。坚持科学执政,核心是要健全决策系统,坚持决策原则,执行决策程序,遵守决策制度,以期最大限度地提高决策的科学性。

　　健全决策系统。决策系统主要包括信息系统、咨询系统、决断系统和反馈系统。依据现代决策理论,咨询和决断是决策系统的两个主要环节,分别由咨询机构和决策者来承担。面对复杂多变的客观世界、飞速发展的科学技术以及知识的积累和信息的膨胀,重大决策已非少数领导者的"多谋善断"可以胜任。于是便出现了以现代科学技术为手段的专门从事决策研究、提供谋略方案的专家咨询系统——思想库、智囊团。著名的美国兰德公司、布鲁金斯研究院、斯坦福国际咨询研究所以及伦敦国际战略研究所、日本野村综合研究所等就是其中的代表。这些机构的研究人员都是各领域的权威专家,他们掌握的信息绝大部分不是来自政府部门,而是开展独立研究的结果。这种机构的优势在于能够比较客观地做出判断,只根据研究结果确定方案,很少受官僚系统的左右。在现代社会中,一些重大决策具有很强的综合性、专业性和技术性,需要专家介入决策方案的咨询、论证、评估、优选等过程。正因如此,党的十七大报告提出要"完善决策信息和智力支持系统"[①]。而发挥咨询机构的作用离不开咨询研究的独立性。这种独立性主要表现在:咨询结论不依决策者的意志为转移。对于决策者来说,可以不同意咨询机构提出的观点,甚至否定咨询机构得出的结论,但不

―――――――――

　　① 胡锦涛:《高举中国特色社会主义伟大旗帜,为夺取全面建设小康社会新胜利而奋斗》,人民出版社 2007 年 10 月第 1 版,第 29 页。

能强迫咨询机构违心地改变观点,修正结论,也不能干涉研究人员的具体工作。对于咨询机构来说,既不能越位,代替决策者进行决策,也不能错位,把自己等同于秘书班子,只是按照决策者的意图进行论证,而应当对决策者指定的问题进行独立的研究,并提出高质量的研究报告,既对决策者的决策提供服务,又对决策者形成决策提供指导。①

确立决策原则。确立决策民主化原则,由传统的依靠个人智慧和经验决策,转到现代的依靠集体智慧和经验决策上来,在决策时不仅要依靠决策班子的智慧和经验,而且要依靠各领域专家学者的智慧和经验。确立决策科学化原则,在科学理论指导下,采取科学方法,按照科学程序,运用现代科学技术手段对复杂的社会现象和自然现象进行系统的、全面的考察和分析,并对其中各种因素之间的相互联系和影响进行综合研究,在此基础上选出优化方案。确立决策制度化原则,以法律制度的形式把决策活动具体化、条文化、规范化,明确规定决策者在决策活动中的行为规则以及违犯规则的惩戒措施,确保决策活动在法律制度的轨道上合理运行。按照民主化科学化制度化决策原则的要求,在进行战略性、全局性、风险性决策时,未充分发扬民主和广泛征求社会各界的意见时,不应匆忙决策;未深入调查研究和全面掌握各种变量时,不应匆忙决策;未对方案进行科学性可行性论证时,不应匆忙决策;未向专家咨询并得到可供选择的方案时,不应匆忙决策;未对多种方案进行比较优选时,不应匆忙决策;未对决策后果进行充分评估时,不应匆忙决策。诚然,降低风险不是回避风险,审慎决策不是拖延决

① 郭济主编:《政府权力运筹学》,人民出版社 2003 年 4 月版,第 245～246 页。

策。在经济全球化条件下,由于市场竞争十分激烈,内外环境复杂多变,难以预测的因素增多,决策面临的风险增大,是回避风险还是面对风险并有效应对风险,对每个决策者都是严峻考验。一般来说,决策获得的效益与决策面临的风险之间具有一定的关联性,在决策时必须对效益和风险做仔细的权衡。效益大而又没有风险,这在现实中是不存在的。效益大但风险更大,超出了主客观条件的承受能力,这也是不足取的。只有那种效益大而风险也比较大,但却没有超出主客观条件可承受范围的决策,才是最佳决策。

完善决策程序。任何决策都要有一定的程序。所谓程序就是操作规程和时序,通常由方式、步骤、顺序、时限四个要素所构成。科学化的决策程序是对决策规律的反映,是对决策经验的总结,是保证决策顺利进行的必要条件。它大体包括以下五个步骤:一是调查研究,发现问题。调查研究是手段,发现问题是目的。所谓问题就是应有现象和实际现象之间存在的差距。通过深入实际,调查研究,最大限度地搜集和占有信息,以便发现问题,提出课题,为决策目标的确立打下基础。二是确定目标,多方论证。所谓目标就是根据预测所期望达到的结果。有了目标,决策各个环节的工作才会有一致的取向。目标确定后,要把典型研究与系统分析结合起来,从不同角度和侧面进行价值性、可行性论证,为编制方案提供依据。三是拟制方案,评估选择。在多方论证的基础上,依据搜集的信息,从不同角度编制各种不同的备选方案,然后广泛听取各方面意见,通过评估测算,反复研究,或从中选取其一,或使之综合成一。四是全面权衡,适时出台。在决策作出后,要全面权衡其利弊得失,力求决策实施效益最高,代价最低。五是跟踪反馈,修改完善。决策者的认识不是一次完成的,优化的方案也不会尽善尽美,加之实践中还会出现新情况、新问题,都需要对原方案进行调整,因而决策付诸实施后,应保持反馈回路畅通,及时搜集实施信息,并对所做抉择进行评估,一旦发现遗漏,及时采取补救措施,使决策不断完善。

健全决策制度。决策制度是防止个人拍板和决策失误的重要保证,目的在于建立公众参与、专家论证和集体决断相结合的决策机制。这些制度主要包括六个方面:一是公众参与制度。对涉及经济和社会发展全局的重大事项,要广泛征询意见,充分协商讨论;对专业性和技术性较强的重大事项,要认真开展专家论证、技术咨询、决策评估;对同群众利益密切相关的重大事项,要实行公示、听证等制度,扩大群众的参与度,使决策既符合客观实际,又有坚实的群众基础。二是专家咨询制度。重大问题的决策,必须充分发挥各方面专家的作用,对有关数据资料和复杂情况进行全面分析综合,找出问题的内在联系以及在不同条件下发展变化的多种可能性,从不同角度对各种方案进行充分论证,为优化选择提供科学依据。三是集体决策制度。重大问题的决策,必须由决策机构集体讨论,按照一人一票的原则投票表决,决不能由个人或少数人匆忙拍板。四是个人负责制度。重大决策一经作出,就要具体落实到个人负责组织实施,力求克服职责不清,互相扯皮,贻误时机,逃避责任的现象。如果说集体决策的实质是以民主的方式解决决策中的重大问题以减少失误,那么个人负责的实质则是以分工的方式解决执行中的常规问题以提高效率。五是监督反馈制度。对重大决策的原则、程序和制度的执行情况进行监督,对重大决策的实施情况跟踪反馈,一旦发现问题,及时予以补救和调整。六是责任追究制度。公共决策实际上是在一种委托代理关系中展开的。如果决策出现失误,造成资源浪费和经济损失,决策者必须承担相应的政治、经济、法律和道义责任,这是现代法治国家的一条基本准则。因此,要在明确界定决策责任主体和责任界限的基础上,推行决策失误引咎辞职、经济赔偿和刑事处罚制度,依法惩治决策失误行为。同时,健全纠错机制,通过科学的程序有效纠正错误,并把决策失误造成的损失减少到最低限度。

(二)坚持民主执政

民主执政,就是坚持为人民执政、靠人民执政,发展中国特色社会主义民主政治,按照民主制度、民主形式、民主程序来治国理政,组织和支持人民当家做主。改革开放以来,通过对历史经验的总结和反思,我们党顺应时代潮流和人民意愿,不断加大民主政治建设和政治体制改革的力度,在坚持民主执政方面取得了显著成就,初步建立了使党的主张经过法定程序变成国家意志的民主规则;完善了各项政治制度,规范了国家机关及其工作人员依法管理国家和社会事务,由人民授权,对人民负责,受人民监督的民主程序;健全了各项法律制度,形成了全体人民依照法律法规,通过各种途径和形式行使国家权力和公民权利的民主机制。诚然,在坚持民主执政方面还存在许多亟待解决的问题,如人民管理国家和社会事务、管理经济和文化事业的权利还没有得到充分实现;权力高度集中、缺乏有效制约的体制还没有得到彻底改变。这些问题不仅与臃肿庞大的党政机构、等级授权的干部制度、林林总总的官僚主义、形形色色的特权现象相联系,而且直接影响了民主执政的有效贯彻,因此必须从根本上加以解决。

坚持民主执政,要求我们切实保障人民当家做主。中国共产党是中国工人阶级的先锋队,同时是中国人民和中华民族的先锋队。党从诞生之日起,就带领中国人民为争取国家独立和民族解放而斗争。新中国成立后,我们确立了社会主义的经济制度和政治制度,从根本上推翻了阶级剥削和阶级压迫,实现了人民当家做主。在中国社会主义条件下,人民是国家的主人,是决定国家前途命运的根本力量。党没有任何超乎人民利益之上的特殊利益,没有任何超乎人民权力之上的特殊权力。党的唯一宗旨是全心全意为人民服务。从根本上说,共产党执政就是领导和支持人民当家作主,广泛地动员和组织人民依法管理国家和社会事务,管理经济和文化事业,维护和实现广大人民的根本利益。在领导广大人民建设中国特色社会主义的过程中,党要不断健全民主制度,丰富民主形式,扩大民主渠道,切实保障广大人民依法行使民主选举、民主决策、民主管理、民主监督的权利,以便把广大人民的智慧和力量转化为推进中国特色社会主义事业的强大动力。要始终坚持立党为公、执政为民,做到权为民所用、情为民所系、利为民所谋,实现好、维护好、发展好广大人民的根本利益,保证广大人民共享改革发展的成果。

坚持民主执政,要求我们积极推进政治体制改革。一是理顺党政关系。政党与政府之间具有不同的职能、职责和职权,同时又存在着密切的联系,政党要领导、组织、参与和调控政府,政府要通过立法、执法和司法规范、限制、约束和监督政党。科学界定执政党与国家政权机关的职能、职责和职权,在党与立法、行政、司法等国家政权机关之间合理配置权力,将党的政治主张转化为国家意志的方式和程序法律化规范化,将党向国家政权机关推荐重要人选的方式和程序法律化规范化,目的在于从制度上法律上保证党对国家政权机关依法实行政治领导,保证国家政权机关依法行使各自的职权,使任何组织、机构和个人都没有绝对的权力,任何权力都要受到制约监督。二是理顺权力授受关系。权力机关的权力来自谁,就向谁负责。党的权力机关的权力由党员授予,国家权力机关的权力由公民授予。它们分别向党员和公民负责。如果名义上的权力来源和实际上的权力来源不相符合,就必然使权力授受关系发生混乱。① 理顺党政关系和权力授受关系,对于保证政党权力和政府权力的合理运行,对于实现国家政治生活的民主化、制度化、规范化,对于促进社会经济政治文化的全面发展,对于维护广大人民的根本利益和国家的长治久安,具有十分重要的意义。

(三)坚持依法执政

依法执政,就是维护宪法和法律在国家经济生活、政治生活和社会生活中的权威,执政行为要符合法治原则和法律规范,按照宪法和法律来治理国家。坚持依法执政,就要坚持依法治国,领导立法,带头守法,保证执法,不断推进国家经济、政治、文化和社会生活的法治化,以法治理念、法治体制、法治程序保证党领导人民有效治理国家。依法执政是党在新的历史条件下执政的基本方式,是党领导方式和执政方式的重大转变,是实行依法治国基本方略、建设社会主义法治国家的必然要求。依法执政的要旨是按照宪法和法律来治理国家,而宪法和法律正是党和人民意志的体现;依法执政的依据是宪法和法律,要通过完善法律制度来明确执政职能、规范执政行为,使党的主张通过法定程序变成国家意志,同时从法律制度上保证党的路线方针政策的有效贯彻;依法执政的基本途径是通过国家政权机关来行使权力,要善于通过国家政权机关的活动实现党的主张,而不是代替国家政权机关直接发号施令。

依法执政是建设社会主义法治国家的根本保证。现代政治是

---

① 刘海藩、王怀超、朱满良等主编:《当前党政干部关注的若干重大思想理论问题》,中共中央党校出版社2003年版,第262页。

法治政治,政党在宪法和法律的范围内活动是法治国家的基本要求。要善于从党的历史方位和时代条件出发,切实把执政活动纳入法治轨道。要正确认识和妥善处理政策与法律的关系,既坚定不移地贯彻执行党的政策,又善于运用法律手段治国理政。只有坚持依法执政,才能保证国家权力严格依法运作,保证全体社会成员依法行使权利、履行义务。依法执政是构建社会主义和谐社会的基本途径。要构建社会主义和谐社会,就必须善于掌握和运用法律手段调整各种利益关系,善于在法律框架内解决各种利益矛盾,使社会成员既充分享有、行使和维护权利,又切实履行义务、承担责任,做到权利义务相统一,实现和谐相处、共同发展。依法执政是促进经济社会健康发展的客观要求。法律通过确立和实施稳定的、公开的、规范的制度和规则,能够为经济社会发展提供良好的环境、牢固的基础、持久的动力和广阔的空间。党要把发展作为执政兴国的第一要务,就必须善于掌握和运用法律手段,在法治轨道上推动各项事业发展,推动各项工作开展。

党要实现依法治国就要做到依法执政,使自己的主张经过法定程序变成国家意志,并以此为据规范自己的执政行为。而党的主张形成的过程以及经过法定程序变成国家意志的过程,既是发扬党内民主的过程,又是实现人民民主的过程,这个过程不能不与党政不分、以党代政的体制发生冲突。因为国家政权机关的职权在宪法和法律中已有明文规定,党在宪法和法律范围内活动的应有之义,就是尊重国家政权机关的法定职权。如果党行使由人民选举产生的国家政权机关的法定职权,这本身既与党"组织和支持人民当家做主"的民主原则有违,又与党"必须在宪法和法律范围内活动"的法治原则相悖。因此,要实现依法治国,建设社会主义法治国家,就必须相应地改革党政不分、以党代政的体制。苏共的历史教训表明,正确实现从革命党向执政党的转变是决定社会主义兴衰成败的重要一环。革命党与执政党的不同在于:前者存在于体制外,是要破坏并摧毁包括国家法律在内的旧秩序,其主要任务是革命;后者存在于体制内,是要建立并巩固包括国家法律在内的新秩序,其主要任务是建设。我们党只有实现从革命党向执政党的转变,自觉遵守党领导人民制定的宪法和法律,切实组织和支持人民当家做主,才能促进国家的发展和政权的巩固。

科学执政、民主执政、依法执政是提高党的执政能力的关键所在。其中科学执政是前提条件,强调的是执政的科学性;民主执政是本质要求,强调的是执政的人民性;依法执政是基本方式,强调的是执政的合法性。正确把握党的执政规律,全面提高党的执政能力,切实做到科学执政、民主执政、依法执政,是关系中国特色社会主义事业兴衰成败、关系中华民族前途命运、关系党的生死存亡和国家长治久安的重大课题,是世纪之交世界社会主义运动发生严重挫折给我们带来的深刻启示,是新时期新阶段中国共产党领导全国各族人民顺利推进改革开放和社会主义现代化建设的基本经验,是我们党充分利用难得机遇、正确应对严峻挑战、把中国特色社会主义事业不断推向前进的可靠保证。我们一定要增强历史责任感和使命感,从全局的高度和战略的视角,深刻认识加强党的执政能力建设的重大意义,准确把握加强党的执政能力建设的指导原则,以提高党的执政能力为重点,全面推进党的建设新的伟大工程,使党始终成为中国特色社会主义事业的坚强领导核心。

第十专题

高举中国特色社会主义伟大旗帜

旗帜指引方向,旗帜凝聚力量,旗帜成就伟业。一个国家要兴旺发达、长治久安,就必须树起一面能够引领这个国家的人民团结奋斗,从胜利走向更大胜利的旗帜。在当代中国,这面旗帜就是中国特色社会主义。高举中国特色社会主义伟大旗帜,精辟概括中国特色社会主义道路和理论体系,是党的十七大的一个历史性贡献。深刻领悟其基本内涵和精神实质,不断增强高举中国特色社会主义伟大旗帜的自觉性和坚定性,对于夺取全面建设小康社会新胜利,开创中国特色社会主义事业新局面,具有极为重大而深远的意义。

一、中国特色社会主义的基本内涵

我们党自成立以来领导中国人民经历了两次历史性飞跃,第一次是通过武装斗争夺取政权,在中国确立了社会主义制度,其理论成果就是毛泽东思想;第二次是通过改革开放,开创了一条符合中国国情、顺应时代潮流、体现党心民意的中国特色社会主义道路,其理论成果就是中国特色社会主义理论体系。

我们党每一次理论上的重大突破,都是与实践上的重大突破相联系的,而新的理论又指导着新的实践不断发展。党的十七大报告把新时期党的理论与实践创新成果集中起来,统称为中国特色社会主义伟大旗帜,明确指出"改革开放以来我们取得一切成绩和进步的根本原因,归结起来就是:开辟了中国特色社会主义道路,形成了中国特色社会主义理论体系。高举中国特色社会主义伟大旗帜,最根本的就是要坚持这条道路和这个理论体系。"[①]这一科学论断,深刻揭示了一面旗帜、一条道路、一个理论体系之间的内在联系。实践沃土孕育科学理论,科学理论引领正确道路。科学理论与正确道路的有机统一,共同构成中国特色社会主义伟大旗帜。

中国特色社会主义作为我们党的行动纲领,作为全体人民的共同理想,作为社会主义中国的发展道路,是科学社会主义基本原则与中国实际相结合的产物,它内在地具有符合客观规律的科学性和符合中国实际的合理性。在这里,社会主义是共同规律和本质特征,中国特色是社会主义共同规律和本质特征在中国的实现形式,是科学社会主义基本原则在当代中国的具体表现。因此,中国特色社会主义的实质,就是深深植根于中国大地,具有鲜活的中国风格、中国气派的科学社会主义,是科学社会主义的中国化。在当代中国,坚持中国特色社会主义道路,就是真正坚持社会主义;

---

① 胡锦涛:《高举中国特色社会主义伟大旗帜,为夺取全面建设小康社会新胜利而奋斗》,人民出版社 2007 年 10 月第 1 版,第 11 页。

坚持中国特色社会主义理论体系,就是真正坚持马克思主义。

党的十七大报告的一大亮点,就是首次以高度凝练的语言,科学地概括了中国特色社会主义道路。"中国特色社会主义道路,就是在中国共产党领导下,立足基本国情,以经济建设为中心,坚持四项基本原则,坚持改革开放,解放和发展社会生产力,巩固和完善社会主义制度,建设社会主义市场经济、社会主义民主政治、社会主义先进文化、社会主义和谐社会,建设富强民主文明和谐的社会主义现代化国家。"①

这个科学概括,精辟地阐明了中国特色社会主义道路的领导核心、历史方位、基本路线、主要任务、总体布局和奋斗目标,标志着经过改革开放以来的不断探索,我们党对中国特色社会主义道路的认识,已经从最初的摸着石头过河到今天的科学发展、和谐发展、和平发展,有了丰富的内涵,清晰的坐标,科学的路径和明确的方向。这个科学概括,既有总体框架又有具体路径,在强调走中国特色社会主义道路的同时,又指出了与中国特色社会主义道路相适应的若干具体道路,如中国特色政治发展道路、中国特色自主创新道路、中国特色新兴工业化道路、中国特色农业现代化道路等等,表明我们党建设中国特色社会主义的总体思路越来越清晰,具体路径越来越明确。这个科学概括,排除了当代中国走传统社会主义僵化之路和民主社会主义西化之路的现实可能,以鲜明的姿态昭告天下:中国特色社会主义道路是一条立足于中国社会主义初级阶段的基本国情,以解放思想为基础,以经济建设为中心,以四项原则为保证,以改革开放为动力,以科学发展为根本,以社会

------

① 胡锦涛:《高举中国特色社会主义伟大旗帜,为夺取全面建设小康社会新胜利而奋斗》,人民出版社 2007 年 10 月第 1 版,第 11 页。

主义市场经济、民主政治、先进文化、和谐社会为取向,引导中华民族走向伟大复兴的唯一正确道路。

　　党的十七大报告的另一大亮点,就是首次提出中国特色社会主义理论体系,并对此作了精辟透彻的阐述:"中国特色社会主义理论体系,就是包括邓小平理论、'三个代表'重要思想以及科学发展观等重大战略思想在内的科学理论体系。这个理论体系,坚持和发展了马克思列宁主义、毛泽东思想,凝结了几代中国共产党人带领人民不懈探索实践的智慧和心血,是马克思主义中国化最新成果,是党最可宝贵的政治和精神财富,是全国各族人民团结奋斗的共同思想基础。"[1]把邓小平理论、"三个代表"重要思想以及科学发展观等重大战略思想统一于中国特色社会主义理论体系之中,这是对新时期我们党全部理论创新成果的一个科学整合。

　　这个科学整合审时度势,立意高远,使我们党的指导思想更具鲜明性、简洁性、连续性、稳定性和前瞻性,因而深得党心民心,是一个总结历史、概括当代、指导未来的重大创举,充分体现了中国共产党人的政治勇气、创造智慧和务实精神,极大地拓展了马克思主义中国化的新境界。这个科学整合,集中地展示了当代中国发展进步的鲜明主题。邓小平理论、"三个代表"重要思想以及科学发展观等重大战略思想既一脉相承又与时俱进,三者围绕建设中国特色社会主义这个共同主题,系统地回答了什么是社会主义、怎样建设社会主义,建设什么样的党、怎样建设党,实现什么样的发展、怎样发展等重大理论和实践问题,丰富了党的基本理论、基本路线、基本纲领和基本经验,深化了对共产党执政规律、社会主义

---

　　[1]　胡锦涛:《高举中国特色社会主义伟大旗帜,为夺取全面建设小康社会新胜利而奋斗》,人民出版社 2007 年 10 月第 1 版,第 11~12 页。

建设规律、人类社会发展规律的认识。这个科学整合,精辟地揭示了当代马克思主义中国化的特点规律。中国特色社会主义事业是一个宏伟的事业,需要几代人、十几代人甚至几十代人坚持不懈的奋斗才能成功。与建设中国特色社会主义的长期性相适应,当代马克思主义中国化的历史性飞跃不可能一蹴而就,而是一个不断开拓创新,由多个阶段性成果构成的动态发展过程。同时,中国特色社会主义理论体系是一个开放的体系。历史长河奔流不息,社会实践日新月异。随着实践的不断深入,这个理论体系必将得到日益丰富和发展。

二、中国特色社会主义的本质规定

科学社会主义的创始人马克思、恩格斯在深刻分析资本主义社会基本矛盾的基础上,揭示了社会主义代替资本主义的历史必然性。俄国十月革命的胜利,建立了世界上第一个社会主义国家,人类历史从此掀开了崭新的一页。随后,社会主义运动在世界范围内蓬勃兴起,包括中国在内的一批国家相继走上了社会主义道路。社会主义理论诞生于西方发达国家,社会主义实践却发端于东方落后国家,时空的变化使社会主义理论与实践之间产生了明显的落差。经济文化落后的国家怎样建设社会主义,怎样发展社会主义,在理论上没有既定的答案可供参考,在实践上没有现成的经验可资借鉴,它作为一个历史性课题摆在所有社会主义者面前,要求人们去探索。在探索中,社会主义既有凯歌行进、蓬勃发展的辉煌,也有起伏跌宕、迂回曲折的悲歌。如果说苏联的探索以失败而告终,那么中国的探索能否成功,其意义就显得格外重要。

　　早在新中国成立之初,以毛泽东为代表的中国共产党人就开始探索社会主义道路问题。我们党在这一时期先后提出根据本国实际走自己的路,最大限度地调动一切积极因素,正确处理各种矛盾和问题,兼顾各方面的发展需要和各方面的利益关系等一系列重要观点,为探索中国特色社会主义道路奠定了基石,提供了路标。党的十一届三中全会以来,以邓小平为代表的中国共产党人坚持解放思想、实事求是,在认真总结历史经验、科学分析我国国情、正确把握时代特征的基础上,毅然把党和国家的工作中心转移到社会主义现代化建设上来,做出改革开放的历史性决策,确立了党在社会主义初级阶段的基本路线,成功地开辟了一条中国特色社会主义道路。十三届四中全会以来,以江泽民为代表的中国共产党人把发展问题同党执政兴国紧密联系起来,妥善处理抓住机遇、深化改革、扩大开放、加快发展、保持稳定等一系列重大关系,坚持用发展的眼光、发展的思路、发展的办法解决前进中的问题,促成了社会主义市场经济体制的建立,打开了中国特色社会主义建设的新局面。党的十六大以来,以胡锦涛为总书记的党中央,紧紧围绕建设中国特色社会主义这个主题,认真研究和科学回答什么是发展、为什么要发展、怎样才能又好又快发展等一系列重大问题,形成了以人为本、全面协调可持续的科学发展观,有力地促进了改革开放和现代化建设事业的蓬勃发展,为中国特色社会主义道路树立了一块崭新的界碑。

　　我们党几代人不懈探索的中国特色社会主义道路,因其中国特色而不同于传统模式,因其社会主义而不同于资本主义。它的本质规定不仅通过我国社会主义经济、政治、文化和社会的发展得到了充分体现,而且通过党的基本理论、基本路线、基本纲领和基本经验得到了全面反映。

（一）以经济建设为中心

当今中国的基本国情，就是处于并将长期处于社会主义初级阶段。我国社会主义现代化建设只能从这个最大的实际出发而不能脱离这个实际。社会主义初级阶段就是生产力不发达的阶段，由此决定了这个阶段的主要矛盾是人民日益增长的物质文化需要同落后的社会生产之间的矛盾，从而决定了解放和发展生产力是这个阶段的根本任务。党的十七大报告再次强调："我国仍处于并将长期处于社会主义初级阶段的基本国情没有变，人民日益增长的物质文化需要同落后的社会生产之间的矛盾这一社会主要矛盾没有变"。[①] 这实际上就是告诫我们，在新的历史条件下要始终保持清醒的头脑，牢牢把握社会主义初级阶段的基本国情，全面认识工业化、信息化、城镇化、市场化、国际化深入发展所带来的新矛盾新问题，以便增强聚精会神搞建设、一心一意谋发展的坚定性和自觉性。

以经济建设为中心，是由现阶段社会主要矛盾决定的，也是由经济在社会发展中的基础地位决定的。我国是世界上最大的发展中国家，其基本国情是人口多，人均资源少，同发达国家相比还处于相对落后状态。要解决我国经济社会发展面临的矛盾和问题，关键在于发展。发展的内涵深刻，外延广泛，首当其冲是经济发展，这是其他方面发展的基础。因此，对于经济发展与社会发展的关系，既要坚持统一论，又要坚持重点论。发展对于我国来说首先是一个改变落后、赶上先进的问题。据专家测算，如果美国经济年

---

① 胡锦涛：《高举中国特色社会主义伟大旗帜，为夺取全面建设小康社会新胜利而奋斗》，人民出版社 2007 年 10 月第 1 版，第 14 页。

增长率为3%,中国经济年增长率为8%,那么中国需要68年才能实现人均国内生产总值与美国相当;如果美国经济年增长率为4%,中国经济年增长率为7%,那么中国需要118年才能赶上美国。在整个社会主义初级阶段,经济增长始终是发展的核心,没有经济的快速增长,其他方面协调发展的目标就很难实现。所谓发展是硬道理,其硬的依据就在这里。

坚持以经济建设为中心是我们党的基本路线的基石。社会主义的根本任务是发展生产力,党和国家的工作重点是经济建设,这是我们党在对我国社会主义建设经验教训和社会主要矛盾进行科学分析的基础上得出的重要结论,是解决当代中国一切问题的关键。我们党提出构建社会主义和谐社会,目的是要把社会建设摆在更加突出的位置,着力解决影响社会和谐的突出矛盾和问题,并不意味着要改变以经济建设为中心的方针。目前我国社会尽管还存在着诸如收入差距拉大、就业压力增加、生态环境破坏严重等种种矛盾和问题,但主要矛盾依然是人民日益增长的物质文化需要同落后的社会生产之间的矛盾。因此,发展经济是解决各种矛盾和问题的根本。我们通常说坚持党的基本路线不动摇,其关键和根本之点就是坚持以经济建设为中心不动摇。改革开放以来,正因为我们党毫不动摇地牢牢抓住经济建设这一中心和兴国之要,才经受住了各种风险和考验,并带来了今日中国的巨大变化。

从国际上看,随着科学技术的日新月异,经济发展的突飞猛进,国际交往的日趋增多,社会主义与资本主义两种制度斗争和较量的重点,已从过去的军事抗衡转到以经济和科技实力为核心的综合国力的竞争。这是一场全球范围的竞争,其结果不仅将决定各国在国际上的地位,而且将决定两种社会制度在21世纪的历史命运。谁拥有更先进的科学技术,更快速的经济增长,更强大的综合国力,谁在竞争中就处于有利地位。谁在竞争中落后,谁就有可能受制于人,甚至成为强权政治的附庸。因此,我们只有加快发展,增强经济实力,提高综合国力,才能充分显示社会主义制度的优越性,在同资本主义的较量中战而胜之。同时,中国是世界的中国,世界影响中国,中国也影响世界。只有中国强大起来,我们才能对人类作出较大的贡献。

(二)以改革开放为动力

社会主义从诞生到成熟需要一个长期的历史过程,在这个过程中必然伴随着一系列改革。改革是社会主义的自我发展和完善,是推进经济和社会发展的强大动力。其根本目的是兴利除弊,在各方面形成符合社会主义初级阶段基本国情的具体制度,不断促进生产关系和生产力、上层建筑和经济基础相适应,促进社会各个领域、各个方面、各个环节相协调,使中国特色社会主义充满生机活力。我国的改革始于农村,首先在农村实行家庭联产承包责任制,实现土地与农民的结合,给了农民自主决定生产方式和自由支配劳动果实的权利,促进了农业的快速发展。农业的发展带动了轻工业的发展,乡镇企业、民营企业迅速崛起。随着农业和轻工业的发展,为重工业的发展积累了资金,并促进了各个产业的优化组合,使整个国民经济朝着均衡协调的方向发展。从实践来看,改革作为一场全面的社会变革,既包括经济体制又包括政治体制和文化体制;改革作为一场深刻的社会变革,必然伴随着利益调整、体制转换和观念更新,因而不可能没有阻力和风险。如果说维护昨天要比创造明天冒更大的风险,那么改革既是面对风险,更是赢得机遇。

改革要求开放,开放促进改革,对内改革与对外开放是同一个过程的两个方面。综观世界大势,社会主义与资本主义两种制度将在一个较长的历史时期内并存竞争,在此期间,我们不可能不同资本主义世界发生联系,不可能不同西方思想文化接触交流,相互斗争不会停止,相互借鉴也不会中断。社会主义只有广泛汲取资本主义创造的一切文明成果,用以发展自己,努力增强综合国力和竞争实力,才能在与资本主义的斗争中充分发挥自己的优势,实现对资本主义文明的超越。正因为如此,我国的对外开放是全方位的对外开放,既向发达国家开放,也向发展中国家开放;既向社会主义国家开放,也向资本主义国家开放。这种全方位的对外开放,其最大益处在于博采众长,为我所用。我国社会主义现代化建设之所以能取得举世瞩目的成就,我们党之所以能经受住各种风险和考验,我国社会主义制度之所以能在国际风云变幻中焕发出蓬勃生机和旺盛活力,皆与全方位的对外开放有关。实践表明,只有实行对外开放,广泛汲取人类创造的一切文明成果,不断增强综合国力和竞争实力,我们才能在风云变幻的国际局势中处于主动地位,在空前激烈的国际竞争中立于不败之地。

(三)以四项基本原则为保证

从世界社会主义运动发展史来看,社会主义国家需要改革,但并不是所有的改革都取得了成功。总结世界社会主义发展的正反经验,我们可以得出两条结论:一是社会主义必须坚持改革,二是改革必须坚持社会主义方向。中国特色社会主义之所以具有旺盛的生命力,就在于它是坚持改革的社会主义;改革之所以能够健康发展,就在于它是坚持社会主义方向的改革。如果说改革也是革命,那么它不是制度意义上的革命,而是体制意义上的革命。我国的改革是在坚持社会主义制度前提下对与制度不相适应的体制进行改革,因而这种改革不是对社会主义制度的否定,而是通过改变与制度不相适应的体制,实现社会主义制度的自我发展和完善。在制度与体制之间,制度决定和制约体制的发展走向,而体制作为制度的具体体现,可以制约和影响制度优越性的发挥。

　　基于对社会主义制度与体制关系的认识,我们党提出通过改革体制逐步完善制度的思想,认为社会主义制度是适应生产力发展要求建立起来的,是能够为生产力的发展开辟道路的,必须毫不动摇地加以坚持;原有社会主义经济、政治、文化体制是特定历史条件的产物,其存在的弊端不利于社会主义制度优越性的发挥,必须坚定不移地实行改革。而四项基本原则是社会主义制度的实质和核心,坚持社会主义制度与坚持四项基本原则是完全一致的。党的十三大把坚持四项基本原则与坚持改革开放作为党的基本路线的两个基本点确定下来,强调这两个基本点一个是立国之本,一个是强国之路,二者是有机联系和内在统一的,必须全面和辩证地加以坚持,决不能只坚持一个基本点而否定另一个基本点。坚持党的基本路线一百年不动摇,同时意味着坚持四项基本原则一百年不动摇。这对于保证中国特色社会主义健康发展是至关重要的。

（四）以市场经济、民主政治、先进文化、和谐社会为取向

　　我们党对中国特色社会主义事业总体布局的认识,经历了一个在不断总结社会主义现代化建设经验的基础上逐步拓展的过程。从党的十二届六中全会首次提出现代化建设总体布局的概念,到党的十三大形成三位一体的奋斗目标,再到党的十七大把四位一体的总体布局作为中国特色社会主义的重要内容提了出来,既展示了我们党不断深化的认识轨迹,又体现了我们党与时俱进的理论品格。经济建设、政治建设、文化建设和社会建设四位一体

的总体布局,昭示了中国特色社会主义是坚持全面发展与全面进步的社会主义。

发展社会主义市场经济。市场经济是现代经济存在和发展的基本方式,是资源配置和生产要素整合的主要手段。社会主义市场经济作为前无古人的伟大创举,是公有制与市场经济的紧密结合,通过这种结合,使社会主义市场经济成为一种既符合市场经济一般要求,又符合社会主义本质规定的制度模式。发展社会主义市场经济,要求我们坚持和完善社会主义公有制为主体、多种所有制经济共同发展的基本经济制度;坚持和完善社会主义市场经济体制,使市场在国家宏观调控下对资源配置起基础性作用;坚持和完善按劳分配为主体的多种分配方式,允许一部分地区一部分人先富起来,带动和帮助后富,逐步走向共同富裕。

我国原来实行的是计划经济体制,这种体制的优点是能够集中有限的资源办大事,推动经济较快发展。因此,这种体制在社会主义建设初期曾经发挥过积极的作用。但随着生产力的发展,科学技术的进步,社会分工的复杂化,它的弊端越来越多地显露出来。以指令性计划为特征的计划经济体制,在逻辑上必须以国家及时掌握全面而真实的信息为前提,但市场供给和社会需求的信息是千变万化的,这使得计划的制定经常是在信息不全和失真的情况下完成的,从而带来市场供给和社会需求的脱节。同时,高度集中的管理方式还严重地束缚了生产经营者的手脚,使微观经济丧失了生机活力。此外,编制和组织实施指令性计划,需要庞大的政府机构与此相适应,这不仅增加了社会管理成本,加重了人民负担,而且繁杂的审批程序还成为滋生官僚主义和各种腐败现象的温床。

如果说资源的合理配置是社会生产顺利进行的必要条件,那么在市场经济条件下,供求关系的变化引起价格涨落为资源的合理配置提供了依据,使资源配置能够满足市场需要,从而有利于提高资源的合理利用。市场经济以价值规律为基础,以竞争机制为动力,有利于调动各方面的积极性和创造性,促进市场主体不断改善经营,更新技术,降低消耗,提高质量,从而推动生产力的发展。当然,市场经济在运行过程中还会产生一些负面效应,如市场无法满足社会对公共产品的需要;市场保证不了社会公正;市场克服不了自身所带来的消极后果;市场保证不了经济的稳定发展。社会主义市场经济是在国家宏观调控下运行的,能够最大限度地克服市场经济的负面效应。我国从计划经济向市场经济的转型中,既发挥市场经济的积极作用,又注重政府的宏观调控,从微观和宏观两个方面促进经济快速稳定发展。从理论上说,社会主义市场经济成功地破解了公有制和市场经济相结合的世界性难题;从实践上看,社会主义市场经济体制使我国的经济保持了持续快速增长。

发展社会主义民主政治。人民民主是社会主义的生命,没有民主就没有社会主义。发展社会主义民主政治,建设社会主义政治文明是社会主义现代化建设的重要目标。实现这一重要目标,要求我们坚持和完善工人阶级领导的、以工农联盟为基础的人民民主专政,坚持和完善人民代表大会制度、共产党领导的多党合作和政治协商制度、民族区域自治制度;健全民主制度,丰富民主形式,保证人民依法实行民主选举、民主决策、民主管理和民主监督,享有广泛的权利和自由;积极稳妥地推进政治体制改革,扩大社会主义民主,健全社会主义法制,建设社会主义法治国家,巩固和发展民主团结、生动活泼、安定和谐的政治局面。其实质是实现党的领导、人民民主和依法治国的有机统一。党的领导是人民民主和依法治国的根本保证,人民民主是社会主义民主政治的本质要求,依法治国是党领导人民治理国家的基本方略。

在领导中国人民为争取和实现人民民主的斗争中,我们党坚持把马克思主义民主理论的普遍原理运用于中国民主政治建设的具体实际,并注意吸收和借鉴人类社会创造的一切优秀文明成果,不仅进行了理论创新,而且进行了制度创新;不仅形成了中国特色社会主义民主政治理论,而且确立了中国特色社会主义民主政治制度。改革开放以来,我国的民主政治建设取得了重大进展,已初步建立了使党的主张经过法定程序变为国家意志的民主机制;健全了国家机关及其工作人员依法管理国家和社会事务,对人民负责,受人民监督的民主程序;完善了广大人民依照法律法规,通过各种途径和形式行使国家权力、享受公民权利的民主制度。与此同时,我国的政治体制还存在种种弊端,如民主参与机制不完善,制约监督机制不健全,党政职能不分,权力高度集中。发展社会主义民主政治,必须积极稳妥地推进政治体制改革,在不断完善社会主义根本政治制度与基本政治制度的基础上,逐步实现政党组织、政权组织、社会组织之间的关系制度化,政权组织内部权力机关、行政机关、司法机关之间的关系制度化,中央、地方、基层之间的关系制度化,基层政治参与、民主管理、群众自治制度化。

发展社会主义先进文化。发展社会主义先进文化,重点在于建设社会主义核心价值体系。从社会发展史来看,社会价值体系是多元的,但核心价值体系则是一元的,任何社会都有自己的核心价值体系,这是一定社会系统得以运转、一定社会秩序得以维系的精神依托,是一个社会实现健康、稳定、协调发展的重要保证。社会主义核心价值体系作为社会主义的精神力量,决定着社会主义的发展模式、制度体制和目标任务,在社会主义各种价值体系中处于支配地位。在当今先进文化、有益文化、落后文化和腐朽文化同时并存,正确思想和错误思想相互交织,各种社会思潮相互激荡的历史条件下,我们要唱响主旋律,就必须努力建设具有强大整合力和广泛感召力的社会主义核心价值体系,使先进文化得到发展,有益文化得到支持,落后文化得到改造,腐朽文化得到抵制。

发展社会主义先进文化,一方面要求我们积极发展文化事业和文化产业,加快建立覆盖全社会的公共文化体系,不断提高全体人民的思想道德素质和科学文化素质;另一方面要求我们把社会主义核心价值体系的基本内容融入经济、政治、文化、社会建设的各个领域,在全社会形成讲正气、树美德、促和谐的社会风尚。坚持用马克思主义中国化的最新成果武装全党、教育人民,用民族精神和时代精神凝聚人心、激发活力,倡导爱国主义、集体主义和社会主义思想,加强理想信念教育、国情世情教育和形势政策教育,不断增强对共产党的领导、社会主义制度、改革开放事业、全面建设小康社会目标的信念和信心。尊重差异,包容多样,是先进文化的特质,也是先进文化发挥主导作用、走向兴旺发达的必由之路。因此,要坚持以社会主义核心价值体系引领社会思潮,在尊重差异中扩大社会认同,在包容多样中增进思想共识,以便为中国特色社会主义建设提供更好的文化条件。

发展社会主义和谐社会。和谐是天底下最珍贵的价值,是人世间最美好的状态,也是人类社会几千年来孜孜以求的理想境界。人类社会的发展具有多种多样的状态,但最基本的是动荡、混乱、失序和稳定、和谐、有序这两类状态。动荡、混乱、失序状态,往往会对人类社会的生产和生活造成极大破坏;稳定、和谐、有序的状态,有利于人民的休养生息,有利于社会的发展繁荣。维护社会的稳定、和谐、有序无疑是人类社会共同的价值取向。古今中外,没有一个国家把混乱作为目标来推崇。对于以全心全意为人民服务为宗旨的中国共产党来说,在治国理政的过程中,必然要明确自己的价值取向,致力于维护社会的稳定、和谐、有序。

日前我国正处于改革和发展的关键时期,空前的社会变革给我国社会发展带来巨大活力,也必然带来诸多矛盾和问题。这就提出正确处理公平与效率的矛盾,并根据发展阶段的不同适时调整二者之间关系的要求。如果说在发展的起步阶段,需要异军突起,哪里能发展就允许哪里发展,哪里发展快就鼓励哪里发展的话,那么到了一定阶段,各个局部的发展就要以全局的协调发展为条件。一般来说,发展初期总是把效率放在优先的位置,但到了一定阶段,就必须全面协调利益关系,在公平与效率之间寻求新的平衡,否则就会激化社会矛盾,破坏发展环境。同时,发展初期由于物质匮乏,集中力量推进经济建设是必然的选择,但随着物质生活水平的提高,人民群众对政治权益、文化享受、人身安全等方面的需求日益增长,必然要求经济与社会协调发展。如果社会建设滞后,就业、分配、治安、环境等问题突出,不仅会延缓经济发展速度,甚至还会引发社会动荡。因此,经济发展与社会发展必须相协调。

三、高举中国特色社会主义
伟大旗帜的根本要求

新世纪新阶段,我国发展正处于一个新的历史起点上。世界多极化和经济全球化的趋势深入发展,科技进步日新月异,和平、发展、合作已成为不可阻挡的时代潮流。与此同时,国际环境复杂多变,综合国力竞争日趋激烈,我们将长期面临发达国家经济和科技占优势的压力。随着改革开放的不断深入,我国社会深层次矛

盾逐步显现。在经济体制深刻变革、社会结构深刻变动、利益格局深刻调整、思想观念深刻变化的历史条件下,我们面临的机遇前所未有,面对的挑战也前所未有。如何抓住机遇、应对挑战?党的十七大做出了明确的回答:高举中国特色社会主义伟大旗帜,继续解放思想,坚持改革开放,推动科学发展,促进社会和谐,为夺取全面建设小康社会新胜利而奋斗。

继续解放思想。解放思想是不断开创中国特色社会主义事业新局面的一大法宝。回顾改革开放以来的历史进程,我们党在实践上的每一个重大发展,理论上的每一个重大突破,工作上的每一个重大进步,都是与解放思想分不开的。实行家庭联产承包责任制,这是体制改革的突破口;兴办经济特区,这是对外开放的突破口。这两个突破的实现都离不开解放思想。不解放思想,一切从本本出发,就不可能做到实事求是。正是以解放思想、实事求是的思想路线为指导,我们党才打破了思想上的僵化状态,深刻地总结了历史经验,全面地分析了基本国情,准确地界定了我国社会主义的发展阶段、主要矛盾和根本任务,科学地制定了改革开放和现代化建设一系列方针政策,找到了中国特色社会主义道路的基点,同时也找到了创立中国特色社会主义理论体系的起点。

实践证明,找到一条中国革命的成功之路,实现马克思主义与中国实际相结合的第一次飞跃,靠的是解放思想、实事求是;找到一条中国特色社会主义道路,实现马克思主义与中国实际相结合的第二次飞跃,靠的也是解放思想、实事求是。什么时候坚持这条思想路线,我们党的事业就顺利发展;什么时候背离这条思想路线,我们党的事业就遭受挫折。按照解放思想、实事求是的要求,坚持马克思主义的基本原理和科学精神,善于总结人民群众在实践中创造的新鲜经验,根据社会发展变化的实际,自觉把思想认识从那些不合时宜的观念、做法和体制的束缚中解放出来,从对马克思主义错误的和教条式的理解中解放出来,从主观主义和形而上学的桎梏中解放出来,坚决冲破一切妨碍发展的思想观念,坚决改变一切束缚发展的方式方法,坚决革除一切影响发展的体制弊端,不断把马克思主义推向前进,把中国特色社会主义推向前进,是中国共产党人的庄严使命。

坚持改革开放。改革开放是我们党在新的历史条件下带领人民进行的一次新的伟大革命,是决定当代中国命运的关键抉择,是发展中国特色社会主义、实现中华民族伟大复兴的必由之路。没有改革开放就没有我们党的今天,就没有我们国家的今天,就没有我们人民的今天。如果说只有社会主义才能救中国,那么只有改革开放才能发展中国,发展中国特色社会主义。改革开放作为我们党的伟大创举,使我国社会生产力、综合国力和人民生活水平发生了根本性变化。它开启了实现中华民族伟大复兴的新希望,坚定了全党和全国人民建设中国特色社会主义的信心,提高了中国的国际地位和维护世界和平的能力。"改革开放符合党心民心、顺应时代潮流,方向和道路是完全正确的,成效和功绩不容否定,停顿和倒退没有出路。"①世界社会主义历史经验表明,因为社会主义基本制度优越,就把在特定历史条件下形成的具体体制绝对化、凝固化,不能随着时代条件的变化适时地加以改变,那么它就会在新的历史条件下丧失曾经赢得的一切,包括它自身。

中国的发展离不开世界,世界的发展也离不开中国。实行对外开放,进行国际比较和参与国际竞争,是推动我国各项事业快速

---

① 胡锦涛:《高举中国特色社会主义伟大旗帜,为夺取全面建设小康社会新胜利而奋斗》,人民出版社2007年10月第1版,第10页。

发展的重要动力。有比较才有鉴别,有竞争才有发展。闭关自守,不了解世界面貌,不参与国际竞争,就无法准确判断本国经济发展的状况,就可能沾沾自喜于一功之得,甚至助长盲目自大的心理,不思进取,固步自封。只有实行对外开放,才能开阔视野,科学地认识本国在国际经济体系中的地位,破除满足现状、僵化保守、盲目自大等落后观念,增强创新意识,振奋进取精神,为本国经济发展提供源源不断的动力。因此,我们要适应经济全球化的趋势,以更加积极的姿态走向世界,坚持引进来和走出去相结合,全面提高对外开放水平,在更大范围、更广领域和更高层次上参与国际经济技术合作和竞争,充分利用国际国内两个市场、两种资源,使我国经济从体内循环走向体内与体外双循环,使我国的生产关系逐步适应与全球经济联系日益密切的生产力。

推动科学发展。发展是人类社会的永恒主题,也是实现中华民族伟大复兴的必由之路。作为科学发展观的第一要义,发展具有极为深刻的内涵。从结构来看,发展是经济、政治、文化和社会的全面发展,物质文明、政治文明和精神文明的协调发展,人、社会和自然环境永续发展的统一;从过程来看,发展是全面发展、重点发展和文明发展的统一;从动力来看,发展是理论创新、制度创新和科技创新的统一;从效果来看,发展是经济效益、社会效益和生态效益的统一。

发展是经济、政治、文化和社会的全面发展。任何国家都是由一定的经济、政治、文化和社会构成的有机整体。一定国家的经济、政治、文化和社会是相互依存、相互贯通、相互作用的。随着中国特色社会主义建设的总体布局由经济建设、政治建设、文化建设三位一体发展为经济建设、政治建设、文化建设、社会建设四位一体,我国社会主义现代化建设总体目标也由富强民主文明发展为富强民主文明和谐。只有按照科学发展观的要求,实现社会主义市场经济、社会主义民主政治、社会主义先进文化和社会主义和谐社会全面推进,协调发展,我们才能最终实现建设富强民主文明和谐的社会主义现代化的宏伟目标。

发展是物质文明、政治文明、精神文明的协调发展。文明作为社会进步程度的重要标志,是人类改造客观世界和主观世界的积极成果,是人类创造的物质财富、政治财富和精神财富的珍贵结晶。文明包括物质文明、政治文明和精神文明三个方面。物质文明主要表现为物质生产的发展和物质生活的改善,政治文明主要表现为政治制度的完善和政治关系的和谐,精神文明主要表现为精神生产的繁荣和精神生活的充实。在相互联系、相互制约、相辅相成的文明结构中,物质文明是基础,政治文明是保证,精神文明是灵魂。中国特色社会主义建设既是经济、政治、文化、社会全面发展的过程,也是物质文明、政治文明、精神文明全面推进的过程。

发展是人、社会和自然环境的永续发展。自然环境是人类赖以生存的唯一家园,是人类社会发展进步的基本前提,破坏了自然环境就毁掉了人类的生存之基,毁掉了人类社会的发展前程。我国是一个人口众多、资源相对不足、环境承载能力较弱的国家,发展的资源和环境约束日益突出。要做到永续发展,就必须实现经济发展方式的转变,坚定不移地实施可持续发展战略,在重塑发展标准的基础上,建立包括经济指标、社会指标、生态指标在内的发展指标评价体系,努力开创生产发展、生活富裕、生态良好的文明发展道路,促进一方经济、一方人口、一方水土协调发展,使人们世世代代在优美的生态环境中工作和生活。

促进社会和谐。社会和谐是中国特色社会主义的本质属性。构建社会主义和谐社会不可能一蹴而就,而是贯穿中国特色社会主义事业全过程的长期历史任务。从我国实际情况看,城乡发展存在的不协调,地区发展存在的不平衡,行业发展存在的机会不均等,都制约着我国经济实力的增强,影响着人际关系的和谐。构建和谐社会就是要切实解决这些问题。在这个过程中,改革、发展、稳定要统筹兼顾,东部、中部、西部发展也要统筹兼顾;经济建设、政治建设、文化建设要统筹兼顾,人口增长、资源开发、环境保护也要统筹兼顾;国家利益、集体利益、个人利益要统筹兼顾,先富群体、后富群体、未富群体的利益诉求也要统筹兼顾。统筹才能兼顾,兼顾才有和谐。

在实际生活中,发展本身就包含着辩证法。例如,中国 13 亿人口排成横队,迈着整齐的步伐,不可能通过发展的隘口。只有排成纵队,有先有后,才能达到共同富裕的目标。但如果收入差距过大,导致两极分化,又会引发社会动荡。这就要求我们既要有效保护发达地区和先富群体的发展活力,又要切实改善贫困地区和未富群体的生活境遇,使全体人民各尽其能、各得其所而又和睦相处,确保国家平稳度过经济起飞期和社会转型期。党的十七大报告指出:"科学发展、社会和谐是发展中国特色社会主义的基本要求。"①"科学发展和社会和谐是内在统一的。没有科学发展就没有社会和谐,没有社会和谐也难以实现科学发展。"②中国特色社会主义之所以成为和谐发展与全面进步的社会主义,就在于始终坚持这样的方针:通过发展增加社会物质财富,不断改善人民生活,又通过发展保障社会公平正义,不断促进社会和谐。

---

① 胡锦涛:《高举中国特色社会主义伟大旗帜,为夺取全面建设小康社会新胜利而奋斗》,人民出版社 2007 年 10 月第 1 版,第 1 页。

② 胡锦涛:《高举中国特色社会主义伟大旗帜,为夺取全面建设小康社会新胜利而奋斗》,人民出版社 2007 年 10 月第 1 版,第 17 页。

全面建设小康社会。经过改革开放 30 年的不懈努力,我国经济建设取得了显著成就,经济增长速度居世界首位,主要工农业产品的产量居世界前列,人民生活总体上实现了由温饱到小康的历史性跨越。按照我国现代化建设三步走的发展战略,我们已经实现了头两步战略目标,已为实现第三步战略目标奠立了坚实的基础。从历史上看,小康社会曾是中华民族数千年来一直期盼的理想,这一理想将在我们这一代变成现实,这是我们的骄傲和自豪,更是我们的使命和责任。

全面建设小康社会,就是要使经济更加发展、民主更加健全、科技更加进步、文化更加繁荣、社会更加和谐、人民生活更加殷实;在促进经济社会不断发展的基础上,使人民享有更加合理的膳食、更加宽敞的住房、更加方便的医疗、更加良好的教育、更加充分的就业、更加安全的环境以及更加丰富多彩的文化娱乐。这是中国特色社会主义经济、政治、文化和社会全面发展的目标,是实现现代化建设第三步战略目标必经的重要发展阶段。在此基础上,我们再继续奋斗几十年,到本世纪中叶基本实现现代化,把我国建设成为富强民主文明和谐的社会主义现代化国家,为最终完成历史赋予我们党的崇高使命,实现中华民族的伟大复兴奠立基业。

后　记

　　党的十七大报告第一次明确概括了中国特色社会主义理论体系。而十六大以来以胡锦涛为总书记的中央领导集体紧跟时代和实践前进步伐所提出的科学发展观、构建社会主义和谐社会、建设社会主义新农村、建设创新型国家、建设社会主义核心价值体系、加强党的先进性建设和执政能力建设、推动建设和谐世界等一系列重大战略思想,正是中国特色社会主义理论体系的最新内容和最新成果。这些最新理论成果极大地丰富和发展了中国特色社会主义理论体系,极大地促进了我国的改革开放、经济发展和社会进步,是确保我国经济社会又好又快发展、实现全面建设小康社会和社会主义现代化建设奋斗目标的重要指导方针和行动指南。

　　近些年来,各级领导和广大理论工作者对中国特色社会主义理论最新成果给予了极大的关注,报刊文章不计其数,书籍出版不下百种,中宣部理论局编写的通俗理论读物更是产生了广泛的社会影响。但综观已有研究成果不难发现,对中国特色社会主义理论最新成果进行系统研究的著作尚不多见,而系统研究和阐释中国特色社会主义理论最新成果自然有着理论发展和实践推动的双重价值和意义——既是中国特色社会主义理论发展的内在需要，更是我国全面建设小康社会和社会主义现代化建设伟大实践的客观要求。

本课题研究依托空军政治工作理论研究中心和国防大学马克思主义教研部，由史守中、孙钦军等 9 位同志，分"中国特色社会主义理论最新成果是我国社会主义现代化建设的科学指南"（史守中）、"树立和落实科学发展观"（孙钦军、史守中）、"构建社会主义和谐社会"（史守中、赵晖）、"建设社会主义新农村"（史守中、杨永利）、"建设创新型国家"（史守中、孙钦军）、"建设社会主义核心价值体系"（孙钦军、季明）、"推动建设和谐世界"（苟洪斌）、"加强党的先进性建设"（郭海军、史守中）、"加强党的执政能力建设"（刘海波）、"高举中国特色社会主义伟大旗帜"（申小平）十个专题展开论述。空军指挥学院陶传友教授、扈树生教授、王寿林教授、南京政治学院韦定广教授、孙力教授对写作提纲和书稿提出了宝贵修改意见。书籍由史守中、孙钦军设计提纲和统改定稿。

本书对中国特色社会主义理论最新成果的产生背景、科学内涵和基本要求作出了较为系统的阐释，对中国特色社会主义理论最新成果中的思想困惑、社会热点和贯彻落实的对策思路作出了积极探讨。但囿于视野和能力所限，研究力度和水平还有待加强和提高。恳请广大同仁和读者朋友批评指正。在书籍即将付梓之际，借此机会向所有给予指导、理解、帮助的领导、专家、亲朋表达诚挚的谢意！特别要感谢王哲荣院士在百忙之中为本书作序，感谢三略研究院王金岭院长、清华大学徐显国教授、山东大学何中华教授、南京政治学院张寿正教授、空军指挥学院陶传友教授认真审阅书稿并写下评语，感谢杨松岩、曹树森、孙华、刘勇进为书籍出版付出的辛勤劳动。作为理论工作者,我们愿以微薄之力为推进中国特色社会主义理论更大发展作出自己应有的最大贡献！愿中国特色社会主义伟大事业的美好愿景渐次出现在我们每一个中华儿女的眼前！

史守中　孙钦军

2009 年 6 月于北京昆玉河畔

策划编辑:杨松岩

责任编辑:申　珺

责任校对:刘越难

图书在版编目(CIP)数据

中国特色社会主义理论最新成果研究/史守中,孙钦军 等著.
-北京:人民出版社,2009.9
ISBN 978－7－01－008090－1

Ⅰ.中… Ⅱ.①史…②孙… Ⅲ.中国特色-社会主义建设模式-
理论研究 Ⅳ.D616

中国版本图书馆 CIP 数据核字(2009)第 127456 号

中国特色社会主义理论最新成果研究
ZHONGGUO TESE SHEHUIZHUYI LILUN ZUIXIN CHENGGUO YANJIU

史守中　孙钦军　等著

人 民 出 版 社 出版发行
(100706　北京朝阳门内大街 166 号)

北京市文林印务有限公司印刷　新华书店经销

2009 年 9 月第 1 版　2009 年 9 月北京第 1 次印刷
开本:880 毫米×1230 毫米 1/32　印张:12.125
字数:290 千字　印数:0,001－5,000 册

ISBN 978－7－01－008090－1　定价:25.00 元

邮购地址 100706　北京朝阳门内大街 166 号
人民东方图书销售中心　电话 (010)65250042　65289539